당신들이 계셔서 행복했습니다

보
은
기
報
恩
記

당신들이 계셔서 행복했습니다
: 보은기(報恩記)

2015년 10월 12일 초판 1쇄 인쇄
2015년 10월 16일 초판 1쇄 발행

지은이 | 김경남
펴낸이 | 김영호
기 획 | 한국기독교교회협의회(NCCK)
디자인 | 황경실   관리 | 이영주
펴낸곳 | 도서출판 동연
등 록 | 제1-1383호(1992. 6. 12)
주 소 | (우 121-826) 서울시 마포구 월드컵로 163-3
전 화 | (02) 335-2630
팩 스 | (02) 335-2640
이메일 | yh4321@gmail.com

ISBN 978-89-6447-289-7 03040

당신들이 계셔서 행복했습니다

김경남 지음
한국기독교교회협의회(NCCK) 기획

보 은 기 報恩記

동연

추천의 글

"원수는 돌에 새기고 은혜는 물에 새긴다."

　사람은 은혜를 기억하며 살아야 합니다. 하지만 이 기본을 지키며 사는 것이 참 어려운 세상입니다. 언제부터인가 찬찬히 주변을 살펴 감사를 찾아가며 살아가는 이들을 보기 어려워 졌습니다. 우리 또한 시류에 익숙해져 현실에 급급한 채 살아가는 모습에 스스로 깜짝 놀라고는 합니다. 잊고 지낸 이들이 늘어만 가고 있습니다.

　과거 우리는 엄혹했던 시절을 겪어냈습니다. 민주주의를 요구했다는 이유로 연행되고, 고문당하고, 투옥되고 심지어 목숨을 잃기도 했습니다. 그때 많은 이들이 이 땅의 민주주의를 위해 자신의 인생을 던졌습니다. 민주투사들을 비롯하여 그들을 변호했던 인권 변호사들이 중심이 된 민주화 운동권들은 정말 최선을 다해 이 땅의 민주화에 헌신하였습니다.

　그리고 우리가 한동안 잊고 지냈던 이들, 국내외 정치범과 민주인사들을 지원하고 격려해준 해외의 양심 인사들과 단체들이 있습니다. 그들의 지원과 협력이 없었다면 우리의 민주화는 더 어려웠을지도 모를 일입니다. 마땅히 감사해야 할 일입니다. 하지만 제대로 감사하지 못하고 살았던 듯합니다.

이번에 김경남 목사님께서 의미가 깊은 작업을 하셨습니다. 참으로 목사님다운 일이라는 생각입니다. 아무도 돌아보지 않았던 일, 그다지 빛나지 않기에 누구도 하지 않으려는 일을 하셨으니 정말 목사님다운 일이라는 것입니다. 더욱이 많이 아프신 몸으로 이 대단한 일을 해내셨으니 고개가 조아려지지 않을 수 없습니다. 이 자리를 빌려 우리의 민주화를 지지해준 해외의 인사들은 물론이고 그들을 다시금 생각나게 해준 김경남 목사님께도 감사를 드립니다.

기록은 약자가 할 수 있는 저항의 한 모습일 것입니다. 함부로 기록할 수 없었던 시절의 이야기들이니 기억이 사라지기 전에 하루 빨리 기록해 두어야 합니다. 이것은 호시탐탐 민주주의를 퇴보시키려는 세력들로부터 우리의 소중한 결실을 지켜내는 일이 될 것입니다. 기록을 도와주신 언론사 에큐메니안과 출판사 동연에도 감사드립니다.

보은기(報恩記)!

다시 한 번 민주화를 향한 열망의 불을 지펴야 할 것 같은 시절을 보내는 우리에게 아주 소중하게 다가온 선물이라 여겨집니다. 목사님 고생하셨습니다. 그리고 고맙습니다.

2015년 10월
한국기독교교회협의회(NCCK) 총무 김영주

책을 펴내며

1970, 80년대 한국의 민주화운동은 국내의 정치범, 민주인사들을 변호한 인권변호사 그룹과 해외 양심 세력, 세 축의 상호 지원과 협력관계로 이루어졌다.

첫 번째와 두 번째 그룹이 국내 민주화 운동권이다. 이들에 대한 것들은 신문, 잡지 그리고 자료집들을 통해 우리 모두에게 잘 알려져 있다.

그러나 우리가 잘 알지 못했던 또 한 그룹이 있었다. 그것은 국내의 민주인사들을 지원하고 격려해 준 해외의 양심 인사들과 단체들이다. 나자신도 한국민주화기독교동지회 동경자료센터 소장으로 재직하면서 보고 들은 자료들과 이야기를 통해 얻은 정보들을 통해 이들에 대해 알게 되었다. 나는 이 세 그룹의 상호 협력이 없었다면 그 강고強固했던 25년 군사 독재를 깨뜨리기가 어려웠을 것이라고 단언한다. 그리고 나는 우리 민주화 운동권이 그분들의 그 지원과 격려에 대해 알아야 하며 그들의 지원에 대해 감사해야 한다고 생각한다.

먼저 나 자신은 2013년 4월, 2개월 동안의 병상病床에서 보은 방법으로 '보은기행'과 보은기를 작성하자는 결론에 이르게 되었다.

그래서 나는 2015년 1월 14일부터 보은기를 기록하기 시작했다.

나는 이 보은기가 1970년대의 엄혹했던 시절부터 함께 투쟁했던 우리들에게는 그 시절을 기억하며 각오를 새롭게 하여, 그 시대를 모르는 젊은이들이나 현 시국을 우려憂慮하는 모든 분들에게 이 시대를 살아가는 지혜를 얻는데 조그마한 도움이 되었으면 행복하겠다.

나는 이 글을 올해 1월부터 매주 한 번씩 페이스북에 연재하였다. 1970년대부터 우리의 민주화운동을 지원하고 격려해 준 해외 단체 및 인사들의 은혜를 한국교회 에큐메니칼 진영뿐만 아니라 일반 사람들과도 공유하고 싶었기 때문이었다. 그리고 기독교 인터넷 언론인 에큐메니언도 이 글을 게재해 주었다.

애초에 나는 기독교 진영뿐만 아니라 일반 사회운동 진영에게도 참조가 될 수 있는 1부와 2부까지의 글까지만 게재할 예정이었다.

그러나 2부 원고가 끝날 무렵, 나에게는 1970~80년대 일들도 기록에 남기고 싶다는 욕심이 생겨났다. 그렇지만 그것은 주로 교회와 관계된 나의 개인적인 일들이므로 페이스북에는 적절치 않는 내용들이었다.

그러던 중 나는 에큐메니언 대표 윤인중 목사의 격려激勵에 힘입어 3부와 4부도 작성하게 되었다.

먼저 나는 나의 졸고拙稿를 읽어주시고 격려를 보내 주신 많은 '페친'들에게 감사를 드린다.

나의 40년의 벗들인 농민 운동가 나상기 선생과 송진섭 선생, 강철구 교수, 부안종합복지회관 관장 이춘섭 목사, 오산이주노동자센터 관장 오영미 목사, 천안시 장애인복지센터의 한성자 선생, 아힘나학교 교장 이종수 목사, 일본에 계신 고토 사토시 목사와 서정민 교수, 캐나다의 South Far 님, 그리고 서울제일교회 대학생회 후배 강정례 님과 백승연 님, 그리고 나의 동행 이지영 전도사에게도 감사를 드린다.

이분들의 격려激勵가 없었더라면 이 부끄러운 글쓰기는 계속될 수 없었을 것이다.

이 졸고의 출판을 허락해주신 KNCC의 김영주 총무님과 신승민 목사님, 이 책을 이렇게 아름답게 만들어 주신 도서출판 동연의 김영호 사장님 그리고 이 모든 것을 주선周旋해주신 에큐메니언 운영위원장 윤인중 목사님께 감사드린다.

나는 한국의 민주화와 인권을 위해 애써주신 국내외 모든 분들에게 이 '보은기'를 바치고 싶다.

"당신들이 계셔서 행복했습니다!"

마지막으로 나는 이 '보은기'가 지금 군 복무 중인 내 아들 지수志洙에게 살갑지 못한 애비의 지난 60평생 살아온 방식을 단편적으로나마 알 수 있는 기회가 될 수 있다면 참 좋겠다.

2015년 9월
여수에서 김경남

차례

2부_ 당신들과 함께 하여 우리는 행복했습니다

3부_ 당신들이 계셔서 나는 행복했습니다

4부_ 나를 키운 것은 팔할이 당신들의 은혜였습니다

머리글

1970, 80년대 한국의 민주화운동은 국내의 정치범, 정치범들을 변호한 인권변호사 그룹과 해외 양심 세력, 세 축의 상호 지원과 협력관계로 이루어졌다.

첫 번째는 물론 국내에서 역대 군사독재 정권하에서 맨 몸으로 민주주의를 요구하다 연행되고, 고문당하고, 투옥되고, 목숨을 잃는 것을 두려워하지 않고 투쟁한 국내 민주 인사들이다. 그리고 두 번째는 이들 민주인사들을 변호하는 일을 통해 이들이 독재정권과 싸울 수 있는 명분과 정당성을 부여함으로서, 지속적인 투쟁의 원동력을 부여한 인권 변호사들이다. 이들 가운데는 변론으로 인하여 투옥되고 변호사 자격을 박탈당한 분들도 있었다. 첫 번째와 두 번째 그룹이 국내 민주화 운동권이다. 이들에 대한 것들은 신문, 잡지, 그리고 자료집들을 통해 우리 모두에게 잘 알려져 있다.

그러나 우리가 잘 알지 못했던 또 한 그룹이 있었다. 그것은 국내의 민주인사들을 지원하고 격려해 준 해외의 양심 인사들과 단체들이다. 나 자신도 1987년 9월에서 1992년 1월까지 한국민주화기독교동지회(이하 '민주동지회') 동경자료센터 소장으로 재직하면서 보고 들은 자료들과 이야기를 통해 얻은 정보들로 이들에 대해 알게 되었다. 물론 그 이전에도 WCC(World Council of Churches)라든지 BFW(Bread for the World)라든가 국제앰네스티(IA, International Amnesty) 등에 대해서는 단편적으로 듣고 있었지만, 당시 운동권에 팽배彭湃해 있던 반미·반일 감정의 탓으로 한국의 운동권 어느 누구도 그들에 대해 관심을 보이지 않았다. 나 자신도 그들의 활동에 대해 자세히 알 수도, 알려고도 하지 않았던 것이 사실이었다. 그러나 나는 이 세 그룹의 줄탁동시(병아리가 부화할 때 안에서 병아리가 밖에서 어미 닭이 동시에 껍질을 깨는 행위)의 협력이 없었다면 그 강고強固했던 25년 군사 독재를 깨뜨리기가 어려웠을 것이라고 단언한다. 그리고 나는 우리 민주화 운동권이 그분들의 그 지원과 격려에 대해 알아야 하며 그들의 지원에 대해 감사해야 한다고 생각한다.

물론 민주화운동기념사업회(당시 이사장 박형규 목사)가 2013년과 2014년 두 차례에 걸쳐 해외 민주인사 초청 사업을 통해 그분들 중 일부를 초청하여, 노무현 대통령을 위시하여 그분들의 은혜에 감사의 표시는 했지만, 그것으로 그들에 대한 보은報恩이 충분치는 않다고 생각한다. 아직 충분히 알려지지도, 기록도 남겨 있지 않은 그분들의 지원과 협력에 대해서는 민주화운동기념사업회나 국사편찬위원회에서 자료를 모아 정식으로 역사 기록에 남길 수 있기를 바라 마지않는다.

그런 공식적 작업이 빠른 시일 내에 이루어지기를 바라면서, 우선 내가 4년 반 동안의 민주동지회 자료관장을 맡는 동안 알게 된 그들로부터 받은 은혜에 감사하고, 보답하기 위한 일들을 하고 싶었다. 보은報恩을 하려 해도 이미 세상을 떠나 버린 분들이 많다. 생존해 계신 분들에 대한 보은도 어떤 방식으로 할 것인지 아직 구체적인 생각이 잘 떠오르지 않는다. 우선 개인적으로 그분들을 국내에 초청하여 보은기행報恩紀行이라는 것을 시작하였다. 더 좋은 방안은 차차 생각하기로 하고, 우선 잊히기 전에 나에게, 아니 우리에게 베풀어주신 은혜들을 기록으로 남겨 기억하는 것을 그 분들에 대한 보은의 일차적인 일로 하고 싶다. 그래서 이 기록을 시작하면서 이 글에 보은기報恩記라는 부제를 붙였다.

정보기관이나 경찰에 언제 잡혀갈지 모르는 위험을 안고 살았던 엄혹嚴酷했던 우리 젊은 시대에는 기록을 남기지 않는 것이 가장 중요한 보신책保身策의 하나였다. 기록으로 남겨진 정보情報들에 의해 준비해 온 계획들이 사전事前에 누설漏泄되고, 엉겁결에 튀어 나온 말한 마디가 꼬투리가 되어 큰 사건으로 날조捏造되며 그에 따라 억울한 희생자犧牲者들이 만들어지던 그 때에, 우리는 가능한 한 모든 것들을 기억記憶에 의존依存하려 했다. 중요한 약속들은 임시방편으로 손바닥에 써가지고 다닌다든지 성냥갑 뒤에 기록해 두었다가, 체포의 위기에 처하게 되면 재빨리 손의 것을 지우거나 성냥갑을 버린다든지 하여 증거를 없앴다. 우선은 동지들을 위한 것이기도 하였지만, 본인의 보신保身을 위한 경우가 더 많았다. 한 번 자백自白하기 시작하면 또 다른 정보를 알아내기 위한 끝없는 고문이 계속된다. 그러므로 첫 고문이 아무리 무섭고 고통스럽더라도 참아내야 했다. 그러면 그들은 더 고문해도 얻을 것 없다고 제풀로 포기하게 되고, 우리의 고통도 거기서 끝난다.

　기록을 남기지 않는다는, 몸에 배인 이 보신책은 자유의 공간인 일본에서도 버릴 수 없었다. 아니 언제 터질지 모르는 지뢰地雷(북한과 교류가 자유로운 일본에서 무분별하게 사람을 만날 경우, 조작된 간첩사건에 휘말릴 수가 있어서 일본을 지뢰가 널려 있는 지뢰밭이라고 하였다.)의 희생양이 되지 않기 위해서는 더욱 철저히 그 원칙을 철칙鐵則처럼 지켰는지도 모른다. 그래서 나에게는 기록이 없다. 따라서 여기에 기술한 것들은 많은 부분이 내 기억에 의존되고 있다. 일시와 장소場所도 정확하지 않다. 그래서 역사적 사실史實과 달리 왜곡된 것도 있을 것이고, 과장誇張 혹은 축소縮小된 것도 있을 것이다. 그러나 일시 장소가 무엇이 그리 중요하랴! 나에게, 아니 우리에게 베풀었던 그분들의 큰 은공恩功이 중요한 것이지! 나는 이 보은기報恩記를 시간과 공간을 오가며 나에게 가장 중요한 것이라 여겨지는 것을 기점起點으로 하여 연대순을 무시하고 기술記述하고, 나머지 것들은 적절하게 그 전·후前後에 배치하려고 한다.
　나는 가능하면 모든 인사들을 실명實名으로 남기고 싶다. 그 결과로 혹시 그분들에게 흠이 남는 일이 없기를 바랄 뿐이다.
　여기의 기술記述들은 우리의 민주화 투쟁 가운데에서 나에게 주어진 임무를 달성하기 위하여 이루어진, 그분들과의 관계에 국한局限하였다. 내가 받은 은덕恩德들은 내 개인을 위해서가 아니라, 민주·민족·민중

을 위한 한국의 운동을 위해 내게 베풀어진 것들이라고 다시 한 번 부언
附言한다.

　많은 사람들이 지금의 상황을 '겨울 공화국'이라고도 하고, '민주주의
의 퇴보'라고도 한다. 이런 정황에서 이 기록이 그 엄혹한 시절, 같이 고
생했던 동지들에게 추억의 한 편編이 되어도 좋다. 혹은, 그 시대를 모르
는 젊은이들이나 현 시국을 우려憂慮하는 분들에게 이 시대를 살아가는
데 지혜를 얻는데 참조가 되면 더 바랄 것 없겠다.

　그러므로 이 기록을 '한국의 운동권—아니면 최소한 한국교회 에큐메
니칼 운동권—의 보은기報恩記'로 이름 하는 것을 양해해 주었으면 한다.

1부
당신들이 계셔서
우리는 행복했습니다

I. 동경자료센터의 관장직으로

1. 오리엔테이션

6월 민주 항쟁의 직전인 1986년 5월에 출국하여 1년 반 가까이를 독일에서 머무르며, 장기 체류를 위한 복수여권을 받아 1987년 9월 나리타成田 공항에 나를 마중 나온 사람들은 권정인權貞仁 선생과 메리 콜린스 양, 두 여성이었다.

권 선생은 재일 동포 2세로 30대 중반이었고, 콜린스 양은 한국에도 체재한 바 있었던 캐나다 선교사로 40대 초반이었다. 나리타 공항에서 2시간여 전철과 지하철을 두 번을 갈아타고 지하철 도자이선東西線 와세다早稻田역에서 내려 도착한 곳은 일본기독교회관 4층에 있는 열 평 정도의 사무실이었다. 간판도 없는 이 사무실이 한국에서는 들어본 적이 없는 한국 민주화 기독교 동지회라는 단체의 동경자료센터였다. 권정인 선생은 사방 벽에 자료로 가득 차 있는 이 사무실의 관장館長이 내가 맡게 되는 직책이라고 했다. 그녀는 이미 마련해 둔 다카다노바바高田馬場

역 근처의 월세 아파트로 나를 안내해 줬다. 아파트라 하지만 우리 개념하고는 달리 다다미 6장, 4장의 방 두 칸 사이에 소파 1개 놓으면 겨우 오고 갈 수 있는 넓이의 거실, 그리고 좌우로 부엌과 목욕탕 겸 화장실이 붙은(이런 구조를 2DK라고 한다) 전형적인 서민용 목조 건물 2층이었다. 방에는 권 선생이 마련했을 침구 한 벌, 고타츠(밑에 전구가 달린 난방 겸 다용도 탁자) 등 간단한 자취용 물품들이 갖추어져 있었다. 권 선생과 콜린스 양(나이는 나보다 서너 살 위이지만 Miss였으므로 양이라고 부르겠다) 등 세 사람이 간단한 저녁식사를 하고 나는 나의 아파트에 돌아와 일본에서의 첫 밤을 보냈다.

다음 날, 지하철 도자이 선 다카다노바바 역에서 와세다 대학 쪽으로 첫 번째 정거장인 와세다역 부근에 있는 일본기독교 회관에 있는 사무실에 출근한 나는, 권정인 씨와 같이 사무실에 나온 이인하李仁夏 목사를 만났다. 민주 동지회 일본 대표라고 했다. 이 목사는 당시 겉으로는 백발 성성한 마음씨 좋은 70대로 보이는 할아버지 같은 분이었으나 실제로는 60대 초반이라고 했다. 이 목사는 우선 나를 데리고 같은 건물 2층에 있는 일본기독교협의회(JNCC) 사무실로 내려가 총간사總幹事(KNCC로 말하면 총무)인 마에지마前島 목사를 소개했다. 40대 후반의 씩씩하고 명랑한 분이었다. 그리고는 권정인 선생과 콜린스 양과 나를 데리고 가까운 스시(생선 초밥) 집에 가서 점심을 같이 하면서 나의 업무에 대한 설명을 해 주었다. 말하자면 오리엔테이션이었다. 일본어 공부와 비자 문제 때문에 오전 중에는 일본어 학원에 가는 일, 오후에는 한국 정세 분석을 하여 한 달에 한 번씩 소식지를 만드는 일이 내 업무였다. 권 선생은 내가 작성한 원고를 일본어로 번역하고 내가 초벌 영역한 것을 콜린스 양이 교열校閱하는 일을 한다는 것이다. 그렇게 제작된 소식지(이것이 월간「민주 동지」이다)는 일본, 미국, 캐나다, 독일, 영국, 스웨덴 등 민주 동지회 지부支部로 우송된다. 자신은 한 달에 한 번 정도 사무실에 나와서 일을 점검하고 다른 모든 일은 권 선생이 도와줄 것이라는 것이 오리엔테이션이었다.

셋째 날, 권 선생은 신주쿠新宿역 근방에 있는 구청區廳에 나를 대동帶同하여 외국인 등록을 하고, 다까다노바바의 내 자취집 근방의 일본어학원인 '센다가야 일본어 학원'에 등록시켜 주었다.

넷째 날, 일본어 학원에서 첫 수업을 하고 돌아오니 권정인 선생은 지난 1년 간 발행한 월간「민주 동지」한국어판, 일본어판, 영어판을 모두 꺼내어 보여 주었다. 2년 전부터 이 목사님이 어디선가 전달되어 온 한국어, 영어 원고를 자신이 일본어로 번역하고, 콜린스 양이 영어본을 교정하여 왔다는 것이었다. 그런데 1년 전부터는 그것을 받지 못하여 유학생 이종원李鍾元(현 와세다 대학교 국제정치학 교수) 씨가, 이전以前 것의 형식에 따라 소식지를 작성하고 이를 영어 초벌 번역하였다고 비밀스럽게 이야기한다. 그 견본見本들의 형식이 낯이 익어 그 이전 것을 살펴보니 어디에서 본 것 같은 느낌이 들었다. 다시 자세히 읽어 보니 한국교회 사회선교협의회(이하 약칭으로 '사선'이라 부른다)의 간사 시절에 내가 작성하고 영역한 정세 분석지, 바로 그것이었다. 그 때는 그 용도를 알지 못하고 권호경權浩景 총무의 지시에 따라 사선의 5개 분야(노동 · 농민 · 빈민 · 청년과 학생 · 여성) 단체들의 활동 보고에 월간 정치 정세를 분석하여 총론으로 덧붙이고, 각 학교 · 노동 · 빈민 · 교회 등의 현장에서 발생한 그 달의 운동 상황을 정리하는 내용의 월간 보고서를 작성하고, 또 그 원고를 영역했던 것이다. 그 문서들이 이곳 동경에 전달되어 월간 「민주 동지」로 변신되어 전 세계 민주동지회로 보내지고 있었던 것이었다. 그리고 내가 독일에서 장기 여권을 기다리고 있던 지난 1년 동안은 이종원 씨가 대신 이 일을 맡은 것이다.

그 말을 듣고 나서야 한국에서는 이름만 알고 있었지 전혀 면식面識이 없던 오재식 선생이 왜 나를 동경자료센터 관장에 지명하여 이 일을 맡기로 하였는가가 어렴풋이 감感이 잡히기 시작했다. 당시 내가 어디선가 들은 이야기는 이렇다. 오재식 선생이 1984년 경 한국기독교 장로회 선교교육원 원장이시던 고故 서남동徐南東 교수에게 영어에 능통한 운동권 기독학생 한 사람을 추천 해달라고 해서 서 교수께서 나를 추천해 주셨다는 것이다.

서 교수님은 1975년인가 케냐 나이로비 WCC 총회에 참석했다가 한국에서 일어난 민주화 운동 사건들에 대한 질문을 받고 당시에는 민주화운동에 관심이 없었던 당신으로서는, 이에 대해 대답을 못하여 큰 곤욕을 치렀단다. 그래서 나이로비에서 돌아오는 길에 곧바로 동경에 내려 한 달 가량 체류하면서, 자기를 WCC 총회에 추천한 오재식 선생의 사무실에서, 지난 1~2년 동안의 신문들을 깊이 탐독하였다는 것이다.

민주화 운동들에 관해 애써 눈을 감고 연구와 교수 일에만 집중해 왔던 자신의 과거를 반성한 서남동 교수님은 돌아와서부터 KNCC의 민주화 운동·노동·빈민·학생 운동 등에 대한 신학적 성찰을 하게 되고, 마침내는 안병무 박사 등과 함께 민중신학자로 변신하게 된 것이란다. 오 선생은 서남동 교수를 형님으로 모시며 그의 민중신학적 성찰의 결과물을 해외에 소개하는 등 지원을 아끼지 않았다.

나는 서남동 교수님이 연세대 연합신학대학원에서 해직解職되어 기장 선교교육원 원장으로 계실 때, 민주화 운동과 관련하여 재적된 학생들을 불러 모아 신학교육을 시켰던 '선교교육원 위촉생 과정' 제1기생으로 들어가서 교수님과 학생들 몇 명과 노만 고트왈드Norman Gottwald의 저서 「야웨의 부족들」(the Tribes of Yahweh)의 원서原書 강독講讀을 한 적이 있었는데, 그때 서 교수님이 나를 눈 여겨 보셨다는 것이다. 거기에다가 나의 처가 남독일 교회의 선교 동역자(Fraternal worker)로 나가 있어 아내를 만나러 나간다는 구실이 당시 엄혹했던 문제 인사들에 대한 여권 발급 심사를 비교적 쉽게 통과할 수 있다는 것이 내가 최적最適의 인물로서 물망에 오른 이유라고 알고 있었다. 그런 사유로 아무것도 모른 채, 일 년을 가까이 독일에서 체재하다가 동경에 들어와서 비로소 내가 왜 일면식一面識도 없었던 오재식 선생의 후임에 선정되었는지 그 이유를 그때에야 알게 되었다.

1977년 이후 서울수도권특수지역선교위원회(수도권) 간사를 그만둔 나는 생계를 위해 번역 일을 시작했다. 그리고 민청련 부위원장 겸 교육위원장으로서 민청련 사무실 확보를 위해 번역실을 만들어 생계生計와 운동을 겸하기도 했다. 그러다가 1979년 'YWCA 위장결혼 사건'으로 1년여 동안 도피 생활을 전전하다가 지쳐, 마침내 용산구 청파동 숙대 앞에서 하숙을 하며 은밀히 기독교문사의 「기독교대백과사전」 번역위원으로 일하기도 했다. 그런 경력은 1981년부터 사선 간사로서 월간 보고서를 작성하는 일과 영역英譯하는 일의 적격자가 된 것이었다.

그러나 사선의 내 일은 우연한 것이 아니고 민주동지회 국내 대표이신 전 KNCC 총무 김관석 목사님과 오 선생을 위시한 해외 민주 동지회에서 사전에 계획하고 준비한 각본脚本이었을지 모른다는 추측을 하기에 이르렀다. 이 결론은 물론 그 이후 동경에 체재한 4년 반 동안에 순전히 감感과 추측推測과 남겨진 민주동지회 회의록 등 자료를 검토한 결과 나 혼자 내린 것이었다. 그 속내에 감추어진 사실들은 김관석 목사님과 오재식 선생 두 분 다 고인故人이 된 지금 알 도리가 없다. 김 목사님은 회고록도 남아 있지 않고 오재식 선생님의 회고록(「나에게 꽃으로 다가오는 현장」)에서 무엇인가 남아 있을까 했지만, 1982년 이후 동경에서의 일은 전혀 기록되어 있지 않았다.

나 나름대로는 민주화를 위해서 일하고 계시는 선배 어른들의 지시라면 무엇이든지 서슴지 말아야 한다는 소명감으로, 앞일을 전혀 알 수 없는 미지의 세계에 나 자신이나 내 가족들은 생각하지 않고 조금의 망설임도 없이 결단한 것이었다. 그런데 나에 관한 기록은 어디에도 없고 단지 나 자신과 주변의 몇 분들의 기억 속에만 남아 있다는 생각에 섭섭함이 물밀듯 밀려 왔다. 그러나 생각해 보면, 그 빈칸을 메우는 일을 나에게 일임한 오 선생님의 배려配慮라는 생각이 들었다.

2. 나의 조력자 권정인, 이종원, 메리 콜린스

1년 동안 월간「민주 동지」를 제작해 온 이종원 씨는 서울 공대 학생 회장을 맡고 있던 1974년 전국민주청련학생연맹 사건(일명 '민청학련 사건')으로 구속되어 제적된, 나의 민청학련사건 감옥 동지였다. 1975 년 2월 석방된 그는 한국기독학생총연맹(KSCF) 간사로 있다가, 한국 무용을 배우러 방한訪韓한 재일동포 2세인 이인자李仁子 씨와 결혼하 여 동경 국제기독교대학(ICU)에 유학 온 나의 대학 후배이기도 했다. 1975년 그 엄혹했던 시절 그는 KSCF의 간사幹事로, 그리고 나는 수도권 간사로서 서로 협력하고 있어서 나는 이미 이종원 씨도 이인자 씨도 알 고 있었다.

이종원 씨는 한 달에 한 번씩 열리는 한국 민주화 일본 기독자 긴급회 의(일명 '긴급회의')의 정기회의에 나와 나의 통역을 맡아 주었다.

권정인 씨는 일본어 번역뿐만 아니라 사무실의 경리, 우편물 발송, 나 의 출입국 관리에 관한 업무, 일본기독교 회관 내의 기독교 단체들과의 관계 등 내가 일본어로 더듬더듬 의사 표현을 할 수 있기까지 1여 년간 나의 안내자가 되어 주었다.

그녀는 1972년 한국에 유학하여 서울대 국사학과를 졸업하고 돌아와 고등학교의 동기 동창인 일본인 도요다豊田 씨와 결혼하여 일남 일녀를

둔 주부로서 원래는 남편의 회사일을 돕고 있었다. 그러다가 이인하 목사가 담임 목사로 있는 가와사끼川崎敎會 재일한국인 교회가 운영하는 복지법인 청구사青丘社의 유치원 원생院生인 두 아이의 학부형으로서 이 목사를 알게 되었는데, 이 목사의 신임을 얻어 청구사의 실무자로 일하다가 나중에는 민주동지회 동경자료센터의 실무를 맞게 된 것이다.

그녀의 남편 도요다 씨는 동경대학교 공과대학을 나와 상수도 관련 회사를 경영하는 사업가로서 일본인 사회에서도 중류이상의 계층에 속한 사람이었다.

귀화歸化하여 일본 국적을 취득한 사람은 물론 한국 국적을 가지고 사는 동포들도 일본 이름을 사용하지 않으면 취직, 진학, 결혼 등 사회 전반에서 차별을 받는 상황에서, 그 시절은 1971년 '박종석朴鍾碩 히다치日立 취직 차별 반대 운동'의 결과로 일어난 동포 사회의 '지문날인 반대 운동'의 영향으로 한국이름(본명)을 사용하는 운동이 확산되기 시작한 때였다.

지금은 '지문날인제도'가 폐기되어 있지만, 1987년 당시까지만 해도 '지문날인 반대운동'이나 '본명本名사용운동'을 하는 동포들이 마치 우리나라에서 운동권이 위험시 당하듯, 경원시敬遠視 되던 때였다. 그때에 권정인 씨도 본명을 사용하고 있었다.

그럼에도 불구하고 도요다 씨는 자신의 성을 따르지 않고 본명인 한국 이름을 사용하며, 같이하던 자기 회사 일을 그만 두고 한국의 교회 단체에서 일하는 권정인 씨를 아내로서 그리고 친구로서 이해해주는, '보통의 일본인'과는 달랐다. 혹시 도요다 씨는 1960년대 운동권 출신이 아니었는지, 아니면 정확하고 당당한 그러면서도 항상 밝은 권정인 씨에 대한 존중과 사랑 때문이었는지, 그것도 아니면 도량이 넓은 성인군자였는지는 알 수 없었다.

하루는 본명을 쓰는 그녀가 대견하여,

"우리나라가 일본보다는 남녀평등 사회이지요? 권 선생이야 말로 여권운동가입니다."

나름대로는 상찬賞讚하여 마지않는 나에게, 그녀는

"그렇지 않아요! 우리나라에서는 며느리를 한 가족으로 받아들이지 않고 친정집 이름을 쓰게 하지 않아요?"

라고 대답하여 나의 얼굴을 뜨겁게 했다.

그녀는 '여성평등운동가'이어서가 아니라 '민족차별반대운동'의 일환一環으로 그렇게 할뿐이라는 것이었다.

동경에 무사히 도착만 하면 날아와 모든 것들을 알려주겠다던 오 선생은 소식이 없고, 한 달에 한번 씩은 나와서 일에 대해 논의하시겠다는 이인하 목사님도 자주 얼굴을 뵙기 힘들고, 그렇게 답답하고 때로는 화도 나는 상태로 나는 6개월을 그야말로 집-일본어 학원-사무실을 개미 쳇바퀴 돌듯 하지 않을 수 없었다. 말을 모르고, 지리도 모르니, 한참 동안은 일요일에도 교회도 못 가고 일본어를 열공熱工할 수밖에 없었다. 그래서 나는 일본어 학원에서 하루도 결석하지 않는 모범생이 되었다. 가끔 일본어 학원에서 십년은 아래인 동남아 청년들(이주 노동자들- 하기야 나도 이주 노동자였다. 그것도 교사보다도 나이가 많은 한심스러운 노털)의 클래스메이트로 '에비스惠比壽 맥주 박물관 방문', '링고가리(사과

따기)'나, '이치고 가리(딸기 따기)' 등의 행사에 빠지지 않고 참가하기도 하고, 때로는 일본 기독교 빌딩의 AVACO(시청각 교육실), JNAC(재일 북미 선교사 협회), 아시아 자료센터나, 일본기독교단 등의 젊은 직원들과의 야유회 등으로 스트레스를 해소하곤 했었다.

이렇게 하여 어느 정도 일본어를 읽을 수 있게 되고 전차 노선을 습득하게 되자 토요일이면, 후지산富士山이 보이는 다까오산高尾山, 긴도끼산金時山, 메이신산明神ヵ岳 등 한 두 시간 거리의 동경 변두리 산들에 등산을 하기도 하였다. 그 중 주로 가장 가깝고 교통비가 싼, JR로 1시간 반 거리의 다까오산을 자주 올랐다. 아마도 돈도 시간도 충분치 않은 내 일생 중, 전무후무前無後無하게 그렇게 거의 매주 토요일 등산을 해본 적이 없다.

가끔 권 선생은 동경 부근 가와사끼川埼 시, 자기 집으로 초대하여, 가와사키 재일 한국인 교회 배중도裵重度 장로와 사모님 고故 정월순鄭月順 집사, 김신영金信英 집사와 남편 김달홍金達弘 집사 등과 친교시간을 마련해주어 날을 세우며 담화를 나눈 적도 있었다. 김신영 집사는 오사카 교회 김덕성金德成 목사의 장녀로서 1975년 '한일 청년협의회 준비회의'의 서울 모임에서 처음 만났던 나를 기억해 주었다.

그녀의 동생 김혜영金惠英 씨와는 또 다른 인연이 있었다. KSCF 관련 '민청학련사건' 감옥 동지들이었던 우리들은 연세대 신과대 제적생 최민화崔敏和 군의 아내 고故 박혜숙朴惠淑 씨가 운영하는, 신촌 이대 앞 사거리 건너편에 자리 잡은 '민중 약국'을 '민중 사랑방'이라고 명명命名하며 자주 만나 시국時局을 한탄恨歎하고는 하였는데, 어느 날 공대 제적생 이종원이 여기에 1978년 한국에 한국무용을 배우러 온 김혜영 씨를 데려온 것이었다. 이 김혜영 씨는 우리들의 부축임으로 서울 문리대 제적생 양관수梁寬洙(전 오사까 정법대학 교수) 군과 사귀게 되었고, 내가 'YWCA 위장결혼 사건'으로 2년여 도피생활을 끝내고 1981년에 다시 가 보니, 그녀는 오사카 경법대학에 유학한 양군과 함께하여 일본으로 들어가 결혼하고 아버지가 목회하고 있는 오사카 교회의 유치원 보모保姆로 일하고 있었다.

그리고 김달홍 집사는 귀화한 ANA(All Nipon Airway, 전일본공수) 기장인데, 국적상의 여러 가지 불이익을 감수甘受하고 나카무라中村라는 일본 명을 버리고 김달홍이라는 본명을 사용하고 있었다.

II. 한국 민주화 기독교 동지회

    1973년 봄의 '남산부활절 예배 사건'으로 박형규朴炯圭(한국기독교장로회 증경총회장) 목사 등 목회자들이 구속되는 초유初有의 사건이 발생하자 KNCC 총무인 김관석金觀錫(전 CBS 사장) 목사가 방일訪日하여 후지산 산록에 있는 고덴바御殿場의 한 여관에서 이에 대한 대책모임을 가졌다. 여기에 모인 사람들이 고故 이인하李仁夏(당시 재일대한기독교회 총간사) 목사를 필두로 하여 고故 오재식吳在植(당시 아시아교회협의회 도시농어촌선교부 CCA-URM 간사) 선생, 박상증朴相增(당시 WCC 국제부 아시아 부장) 목사, 고故 나카지마中嶋(당시 일본그리스도교협의회 JNCC 총간사) 목사, 고故 강문규姜汶奎(당시 아시아 YMCA 연맹 사무총장) 씨 등 10여 명이 모여 성직자 구속사건을 보고 받고, 국제적인 연락망을 결성하여 국내의 민주화 운동을 지원하기로 의견을 모았다.

    일단 국제적 지원을 약속받은 김관석 목사는 1973년 10월 서울 문리대 시위 사건으로 나병식, 강영원, 황인성 등 기독학생들을 포함한 다수 구속학생들을 지원하기 위해 1974년 6월에 상설기구로서 '인권 위원회'

를 조직하여 그 해 1월에 발포된 긴급조치 1호~4호로 급증急增한 구속자들에 대한 대책과 인권옹호 활동을 전개하기 시작하였다.

한편 1975년 제5차 WCC를 계기로 한국의 민주화에 관심이 있는 각국의 대표단들이 제네바에서 긴급 회동會同을 하였다. 여기에는 출국 금지된 김관석 목사 대신 서남동徐南東(당시 연세대 신과대학 교수) 목사를 위시하여 외국의 기독교단 관계자들과 캐나다의 김재준金在俊(한국신학대학교 초대 학장) 목사, 이상철李相哲(당시 캐나다 연합장로회 UCC 회장) 목사, 독일에서 장상환張尙煥(당시 재독 한인 교회 프랑크푸르트 교회 담임) 목사, 이삼열李三悅(당시 재독 유학생) 씨, 미국으로부터 이승만李承晩(당시 미국연합장로회 PC-USA 아시아 담당 간사) 목사, 손명걸孫明傑(당시 미국감리회 MC-USA 아시아 담당 간사) 목사 등 60여명이 모여, 한국의 소식을 지속적으로 제공하면, 독일, 미국, 스웨덴, 영국, 캐나다, 일본 등 해외 교회들이 지원한다는 합의를 보았다.

이 합의에 따라 1975년 11월 7일 한국 민주화를 위한 세계협의회(World Council for Democracy in Korea)가 조직되었고, 1977년에 한국 민주화 운동 기독교동지회(The International Christians Network for the Democracy of Korea, ICNDK 이하 민주동지회)로 명칭이 바뀌어 불리게 되었다. 의장은 캐나다의 김재준 목사가, 총무는 WCC 국제부에 있는 박상증 목사가 담당하게 되었다(이상 오재식 선생의 유고 자서전 『나에게 꽃으로 다가오는 현장』(대한 기독교서회, 2012년 간 219~226쪽 여기 저기에서).

민주동지회 동경 자료센타에서 발송된 월간「민주 동지」를 포함한 한글 자료들은 1974년에 국내 '목요기도회'와 같은 시기에 시작된 미주 각 지역의 '목요기도회'를 포함하여, '희년기도회' 민주주의 국민연합 북미본부, 북미주 한국민주화 인권위원회(North American Coalition for H. R. in Korea), 북미 기독학자회 인권문제연구소, 북미주 한국인권 옹호협회, 북미주 기독학자회, 북미주 민족자주통일협의회 민주국민회의 북미주 조국통일국민회의 재미한국여성동우회, 한국고문희생자원호회, 북미주 정신대협의회, 북미주 자주통일동포대회 등 단체와 지역의 한인교회를 포함한 '한인회' 등에 배포되어 국내의 민주화 운동을 지원하는 북미주(미국과 캐나다) 각 지역의 각종 활동의 기초자료로 사용되었다.

1987년 당시 미국 지역은 민주동지회 미국본부가 있었던 뉴욕의 구춘회 선생, 캐나다는 토론토의 이상철 목사의 총괄하에 동경에서 보내진 월간 「민주동지」는 한글판은 각 지역 동포들에게, 영어판은 각국의 교회기관에 발송되고, 각 지역에서는 그 지역에서 필요한 만큼 복사하여 배포되었다고 한다. 그리고 독일의 장성환 목사는 영국과 스위스 등지를 함께 책임지고 있었다.

한편 영문 월간 「민주 동지」도 역시 구춘회, 이상철 두 사람의 책임 하에 아시아 인권을 위한 교회위원회(CCHRA), 한국지원 네트워크(Korea Support Network)와 미국 연합장로회(PC-USA), 미국감리회(Methodist Churches in USA(UMC), 캐나다 연합교회(UCC) 등과 각 북미 각 지역 언론사에 배포되어 미국 · 캐나다 양국에 한국의 민주화 운동의 상황을 보도하고 양국 정부에 한국의 독재 정권에 외교적 영향력을 행사하도록 압력을 행사하는데 기초자료로 활용할 수 있게 하였다.

한편, 유럽의 경우는 독일의 프랑크푸르트에서 장성환 목사의 총괄하에 한글 자료는 독일, 영국, 프랑스의 한인 교회와 민주사회건설협의회(이하 민건)을 포함한 한인 민주단체와 교민들에게 배포되었다.

그리고 영문판은 BFW, EMS(Evangelical Mission in Solidarity), IA, WCC 등 라운드테이블(Round Table)의 유럽 회원 단체들과 각국의 언론기관에 배포함으로써 독재정권에 대한 각국 정부의 외교적 영향력을 행사하는데 기초 자료로 사용되게 하였다. 한편 스웨덴은 유학생 신필균 씨가 이 일을 맡아서 했다.

1. 라운드테이블

1987년 5월 1년 가까이 되던 때, EMS 동아시아 담당 총무 쇼여마이어 목사Rev. Dr. Scheuermer는 나를 스위스 베른Bern에 있던 EMS 본부 사무실에 불러, 영국 런던에서 국제회의에 참석하라는 본국의 메시지와 왕복 교통비를 전달하여 주었다.

프랑크푸르트 공항에서 영국 런던 히드로 공항에 도착하여 다시 전철로 한 시간 정도 걸려, 주소가 적힌 공문을 보여 가며 손짓 발짓으로 길을 물어 회의 시작 시간을 넘겨 겨우 찾아 간 곳은 런던 교외의 어느 한적한 시골마을 수녀원이었다. 회의는 이미 시작되었고, 쇼여마이어 목사를 포함한 대여섯 사람의 서양인들과 오재식 선생, 박상증 목사, 그리고 나와 또 한 사람, 나중에 동아투위, 조선투위를 중심으로 하여 창간준비 중에 있다는 가칭 '한겨레 신문'에서 온 사람이라고 자신을 소개한 최 선생(? 죄송스럽게도 나는 이분의 성함을 기억하지 못한다)이란 분을 포함하여 10명 내외의 회의였다. 최 선생과 나에 대한 오 선생의 소개를 박수로 받은 후, 진행된 3시간 가까운 모임에 꾸어다 놓은 보리자루처럼 우리 두 사람은 그 시간을 지루하게 지켜보고 있었다. 혼이 빠진 채 멍한 상태로 앉아 있는 나에게 최 선생이 물었다.

"대체 무슨 이야기들을 하고 있습니까?"

후다닥 정신 차린 나는 당황하여,

"아! 한겨레신문의 창간에 조금 지원하자고 하는 것 같은 데……."

하고 어물거리고 말았다. 하지만 나 역시 그들의 이야기 내용을 다 따라갈 수가 없었다.

그렇게 3시간여 회의는 끝나고, 갈 사람은 가고 남은 4~5명만 남아 그 수녀원의 숙소에서 일박을 한 후 다음날 나는 하이델베르크로 돌아갔다.

공항에서 오 선생은 회색 잠바에 골덴 바지 차림의 내 입성을 못마땅한 듯 위아래를 쳐다보면서,

"좀 단정히 입고 다녀야 입국심사에서 일거리 찾아 입국하는 불법노동자로 의심을 받지 않습니다."

라고 하면서, 마지막 악수를 청하며,

"김경남 목사가 동경에 무사히 들어가면, 곧바로 동경으로 날아가 사무적인 일들에 관하여 말해 드리겠습니다."

라고 하였다. 1986년 5월 한국을 떠나기 전 인사차 찾아간 나에게 했

던 말을 재차 반복하고는,

"독일에서의 체재에 관해서는 쇼여마이어 목사를 통해 전달하겠습니다."

하고 덧붙이는 것이었다.

그러나 오 선생은 끝까지 그 회의에 대해서는 일언반구도 설명해주지 않았다. 필요 없는 것은 쓸 데 없이 알려고 하지 않는다는 그 시대 우리의 생존법에 따라, 나도 구태여 그것을 묻지 않았다. 그러나 15년 정도는 위인 오 선생의 깍듯한 어투가 본래 일본에서 터득한 그분의 매너라는 것을 한참 후 일본에 와서 지내면서야 비로소 알게 될 때까지 내내 신경이 쓰였을 뿐이었다.

하이델베르크에 돌아오자마자 나는 시내 중심가 한 유명한 마트에서 양복 한 벌을 샀다. 세계에서 가장 좋고 가장 비싼 것이 이태리 제製 의복이라고 그 때까지 내가 듣고 있었던 풍문과는 달리 그 마트에서 가장 싼 것이 이태리 제 양복이었다.

학생 시절 내내 검게 물들여 수선한 군복을 입고 다니다 졸업식 때 비로소 양복 한 벌을 선물로 얻어 입어 본 후, 1980년대 목사 안수를 받은 뒤 설교 때에나 몇 차례인가 양복을 입었던 나는, 학생들은 물론이고 목사나 교수나 할 것 없이 간편한 옷차림으로 생활하는 독일에 익숙해 있었던 것이다.

그러나 그 일이 있은 후, 나는 독일에서나 일본에서나 가능하면 정장 차림을 습관화하는 '거룩한' 목사가 되고자 애썼다.

그 때의 그 모임이, 1970년 이래 노동선교, 빈민선교, 인권선교 등 한

국 기독교의 민주화 · 인권 · 선교를 위시한 한국의 운동권을 재정적으로 지원하는, 유럽과 미주의 기독교 단체의 한국담당 실무자 혹은 아시아 담당 실무자들의 모임인 라운드테이블이라는 것을 알게 된 것은, 1990년 여름 동경 변두리 히노데日の出 시 소재所在 '히노데 가톨릭 수도원'의 회의에서였다.

이 회의에는 상기上記의 유럽단체 대표 외에도 미국연합장로회와 미국 감리회, 캐나다 연합교회 등 미국, 캐나다 단체들과 일본 기독교협의회(JNCC), 일본기독교단 대표들이 모였다. 거기에 이인하 목사, 오재식 선생, 박상증 목사, 안재웅 선생(당시, 세계기독학생연맹 아시아 총무, 현 한국 YMCA 연맹 이사장) 등이 옵저버로 추가되어 20여명 정도의 확대된 회의였다.

내가 알고 있는 한 1970년대 이후부터 1980년대 후반까지는 예장, 기장, 감리교 등 각 교단 산업선교회(노동선교), 서울특수지역선교위원회(빈민선교), KNCC 인권위원회(인권선교), 한국기독교농민회총연합회(농민선교), 한국기독학생총연맹(KSCF, 학생선교), 심지어는 한국교회사회선교협의회(신구교 민중 선교단체 협의체)나 연구단체인 한국교회사회문제연구원 등 한국교회의 인권 · 노동 · 농민 · 빈민을 의식화하는 특수선교단체들의 거의 전 예산이, 매년 라운드테이블에서 상기의 해외 기독교 단체들로부터 모금되고 배분된 지원금에 의존하고 있었다. 어느 한 해에는 WCC-URM(세계교회협의회 도시산업선교)가 예산 200만 달러 중 100만 달러를 CCA-URM(아시아 교회협의회 도시산업선교회)에 지원했고, 그 가운데 60만 달러가 한국의 URM 단체 등에 지원되었다 한다. 그것은 노동자 · 농민 · 빈민 · 청년 · 학생 등 각 분야에서 헌신적으로 활동하고 있는 한국교회의 사회선교활동에 대한 신뢰와 애정 때문에 가능할 수 있었다. 그러나 그 배경에는 1971년부터 CCA URM 간사로 재직하면서 군사독재 하에서 고난당하는 한국 민중과 같이 하고자 했던 한국교회의 에큐메니칼 그룹을 대변하여 온 오재식 선생 등 민주동지회를 조직하고 이끌어 온 해외의 민주인사들의 노고가 무엇보다 중요했었다고 나는 생각한다.

2. 민주동지회 일본 지회장 이인하 목사

내가 민주동지회 동경 자료센터의 관장官匠으로 도일渡日했을 때에 이인하 목사는 일본 지회 대표를 맡고 있었다. 당시 동경자료센터는 국내의 운동권 상황과 정세를 종합한, 월간「민주 동지」를 발간 인쇄하여, 미국 지회에 한글판 100부, 영어판 30부를 뉴욕의 구춘회 선생에게, 독일에 한글판 100부와 영어판 50부를 프랑크푸르트 장성환 목사에게, 캐나다에 한글판 50부, 영어판 20부를 토론토의 이상철 목사에게, 스웨덴은 스톡홀름의 신필균申弼均(당시 스웨덴 유학생) 씨에게 한글판, 영어판 각각 10부 정도를 발송하였다. 한편 한글판은 이인하 목사가 동포 교회에, 그리고 일본어판은 한국민주화운동 일본기독자긴급회의 사무국에서 인쇄하여 홋카이도에서 오키나와까지 일본 전역에 배포하였다.

나는 한 달에 한 번 정도 센터에 나와 나의 일을 돌봐주겠다는, 애초의 약속을 지키지 못하는 민주동지회 일본 지회의 대표인 이인하 목사에게 섭섭하였다.

그러나 후일 알고 보니, 이인하 목사는 민주동지회 일본 대표직 이외에도 1975년 '박종석 취직 차별 반대운동'을 주도하면서 시작한 '지문 날인 반대 운동'을 이끌어 가면서, 재일 한국인들을 위시한 아이누인, 부락쿠민部落民(우리나라의 白丁), 오키나와인 등이 연대하는 민족차별에 투쟁하는 전국연합(民鬪連)의 대표의 일도 맡고 있었다. 거기에다가 JNCC 의장직에다가 가와사키 재일 한국인 교회의 담임목사의 일을 맡고 있어서, 민주동지회 대표로서의 업무를 내가 원하는 만큼 해내기에는 너무 분주한 분임을 나중에야 알게 되었다.

그런 이인하 목사는 1988년 2월 어느 날, 릿교立敎대학 의 구약학 교수 기다 겐니치木田 憲一선생을 찾아가 연구생 입학 면접을 받도록 지시하였다.

일본어 학원 수강생으로서는 더 이상의 3개월짜리 비자를 받을 수 없게 되어 나를 위해 이목사가 학생비자를 받을 조치를 취해 놓고 있었던 것이다.

50대 후반 정도의 기다 교수는 더듬거리는 나의 영어 자기소개를 들으며, '나루코도'를 연발하였다. 나중에 권 선생에게 '나루코도'가 무슨 뜻이냐고 물으니, 그녀는 호호 웃으며 '나루코도'가 아니고 '나루호도成程'('그렇군요'라는 의미)라고 가르쳐 주었다.

동석同席한 다른 교수의 이러저런 질문에 요령 있는 대답을 한마디도 하지 못한 나에게, 기다교수의 '나루호도' 몇 마디로 연구생 입학이 허가 되고 릿교대학 대학원 구약학 연구실 연구생이 되었다.

뿐만 아니라 기다선생은 그 이후 나의 4년 동안의 등록금을 면제받을 수 있게 해주었고, 한 학기 2~3번 밖에 선생의 세미나를 청강하지 않는 '불량한' 연구생에 대해 못마땅한 표정을 보인 적이 없었다.

이때 내 머리에는, 14년 전인 1974년 한국신학대학교 학사편입 면접 때의 일이 문득 떠올랐다. 그 당시 신입생 후보자 면접은 안병무 교수가 주심主審이었고, 황성규 교수가 배심陪審이었다. 영어와 성경 두 과목의 학사편입시험에 나는 성경시험은 거의 영점零點에 가까울 것이라고 짐작하고 기죽어 있었다. 입학원서 접수 전날까지 입학을 위한 '신앙고백서' 작성에 매달릴 수밖에 없었고, 필기시험은 거의 포기하고 있던 나였다. 주로 내가 제출한 신앙고백서의 내용에 집중된 질문 끝에,

"본격적으로 신학공부를 해보고 싶은 생각은 없느냐?"

라는 안 교수의 마지막 질문에,

"목사가 되면, 양심을 속이지 않고도 먹고 살아 갈 수 있어서……."

라고 우물거리고 있는 나에게, 그 때까지 아무 말도 하지 않고 있던 황성규 교수가,

"자네는 성서를 무시하는가?"

라며 나의 아픈 곳을 찔렀다. 그러자 안 교수는,

"아, 그건 입학한 후에 열심히 공부하면 되지."

하며, 나의 입학을 허가해 주었다.

뿐만 아니라 안 교수는, 향후 2년 반 동안(지금은 사라진 제도이지만 일반대학을 졸업하고 신학대학에 편입한 '학사편입생'은 2.5년을 수강

하여야 했다)의 등록금을 면제받게 해주었다. 거기에 더하여, 가정교사를 해서 다섯 식구의 생계를 꾸려나가기로 작정한 나의 고단한 삶을 알기나 한 것처럼, 매월 4만원 거금巨金을 '생활 장학금'으로 마련해 주었다. 당시 안 교수 자신이 개척한 평신도교회 명동 향린교회의 장학금이었다.

나에 대한 이런 과분한 배려는 무엇 때문이었을까? 당시나 지금이나 '빵잽이 운동권'에다 입학시험 점수 영점 맞았으니 당연히 낙방감인 나였는데……

"이것 하지 말라, 저것 하지 말라고 강제하시는 하나님이 아니라 역사를 움직이시는 하나님을 만나고 싶어……."

몇 날 밤을 고민하고 나서 작성한 나의 이런 '신앙고백서' 때문이었을까? 아니면 자신의 대학 후배(안 교수는 서울대 사회학과를 졸업하였다)인 나에 대한 '봐주기'이었을까?

허겁지겁 면접을 마치고 나오던 나는, 그 면접실에 '제3의 면접관'(?)이 나를 지켜보고 있는 것을 뒤늦게 알아차렸다. 백발의 긴 머리를 하고 있는 70대의 노인이었다. 한국신학대학의 전신인 조선신학교를 설립하여 한국의 기독교의 개혁에 앞장섰고, 1970년에 들어와 민주수호국민협의회 대표로서 박정희 독재정권에 항거하는 민주화 운동을 이끌어가고 있던 그 전설의 어른, 장공長空 김재준金在俊 선생이었다. 그리고 나의 면접 주심인 안 선생은 1975년 '3 · 1 민주구국선언사건'으로 나의 빵잽이 동지가 된 것, 그리고 그 후 '해직교수'가 되고, '민중신학'의 선구자가 된 것은, 단지 우연이 아니라 어떤 그 시대의 운명이라는 생각을 한 것은 나의 과장일 따름이었을까?

그리고 14년이 지난 1988년에 나는 두 번째로, 장공 선생과 해우하였다. 물론 문서상일 뿐이지만, 한국민주화운동기독교동지회 의장으로서의 장공 그분을⋯⋯.

3. 릿교 대학의 기다 겐이치 선생과 햐쿠닌초 교회

기다 선생은 햐쿠닌초百人町교회를 소개시켜 주어 2년 가까운(독일 체재 기간 포함) 기간 동안의 낭인浪人의 생활을 청산할 수 있게 구원해주었다.

야마노테션山の手線 오오쿠보에끼大久保驛에서 릿교 대학으로 가는 도중에 있는 일본기독교단교후카이日本基督教團矯風會(한국의 각 교단 여신도회?) 회관의 방 하나를 빌어 예배처로 삼아 기다선생이 개척하고, 아소阿蘇 목사라는 분이 무보수 목사로 설교를 맡고 있는, 청년들의 3분의 1을 차지하고 있는 50명 정도의 작은 예배처였다.

나는 거기에서 게이오慶應 대학에 대학원에서 경제학을 공부하는 유학생 조용래趙容來(현 국민일보 편집인 겸 논설주간) 씨와 부인 정구은鄭求恩 씨를 만났다.

정구은 씨는 1973년 박형규 목사님과 권호경 전도사 등 두 목회자가 '남산부활절예배사건'으로 감옥에 가고 없는 서울 제일교회의 전도사로 부임하여, 목자를 잃은 양떼와 같은 교인들의 어머니 역할을 하였던 박

기다 선생댁에서 박성자 목사(왼쪽)와 조용래 군(오른쪽)과 함께

성자朴成子 목사의 장녀이다.

박 전도사님의 노력으로 제일교회 소식이 일본에 전해졌는데, 그때 기다 목사도 그 소식을 듣고 서울 제일교회에 대해 관심을 가지게 되고, 그 후 긴규까이(긴급회의)의 소식지를 통해 한국의 민주화 운동에 관심을 심화해 가면서, 여러 방식으로 후원을 하게 된 일본인들 가운데 한 사람이라고 했다.

국내의 명동 향린교회가 애초에 안 박사의 신학사상에 동조한 기독교 교인들이 모이는 평신도 중심 교회였던 것처럼, 기다 선생과의 개인적 인간관계로 모인 햐쿠닌초 교회 교인들도 자연스럽게 한국의 민주화 운동에 대해 관심과 지원을 하게 이른 것이었다.

예배를 마치고 점심겸 친교시간에 기다 목사는 나를 '한국의 민주 투사'로 교인들에게 소개하였다. 나의 소개가 끝나자 한 20대 청년이 묻기를,

"긴상(김씨)은 감옥에 몇 번이나 들어가 봤소?"

국내에서는 항상 '김 목사'라는 호칭에 익숙해져 있던 나는, 나이어린 사람의 버릇없는(?) 말투에 순간적으로 결기를 이기지 못하여,

"다섯 번이요!"

라고 대답했다.

그러자 그 청년뿐만 아니라 거의 모든 교인들이 "뻥이지?"하는 시선으로 쳐다보았다.

일본인들이 한국 사람들을 경멸하는 이유가 세 가지 있다고 한다. 하나는 더럽다. 두 번째는 공중도덕을 지키지 않는다. 세 번째는 허풍이 세다. 이런 이유들에 대해 나 나름대로의 변명을 할 수도 있겠지만, 그때 나는 '나루호도'라고 생각했다.

이런 에피소드가 있다.

동경 유수의 신문사 부장들이 같은 급의 한국 신문사 신임 특파원의 환영회식에서 자신들이 살고 있는 주택에 대한 것이 화제가 되었다. 이 부장들의 주택들은 대체로 3LDK 맨션이 대세였다. 일본을 아직 잘 몰라 입을 닫고 있는 한국 특파원에게 한 부장이 물었다.

"팍상(박씨), 팍상의 서울의 집은 어느 정도입니까?"

물었다. 잠시 머뭇거리다가,

"한 46평 쯤 됩니다."

하고 대답했다. 그랬더니 일본인 부장들은 서로 눈짓을 주고받으며, 입을 삐죽거렸다.

"역시 뻥쟁이야~"

라고 말하고 싶은 듯이. 그리고 그 후 이 한국 특파원은 그 부장들 사이에서 왕따가 되었다. 일본 특파원직을 마치고 돌아와 한국 주재 특파원이 되어 있는 부장들을 다시 만나게 될 때까지는 말이다.

고등학생 시절인가 어느 신문에서 25평 정도의 주택에 사는 한 대기업 사장을 소개하면서 '청빈하게 사는 일본인들'에 대한 기사를 읽으면서 고개를 갸웃거렸던 생각이 난다. 참조로 그 당시 3LDK란 방 세 칸에 큰 거실과 부엌, 화장실이 딸린, 25평정도의 한국의 아파트의 넓이로 1980년대 당시에는 대회사 부장급 정도의 중산층이 사는 주택인데, 잦은 지진地震 때문에 베니어와 같은 얇은 판자로 지은 서민들의 아파트와는 달리, 크기와 상관없이 내진성耐震性의 철근과 시멘트로 지어진 이런 주택을 일본에서는 '맨션'이라고 한다.

하쿠닌초교회 신도들과 함께, 기다선생(왼쪽 두번째), 박성자 목사(세번째), 아소 목사(네번째), 건방진(?) 청년(맨 뒷줄 두 번째)

조용래 군의 보충설명 덕택에 어찌어찌 '뺑쟁이'라는 오명汚名을 벗고 (?) '한국민주화운동권의 대표'로 인정받게 된 나는 햐쿠닌쵸 교회 신도들의 신뢰와 사랑 속에 그 후 4년 동안의 일본 생활을 무난히 보낼 수 있었다.

1989년 8월의 어머니 조촐한 환갑연 자리인 무사시노시武藏市에 나의 두 번째 아파트를 채워준 사람들도 이 햐쿠닌초 교회 청년들이었다.

이인하 목사님은 기다 교수와 공동으로 조용래 군이 번역한 안병무 교수의 저서著書「민중신학 이야기」를 감수監修하기도 하였다.

또한 이인하 목사와 더불어 기다 선생은 한국의 민주화 운동과 민중신학과 후원자가 되어 있었다. 그래서 그분들의 은덕에 나는 일본의 동경에서 행복할 수가 있었다.

4. 재일한국인인권문제연구소 소장 배중도 장로

1988년 9월 경, 자료센타 옆방에 자리잡고 있던 재일한국인인권문제연구소 소장인 배중도 장로는 오사카까지 나를 데리고 가 민족차별에 투쟁하는 전국연합民闘連(이하 '민투련') 연례 전국모임에 참석시켜 주었다. 민투련은 재일 동포가 민족차별을 극복하기 위해서는 재일 동포와 마찬가지로 차별받고 있는 '아이누족'(이들은 원래 홋카이도 원주민이었으나 최근에는 전국에 흩어져 차별받으며 살고 있었다), '오키나와인'(오키나와 원주민으로서 이들 역시 일본 전국에서 차별받고 살고 있다), '부라쿠민部落民(백정, 이들은 일반 주민들이 사는 지역에서 살지 못하고 따로 떨어진 일정한 부락에 사는 사람들이라고 해서 이 이름이 붙여져 있었다)들과 연대해서 투쟁해야 한다는 생각으로 이인하 목사가 제창提唱·조직하여 대표를 맡고 있었고, 배중도 장로는 이 조직의 사무국장직을 맡고 있었다.

그 후에도 배 장로는 니가타, 아오모리, 심지어는 홋카이도의 하코다테까지 민투련 모임이 열리는 곳마다 나를 데려가 주었다. 그 덕택에 나는 그때까지 알지 못하였던 차별받고 있는 재일 동포의 상황뿐만 아니라, 그 외 다른 민족적 차별이 일본사회에서 일어나고 있다는 사실을 처음으로 알게 되었다. 그런 행사에서 무뚝뚝하고 우리말이 아직 서툴렀던 배 장로대신 부인 정월순 집사가 누님처럼 살갑게 대해 주었다.

이런 만남은 배 장로가 연구소를 그만두고, 이인하 목사가 가와사키 시와의 협상으로 얻어낸 성과의 하나인 후레아이칸ふれあい館(만남의 집: 가와사키 시의 위탁으로 일본인 주민과 재일 동포 주민들이 함께 만나 공동의 친교 프로그램을 진행하는 사업으로 관장을 포함해 전 직원이 가와사키 시의 준공무원의 자격을 가졌다)의 관장館長으로 옮기게 된 1990년까지 계속되었다.

5. 본국 동지들의 방문

1988년에 들어서자 민주화가 진전되면서, 외국에 나가 있는 선, 후배들이 한국에 들어가는 길에 동경에 들러 나를 찾아 주었다.

　미국에서 후배 김하범 씨, 서경석徐京錫(전 경실련 사무총장) 선배, 호주에서부터 심재권沈在權(현 새정치민주연합 국회의원) 선배가 찾아와 하루 밤을 보내며 위로를 해주었다. CBS 사장 김관석 목사님의 차남 김하범金河範 씨는 아버지로부터, 서경석 선배는 민주동지회 미국지부 故구춘회丘春會 선생으로부터, 심재권 선배는 호주 학술모임에 참석차 가신, 故 안병무安炳茂 교수님으로부터 각각 민주 동지회 동경자료센터와 나에 대해 들었다고 한다. 특히 서경석 선배는 미국에서 YMCA를 중심으로 시민운동을 하였는데, 국내에 들어가면 시민운동을 시작하려는데 내 생각은 어떠한가를 의논해주었고, 호주에서 박사 과정을 하던 중 귀국한다는 심 선배는 박사 과정을 중단하고 정치를 하는 것이 어떻겠는가 하고 의논하였다.

유니온 신학교 유학을 마치고 귀국차 들른 김하범 군과 함께

서경석 선배가 서울 공대 재학 시절, 윤조덕, 신철영 등과 함께 조직한 산업사회연구회(이하 '산사연')와 당시 법대 · 상대 · 문리대 통합 서클로서 고故 나병식, 강영원, 김효순(이상 문리대), 박원표, 최혁배, 나(법대), 김문수, 조기대(상대) 등이 활동하던 후진국사회연구회(이하 '후사연')와는 형제 서클처럼 교류와 협력관계를 유지했었다. 1972년 '위수령'으로 캠퍼스가 문을 닫자 '산사연'은 새문안교회로 '후사연'은 서울 제일교회로 들어가 교회 내 사회과학을 공부하는 대학생부로 호형호제呼兄呼弟하며, 서울 제일교회의 담임 목회자들이 1973년 '남산부활절 사건'과 1975년 '선교자금 횡령사건' 등으로 투옥 되었을 때, 공동기도회를 개최하는 등 협력관계를 유지하였다. 나에게 서경석 선배는 1974년 '민청학련 사건'으로 같이 옥고를 치룬 동지임과 동시에 존경하는 선배였다.

그런 그가 1979년 8월의 'YH 사건'으로 옥고를 치르고 나온 1981년 어느 날, 나상기, 성해용, 이광일 등과 같이 저녁 회식을 하고 있던 중 갑자기 미국으로 유학을 가겠다는 말을 꺼내었다. 그 당시 서 선배를 우리 시대의 KNCC 총무로서, 기독교 민주화 운동을 이끌어 갈 선배로서 신뢰하고 있었던 우리는 모두 어안이 벙벙하였다. 우리의 여러 가지의 설득에도 굽히지 않는 서 선배에게 나는,

"서 선배! 돌아 와서, NCC 총무 할 생각을 하지 마시오. NCC 총무는 내가 할 것이요!"

하는 막말까지 하기에 이르렀다. 동석同席한 김성재 선배가 보다 못해,

"가는 사람, 맘 편히 보내자."는 말로 중재仲裁를 했지만, 우리의 마음은 풀리지 않았다. 후에 서 선배가 "김경남이 NCC 총무하지 말라고 해서…"

라고 섭섭한 마음을 숨기려 하지 않았다는 소식을 들은 적이 있다.

　서 선배는 신학을 마치고 잭슨 목사 등의 영향으로 한국도 시민운동을 시작할 때라는 결론을 내리고, 아직 공부를 마치지 못한 형수님인 신혜수申惠秀 씨를 홀로 남겨두고 10세 된 아들과, 13세 된 딸을 데리고 귀국하던 차에 일부러 동경에 내려 나를 찾아 준 것이다.

　그리고 심재권 선배는 '후사연'을 조직한 장본인이었고, 1971년 서울대학생 내란 음모 사건 으로 장기표, 조영래, 이신범 등과 구속된, 그 시절 우리들의 영웅이었고 멘토였다. 1980년 일부러 'YMCA 사건'으로 도피 중인 나를 수소문해서 고故 나병식 군과 돈암동 뉴욕 제과점에서 만난 자리에서, 심 선배는 YS와 DJ 중 누구를 먼저 대통령 후보로 했으면 좋겠느냐고 묻는 것이었다. YS를 지금의 군사정권과 미래의 문민정권의 과도기로 세워 민주정권의 토대를 세운 뒤, DJ로 하여금 민주화를 완성시키도록 하였으면 좋겠다는 우리들의 의견에 대해 심 선배는 마냥 DJ를 세워야 한다고 우리를 설득하려 했고, 결국 의견 차이를 좁히지 못한 채 헤어진 적이 있었다. 이 일이 있은 후 미국에 간 서 선배는 말할 것도 없고, 같은 서울 하늘에 있었던 심 선배도 우리를 만나지 않았다. 어쩌면 머리가 커서 선배의 말을 따르지 않는 우리들에게 섭섭한 마음을 품고 있을지도 모르는 두 선배에게 미안한 마음을 떨치지 못한 채였는지도 모른다.

　그런데 8년여의 세월이 지나 그 두 선배가 동경의 나를 찾아와 준 것이었다.

　서 선배는 지금이야말로 우리의 민주화 운동이 정치운동을 지양하고 시민 운동으로 전향轉向해야 한다고 주장하는 반면, 나는 1988년의 지금 우리나라에서는 민주화 운동을 완성시켜야 하고 아직 시민 운동은 시기상조이니 국내에 들어가면 동지들과 깊은 논의를 해서 결정할 필요가 있겠다는 의견을 피력했다.

한편, 심 선배는 같이 유학을 하고 있는 형수님을 호주에 남겨 두고 우선 국내 정세를 알아보기 위해 잠시 귀국한다고 하면서, 나의 견해를 물었을때, 지금이야말로 심 선배가 정치를 시작할 적기適期라는 의견을 피력했다. 그러나 이번에도 서 선배는 입국하여 경실련을 조직하고 시민 운동을 시작하였고, 심 선배는 또다시 다까다노바바 내 우거寓居를 찾아와 아직 정치는 시기상조이니 박사학위를 끝내고 돌아와야겠다고 하며 호주로 돌아갔다.

서경석 선배는 판단력이 빠르고 이론이 정연하였으며 그 위에 일단 결정을 내리면 끈질긴 설득력과 추진력으로 일을 이루고 마는 사람이었다. 1970년대 초 교회 학생청년들의 민주화 운동은 KSCF, 단일 축軸이었다. 위수령으로 터전이었던 캠퍼스를 잃은 대학 사회과학 써클들이 교회를 베이스캠프로 사회과학 써클활동을 전개하게 됨으로 교회 중심 청년 운동 그룹 등이 생겨났는데, K는 명칭처럼 기독학생 단체이었기 때문에 이 교회 청년들을 끌어안기에는 적절치 않았다. 이런 시기 당시 KNCC 청년 간사를 맡고 있던 서 선배는 한국기독청년협의회(EYC, Ecumenical Youth Council)을 결성하여 교회 청년 세력을 결집하여, KSCF와 두 축을 이루어 민주화 운동을 전개해 나갈 수 있는 터전을 만들었다. 그 후, 개신교·가톨릭 운동단체들의 협의체로 조직되어 오던, 신생新生 사선의 총무를 맡아 'YH 사건' 등의 민중 투쟁을 지원하기도 하였다. 그래서 우리 후배들은 서 선배야말로 미래 우리 세대의 KNCC 총무가 되어 에큐메니컬 운동의 지도력을 발휘할 것을 기대하고 있었던 것이었다.

반면, 심재권 선배는 지나칠 정도로 신중愼重하고 심사숙고하여, 주변의 모든 상황을 판단하고 상대방에게 자신의 의견을 고집하지 않는 유柔한 스타일이었다. 어찌되었든 두 사람 다 내 견해와는 다른 방향으로 자신들의 진로進路를 결정한 것이다. 그러나 자신들의 진로進路를 앞두고 껄끄러울 수도 있을 후배인 나의 생각을 물어준 것만 해도 나는 고마웠다.

1989년에 들어서서 국내 정세가 완화되어 해외여행이 비교적 수월하게 되었는지, 국내로부터도 지인知人들이 나를 찾아주기 시작하였다. LG

'70민주동지회' 회장 박원표 군, 우에노 공원에서

'영등포 산선' 총무 조지송 목사(오른쪽에서 두번째)와 '아시아 자료센터' 관장인 야노 선생과 함께 자료센터에서

법무실장이던 30년 지기의 벗이요, 동지인 박원표朴元杓(전 LG 상임고문) 군이 미국 연수 갔다 오는 도중 동경에서 내려 1박 2일을 나와 함께지내 주었다. 그는 1979년 'YMCA 위장 결혼 사건'으로 도피생활을 할때, 위험을 무릅쓰고 맨 처음으로 나를 숨겨주더니 이번에도 맨 처음으로 나를 찾아 주었다.

그 뒤를 이어 조지송趙志松(전 영등포 산업선교회 총무) 목사를 필두로 하여 오충일吳忠一(기독교대한 복음교회 증경총회장) 목사, 박일성朴日成(전 감리교 인천산업선교회 총무) 목사, 나상기(전 기독교 농민회 총연합회 사무국장) 씨, 임흥기林興基(전 KNCC 부총무) 목사, 김병균金炳均(전 목회자 정의평화 전국협의회 증경 회장) 목사 등이 외국 회의를 참석했다가 동경에 내려 나를 찾아 주었다. 1986년 5월 망명하듯이 출국하는 나에 대해 섭섭해 하던 그 동지들이 그때는 이미 나의 소재를 알게 되었나 보다.

그들을 안내하는 나의 기행 일정은 하코네箱根 하루 코스였다. 신주쿠新宿에서 사철私鐵을 타고 하코네 유모토箱根湯元까지 가서 하코네 프리패스(Free-Pass, 일일 승차권)를 이용해 등산 버스, 등산 철도, 해적선, 케이블카를 타고, 후지산을 바라보며 하코네를 일주하는 하루 코스였다. 이것은 내가 알고 있던 유일한 관광 코스로, 이 코스만 다니다 보니, 후지산을 사랑하게 되면 일본 사람이 된다는 말처럼 어느덧 나도 일본인이 돼버리면 어쩌나 하고 속 좁은 염려를 하기까지 되었다.

특히 임흥기 목사는 마음먹고 일주일 휴가를 나에게 투자投資하였다. 그는 1975년 수도권 간사 시절부터 1985년 사선 실행위원 시절까지 나와 같은 길을 걸어 온 친구요, 동역자同役者였다. 1982년 그와 나는 목사 안수 동기이기도 했다. 이런 나의 특별한 벗이요, 동지인 임 목사를 권정

인천 산선 총무 박일성 목사와 복음교회 총회장 오충일 목사 부부와 함께 하코네에서

'목정평' 회장 김병균 목사와 함께 하코네에서

인 씨도 알기나 하는 듯 특별한 대접을 해 주었다.

　권 선생 부부는 가와사끼 자신들의 자택에서 하룻밤의 친교시간親交時間을 보낸 후, 우리를 나가노長野 시가媤家의 별장別莊으로 안내하였다. 도요다 씨가 운전하는 승용차로 5시간이 걸려 도착한 일본 북 알프스 동해쪽 산기슭, '곰 주의' 표지판이 곳곳에서 우리를 겁먹게 했던, 울창한 삼나무 숲속 2층 별장에 짐을 풀고 첫 날을 쉬고 다음 날, 새빨간 홍엽紅葉으로 불타는 일본 제일의 명승지名勝地로 손꼽히는, 호다카산穗高山 공원과 옥색 빛깔의 호숫가를 일주하는 환상적인 도보 코스였다. 나는 그 길을 걸으며 어려웠던 지난 10여년의 시절이 되돌아보며, 이렇게 이런 호사豪奢를 누려도 되는가 하는 자문自問을 하기도 했다.

1990년, 가와사키 이인하 목사님이 안식년安息年으로 당신의 모교母校인 캐나다 토론토 대학에 연구차 떠나실 때, 나에게 가와사키 교회의 주일 대예배 설교를 맡기셨다. 국내에서도 설교라고는 별로 할 기회가 없었던 특수 선교 목사인 나에게는 큰 배려임과 동시에 무거운 부담이었다. 내가 원고를 작성하면 권 선생이 일역을 해주었다. 나는 그 일어 설교 원고를 수 십 차례 반복하여 연습하였다.

그렇게 하여 겨우 설교를 마치고 어떻게 예배가 끝나고 설교단에서 내려온 나에게, 배 중로 장로는,

"목사님! 설교가 어려워요."

하였다. 설교 내용이 어려웠던 건지, 내 일본어를 듣기가 어려웠는지 알 수 없었다. 단지 미국의 한 교회에서 설교를 마치고 내려 온 목사에게

"목사님! 은혜 많이 받았어요."

라고 한 어느 할머니가,

"그런데 한국말이 영어하고 비슷해요."

했다는 일화逸話가 머리를 떠나지 않았다.

권정인 씨는 1989년 8월 입국하지 못하는 장남인 나를 위하여 국내의 어머니를 초청해 내어 61세의 생신 잔치를 베풀어 주기도 했다.

권정인 씨는 이렇게 4년 반 동경 생활을 하는 동안 자료센터의 동료이자 안내자였으며 누이처럼, 어머니처럼, 나를 돌보아 준 가장 큰 은인

이었다.

　요즈음은 어머니, 시어머니, 작은 어머니 세 분을 요양원에 모시고 매주말이면 양주兩主가 번갈아 병문안 가야 해서, 외국여행 한 번 하지 못하고 있다는 권정인 씨는 나의 보은기행報恩紀行에의 초대에 즐거운 마음으로 시간을 내보겠다고 응답해 주었다.

III. 한국 민주화 일본기독자긴급회의

1. 긴급회의 대표 나카지마 마사아키 목사

1973년 고텐바御殿場 모임에서 KNCC 총무 김관석 목사의 주도하에 '남산 부활절 사건'으로 박형규 목사를 위시한 성직자들이 구속된 것 등 위기의 상황에 처하게 된 한국의 민주주의를 회복하기 위해 국제적 협력을 하자는 결의에 따라 맨 먼저 행동에 옮긴 사람이 당시 JNCC 총간사 나카지마中嶋 목사였다.

그날 밤을 김관석 목사와 같은 방에서 하룻밤을 지낸 후부터 나카지마 목사는 김 목사를 아니끼兄貴('형님'이라는 의미)로 모시며, 그 후로 '자신의 주장을 내세우지 않고 김 목사(즉, KNCC)가 원하는 바는 무엇이든지 발 벗고 나섰다'고 한다(오재식 유고집『나에게 꽃으로 다가오는 현장』기독교서회 간 232쪽 참조). 가히 '도원결의桃園結義'의 유비劉備와 관우關羽에 비견되는 '고덴바의 결의'의 김관석과 나카지마라고 할 수 있지 않을까?

그는 1974년 1월, 일본 개신교 지도자들을 모아 한국 민주화 일본기독자 긴급회의(이하 '긴급회의')를 조직하였다.

그는 우선 쇼오지 츠토무東海林勤(전 JNCC 총간사, 현 고려박물관 이사장), 오시오大鹽 목사, 모리오카森崗(전 신교출판사 사장) 목사, 오시마大島(전 동경도청 직원) 씨 등을 긴급회의의 실행위원으로 선임하고, 이이지마 마코토飯島信 (당시 중등학교 교사) 씨를 간사로 선정하였다. 이실행위원회는 한 달에 한 번 씩 월례회를 가지며, 그 외에도 긴급할 경우수시로 모임을 가졌다. 이 긴급회의 는 명실상부한 민주동지회의 파트너가 되어「한국통신」라는 월간 뉴스레터를 작성하여 일본 전역에 한국의 민주화 운동 소식을 알려 여론을 형성하였다.

긴급회의가 했던 가장 중요한 일은 민주동지회 동경지부의 요청에 따라, 한국 내에 들어가 한국의 자료들을 일본으로 반입해 들여오는 일이었다.

박정희 군사정권의 삼엄한 경계 속에 비밀히 민주화 운동권 자료를반입해 들어오는 것은 위험을 각오하지 않으면 안 되는 일이었다. 한국의 정보망에 걸리지 않기 위해 매번 번갈아 가며, 갖가지 직업을 가진일본인들이 관광객을 가장하여 한국에 들어온 '밀사들'은 KNCC 총무 김관석 목사의 지시를 받고, 한 달 동안 모아 놓은 자료들을 전달받아, 케이크 밑이나, 선물 속에, 심지어는 속옷 속에 등 여러 가지 은밀한 방법으로 숨겨서 반출搬出하였다. 이 자료들은 긴급회의의 나카지마 목사에게 전달이 되고, 나카지마 목사는 민주동지회의 오재식 선생에게 전달하였다.

이렇게 초기에는 주로 일본 기독교 인사들이 관광객으로 가장假裝하여 '자료운반밀사'들로 파견이 되곤 했다.

1975년 어느 날, 나는 동경시청 직원이라고 하는 오시마大島라는 20대 후반의 청년을 당시 KNCC 인권위원회 담당 이경배李景培 선생으로부터 소개받아 서울제일교회 대학생부 '농활'(농촌봉사활동)에 참가시켜 2~3일 같이 생활을 한 적이 있었는데, 바로 그가 그 당시 긴급회의 실행위원의 한 사람으로 '자료운반밀사'였다는 사실을 알고는 감회感懷가 새로웠다.

2. 자료운반책 폴 쉬나이스Paul Schneiss 목사

그 이후 나까지마 목사는 폴 쉬나이스Paul Schneiss 목사에게 '자료운반밀사'들을 선발하는 책임을 맡겼다. 그는 독일 EMS 파송 일본주재 선교사로서 일본인 여성과 결혼하여 동경에 거주하고 있었다. 그는 처음에는 자신과 일본인 아내, 아내의 친척들에게 그 일을 맡겼고, 그 다음에는 JNAC 소속 여러 선교사들에게 이 일을 맡겼다고 한다.

1987년 초 런던 라운드 테이블회의가 끝난 후 EMS 쇼여마이어 목사는 나를 불러 본국에서 전달된 나의 새로운 과제를 알려 주었다. 그 때는 EMS 선교사의 임기를 끝내고, 독일 바인가르텐Weingarten이라는 시골의 목사로 와 있는 쉬나이스 목사가 소장하고 있는 한국자료를 정리하라는 것이었다.

바인가르텐은 내가 거주하고 있던 하이델베르크Heidelberg에서 기차로 1시간이 채 걸리지 않는 곳에 위치한 작은 마을이었다. 쉬나이스 목사가 소장하고 있는 한국자료들은 교회 옆 사택의 개인 서고書庫와 신, 구교 교회당이 쌍둥이처럼 붙어 있는 바인가르텐 개신교 교회 건물 2층에 있는 20평 정도 되는 부속실附屬室에, 그 때까지 아직 풀리지 않은 채 이삿짐 상태로 박스에 담겨 쌓여 있었다. 나는 그때까지의 하이델베르크 대학 어학교실 학생신분을 그만 두고 월요일에서 금요일까지 매주 5일 간 도시락을 싸들고 바인가르텐의 새 일터로 출퇴근하게 되었다.

첫날 살펴 본 쉬나이스 목사의 개인 서재의 자료는 주로 쉬나이스 목사가 한국에서 촬영한 운동권 사진들과 일반 관광 사진들이 뒤섞여 있었고, 거기에 그가 선교사직과 관련된 독일어, 영어, 일본어로 공문이나 그 외 기타 문서들이었다.

다음날부터 아침 10시쯤 출근하여 쉬나이스 목사에게 인사(출근보고)를 하고 그의 교회 부속실로 가 자료를 정리하고, 도시락을 먹고 한 시간 정도 동네 산보를 하며 휴식을 취하고 오후 5시 쯤 퇴근하여 하이델베르크로 퇴근하는, 그런 나날이 3~4개월 계속되었다.

열 몇 개의 크고 작은 박스들을 하나, 둘 풀어 살펴보니, 바로 엊그제까지 '목요기도회'(나중에 금요기도회로 바뀜)나 시위현장, 농성장에서 우리가 나누고, 줍고, 숨기곤 했던, 투쟁현장에서 흘렸던 피땀 냄새가 생생하게 배어 나오는 듯한 그런 자료들이었다. 그런 자료들이 몇 천리 떨어진 낯선 땅 독일의, 인구 2천명이 채 되지 않는 이 조그마한 마을에까지 와, 이렇게 쌓여 있다는 사실에 한편으로는 감개무량하기도 하고, 한편으로는 무엇인지 알 수 없는 감정에 휩싸이기도 하였다.

그 자료들은 주로 노동 운동, 학생 운동, 빈민 운동, 청년 운동, 여성 운동 등 우리의 민주화 운동 각 분야에서 제작하고 발표한 성명서들이었고, 그리고 거기에 보고서, 월간잡지 등이 포함되어 있었다. 더러는 한 종류의 문서가 한 장, 또는 두어 장, 어떤 것은 십여 장이 겹쳐 있기도 하였다. 나는 우선 모든 자료를 한 장씩을 발간 연대순으로 분류를 하여, 일본으로 반송할 것들을 제외하고 나머지는 쉬나이스에게 남겨둘 것으로 따로 정리하여 벽에 붙어 있는 책장에 연대별로 비치하였다.

나의 작업 과정을 매일 지켜보던 쉬나이스 목사는 끝나는 날, 나처럼 그렇게 열심히 일만 하는 사람은 일본의 지명관 교수 말고 처음이라고 인사치례를 하여, 어느 잡지에서 그 이름을 본 적이 있을 뿐인 지명관 교수가 어떤 사람인지 상상해볼 뿐이었다.

3~4개월에 걸친 작업을 끝내고 쉬나이스 목사 사택 서재에 보관되어 있는 사진들과 공문서 등은 쉬나이스 목사 개인자료인 것 같으니 제외하고 일본으로 반송될 1972년부터 1986년에 걸친 약 2천4백 종류가 된다는 나의 보고를 받고, EMS의 봉급을 받는 선교사가 모은 자료에 개인자료가 어디 있냐고 되묻는 쇼여마이어 목사의 얼굴은, 만면에 웃음을 감추지 않던 평소와 달리 붉게 상기되고 굳어 있었다. 그 말을 들은 나도 식민지에서 귀중한 것은 무조건 들여오는 서양의 제국주의적 습성은 어쩔 수 없다고 생각이 들어 갑자기 쉬나이스 목사의 천진한 얼굴이 가증스럽게 느껴지기까지 했다.

내가 동경에 도착한지 한 참 뒤에야 배로 운송되어 온 자료들은 사진

자료들을 제외하고는, 이미 누군가에 의해, 발간 일자 순서대로 정리, 보관되어 있는 자료센터의 자료들과 대부분 중복된다는 사실을 알게 되었다. 그때서야 자신의 가족, 친척들을 포함하여 많은 사람들을 조직하여 온갖 위험을 무릅쓰고 자료 반송에 전력을 다했던 쉬나이스 목사를 잠시만이라도 의심하고, 독일을 떠나올 때는 한마디 작별인사도 하지 않고 떠나온 속 좁은 내가 정말 부끄러웠다.

3. 독일내의 한 · 독 선교 동역자들

바인가르텐에 출퇴근하는 날들 중에 토요일과 일요일에, 나는 덤으로 EMS 파트너인 한국 교회에서 파송된 '선교 동역자'Fraternal Worker와 교제하는 시간을 가질 수 있었다.

독일 개신교회는 아시아 지역, 특히 동남아 지역에서 선교 동역자들을 받아들였는데 과거 제1세계가 제3세계에 파송한 선교사Missionaries와 달리 이들을 선교동역자Fraternal workers라고 부르며, 선교사의 경우 자비를 들여가며 파송하는 것과 달리 초청된 이들과 그 가족들의 급료를 자신들이 지급하였다. 그것은 아시아 지역의 새롭게 일어나는 신앙의 동력動力을 받아들여, 소수 고령층 위주의 관광지로 변해 가는 자국의 교회들을 살려보자는 목적을 지닌 새로운 시도였다. 19세기에 복음을 전파하고 가르친다는 자세를 바꾸어 이제는 보고 배우자는 자세의 독일 사람들이 새롭게 보이는 제도였다.

선교 동역자들 가운데는 필리핀이나 인도네시아, 일본 교회 등에서 파송된 동역자들도 한 두 사람이 있었으나 다수는 한국 교회에서 받아들인 선교 동역자들이었다. 그것은 1963년부터 한국에서 파송된 광부들이나 간호원들이 독일인들이 하기 어렵고 고된 일을 성실하고도 근면하게 일해 온 덕택이기도 하고, 그 위에 1973년 이후 민주화·인권 운동에 한국 교회가 앞장서 온 것을 높이 평가한데 기인起因된 것이 아닌가 하는 생각도 해보았다.

채수일 목사(하이브론, 현 한신대 총장), 성해용 목사(슈트트가르트, 현 한국사회문제연구원 원장), 김원배 목사(프라이브르크, 전 기장 선교교육원 원장), 고故 박창빈 목사(마인츠, 전 예장 봉사국 총무), 김희은 선생(하이델베르그, 현 한국여성사회교육원 원장) 등이 그들이었다. 그들은 모두가 국내에서 같은 길을 걸어온 나의 동료요, 선배들이었다.

이들과의 만남은 주로 독일의 관문인 프랑크푸르트의 한인교회 이해동李海東(현 행동하는양심 이사장) 목사의 사택에서 이루어졌다. 이 목사는 1976년 명동성당 '3·1민주구국선언 사건'과 1980년 '김대중 내란음모 사건' 등으로 옥고를 치루기도 하였고, 고故 문익환 목사가 세운 서울 한빛교회 담임목사로 재직 중에 프랑크푸르트 한인교회로 파송되어 온 한국 민주화 운동의 대선배이신 분이시다.

여기에서 나는 '한·독 기독청년 교류 사업'으로 방독하여 있는 한국 교회 노래패의 일원인 아름다운 청년, 주현신(현 예장 과천교회 담임목사) 군과 프랑크푸르트 공항으로 입, 출국하며 잠시 들른 문규현 신부와 고故 유인호 교수 등도 만날 수 있었다.

베를린 선교부 소속으로 바덴주 교회와의 회의를 위해 슈트트가르트에 내려왔던 슈바이처 목사MS. Rev. Schweizer가 일부러 하이델베르크의 나를 찾아와 중화요리를 대접하면서 능숙한 우리말로 나를 격려해주었다. 어머니와 같은, 선녀같이 청초한 슈바이처 목사는 3년 선교사 임기를 마치고 돌아온 지 2년이 채 안 되었지만 또다시 한국 파송을 자원하여 곧 한국에 들어가게 되었다고 했다.

그리고 베르너 롯체Werner Lotche 변호사 부부가 슈트트가르트 주변 작은 마을의 자기 집으로 나를 초대하였다. 독일행을 준비하는 동안 3개월 가까이 나는 선교사로 한국에 온 그 부부의 통역과 안내를 한 바가 있었다.

2006년이었던가, 여섯 살과 네 살 때에 부모를 따라와 불과 3년 밖에 체재하지 않았던 한국이 그리워, 이제는 과년한 처녀들이 되어 한국에 유학해 와있다는 두 딸을 보러 베르너 씨의 부인 잉가 롯체Mrs. Inger Lotche 변호사가 왔을 때, 성해용 목사가 기사연의 내 사무실로 데리고 왔었다. 5년 가까이 폐암으로 투병 중인 남편의 상황을 전해주면서 그녀가 우리들에게 보여준 그의 사진 속에 서있는 사람은 180cm의 훤칠한 키에 100kg이 넘었던 나보다 나이가 불과 세 살 위의 거인巨人의 베르너가 아니었다. 그 사진 속에는 호호 백발에 꼬챙이 같은 몸을 한 노인이 서 있었다. 흑흑 흐느껴 우는 롯체 부인을 위로하는 것도 잊은 채 우리도 같이 울먹이고 있었다.

4. 파독 광부들 이야기

이해동 목사 댁에서 파독 광부출신 윤재술(가명)씨도 만났다. 그는 고향인 전남 화순 본가의 부모들에게 맡겨놓고 온 두 자녀에게 보다 나은 미래를 가져다주기 위해 파독 간호원인 부인과 함께 본에서 키오스크 Kiosk(지금은 우리나라에서도 흔히 볼 수 있는 가두 소형 판매집)를 운영하면서 성실하게 살아가고 있었다.

그런 가운데에서도 그는 우리들을 친동생처럼 여겨 귀중한 시간을 자신의 승용차를 손수 운전해 가면서 부퍼탈에 유학해 와 있는 서울공대 '산업사회연구회' 출신 윤조덕(현, 한국노동문제연구원 수석연구원) 군이나, 저 북쪽 함부르크에 유학 온 박명철(전 연세대 교수) 목사를 방문하는 기쁨도 우리에게 나누어 주었다. 그는 또한 서베를린(통독 전인 당시)에 있는 파독광부모임에 찾아가서 영주永住광부들(독일 정부는 독일에서 5년 이상 일한 광부나 간호사들에게 영주권을 부여하였다)을 만날 수 있게 주선해 주기도 하였다. 그가 우리에게 그렇게 해준 것은 아마도 고향의 후배들이 생각나서였는지도 모른다.

그들의 노동이 얼마나 고달팠는지는 영화 '국제시장'에 생생하게 묘사된 바이고, 그들에게 전해들은 서독 광부들의 애사哀史 한 가지를 소개하고자 한다.

파독 광부들은 나이의 고하高下를 막론하고 하루라도 먼저 독일에 온 사람들 순으로 형님, 동생 서열을 매겼고 이것을 그들은 엄격히 준수하였다. 하루는 동생 광부 한 사람이 선배들이 모인 한 아파트에 헐레벌떡

뛰어 들어와,

"성님들, 나가 오늘 보신탕 깡통 파는 디를 보고 왔어라우!"

"머시라고야, 워매~ 니가 속이 허해져가꼬 헛것을 봤는갑다."

"아니어라우, 참말로 봤당께요!"

하고 옥신각신하다가,

"그람, 니가 사갔고 와 바라~"

그렇게 해서 그들은 막내 광부가 사온, 개가 그려져 있는 통조림들을 왕창 솥에 넣고 푹푹 고아서 오래간만에 석탄가루 범벅이 된 목구멍과 허파를 청소했다. 왜 그런지 독일제 보신탕은 조금 시금털털하기는 하다고 불평하면서도 말이다.

그런데 문제는 다음날 아침에 일어났다. 아파트 밖이 소란하여 문을 열고 나가보니, 아파트 주인이 왜 신고도 안하고 아파트에서 개를 키우느냐는 것이었다. 그런 일 없다고 항변하자, 그럼 쓰레기통에 버려진 개 사료 깡통들은 무엇이냐고 물었다는 것이다.

또 한 가지 파독 광부들의 슬픈 이야기가 있다.

독일에서는 그때나 지금이나 여름휴가가 한 달이나 된다. 일가족이 자가용으로 지중해 해변에 가서 한 달을 여유롭게 쉬고 오는 것이 일반 독일 사람들의 여름휴가이다.

광부들은 가족도, 자가용도 있을 리 없어 차 한 대를 렌트해 나누어 타고 여름휴가를 떠났는데, 5인승 자동차에 6명이 동승했다.

물론 교통 경찰이 다가와 차를 세우는 것은 말 할 것 없는 일,

"파피어!"

그가 말했다. 파피어가 면허증이라는 말인지 그때까지는 알 수 없었던 그들은,

"파피어? 그건 영어로 페이퍼인 것 같은데……. 종이, 종이라면 돈, 그렇구만, 돈을 달라는 모양이다! 야들아 어여 있는 돈 다 꺼내 놔라~"

주섬주섬 있는 돈을 다 걷어 주었는데도, 경찰관은 더 큰 소리로,

"파피~어!"

"아야! 돈이 모자란 모양이다. 어떡하냐? 안되겠다. 니들 전부 빨리 내려라!"

여섯은 경찰 앞에 일렬로 서서,

"옹켈(Onkel: 아저씨)!"

라고 했더니 이 한국 광부들을 물끄러미 바라보던 교통 경찰은, 측은해하는 표정으로 알았다, 가라는 손짓을 했다는 이야기이다.

영어 '엉클'이나 독일어 '옹켈'은 집안 조카가 집안 아저씨에게만 사용되는 호칭이다. 그런데 저 불쌍한 동양 사람들이 얼마나 급했으면, 나를 '옹켈'이라고 불렀을까 하고 측은하게 생각해서 그냥 보냈는데, 그들은

"동서양을 막론하고 급할 때는 역시 비는 것이 상수上手야!"

라고 유쾌하게 웃으며 휴가지로 떠나갔다는, 웃지 못할 일화가 있었다.

그런데 그 윤재술 씨는 어느 날 교통사고로 세상을 떠났다고 한다. 또 어떤 고국 사람들을 태우고 가다가 그런 변을 당했을까? 더 큰 미래를 바라보면서 고향에 남겨져 있던 그의 두 아이들은 지금 어떻게 되어 있을까?

5. TK생 지명관 선생과 야수에 로스케 선생

'자료운반밀사들'이 반입해 온 자료들은 분류, 정리되어 중요한 것들은 지명관池明觀(전 덕성여대 교수, '사상계' 주간) 선생에게 넘겼다. 지 선생은 이 자료를 토대로 하여 「세카이 지」世界誌에 'TK생'이라는 필명筆名을 사용하여 매달 '한국으로부터의 통신通信'이라는 제목의 글을 연재하였다. 이 연재물은 일본뿐만 아니라 전 세계로 번역, 보도되어, 전 세계인이 한국의 정치 상황을 알고, 한국의 민주화 운동을 지원하는 데에 귀중한 자료가 되었다.

1973년부터 1988년까지 16년 동안 한 달도 빠짐없이 원고지 70~100장 분량의 이 연재물이 일본의 대표적 진보 출판사 '이와나미쇼텐'岩波書店이 발간하는 월간지 「세카이 지」世界誌에 실릴 수 있었던 것은 먼저는 김관석 목사의 혜안慧眼과, 오재식 선생과 긴급회의 나카지마 목사의 공이 컸다는 것은 말할 것도 없지만, '덕성여대' 교수직을 버리고 토끼집 같은 비좁은 동경의 한 아파트에 꿇어 앉아, 오직 조국의 민주화를 위해 자신을 희생한 지명관 선생의 공로는 아무리 말로 표현하려해도 다 하지 못할 것이다.(지명관 선생에 관하여는 오재식 유고집『나에게 꽃으로 다가오는 현장』기독교서회 간, 192쪽~197쪽을 참조하시길.)

그러나 또 한 사람 잊어서는 안 되는 분이 있었다. 야스에 로스케 安江良介가 그다. 그를 오재식 선생은 '강직하고 치밀한 사람'이라고 표현했지만, 나는 그가 의로운 일이라면 국경을 초월하여 자신을 바친 진정한 진보주의자였다고 생각한다.

철통같은 언론 통제망의 구멍을 뚫고 감추고 싶었을 독재의 치부恥部를 매달 생생하게 중계하듯 보고한 이 'TK생'을 찾아내려고 이 독재정권이 수단과 방법을 가리지 않았을 것은 명약관화한 일이었을 것이지만, 유능하다고 세계적으로 이름을 날렸던, 그 악명 높은 독재의 정보통도 2003년 지선생이 기자회견을 통해 스스로 밝힐 때까지는 속수무책이었었다. 그럴 수 있게 하기 위한 야스에 선생의 피나는 노력에 관해서는 오재식 선생의 유고집『나에게 꽃으로 다가오는 현장』(기독교서회 간) 198쪽~205쪽을 참조하시라.

그는 그 연재물이 더 이상 필요 없이도 한국의 정세를 알 수 있게 된, 1983년 3월 마지막 연재가 끝날 때까지 '한국으로부터의 통신'을 게재하기 위해, 자신이 맡기로 되어 있던 이와나미쇼텐의 사장직을 뒤로 미루고 '편집장'의 직을 고집固執하였다. 그리고 그해 그는 비로소 이와나미쇼텐 사장에 취임했다.

1977년 '수도권 특수지역 선교회 반공법 위반' 사건으로 치안본부 남산 분실에 끌려 가 3개월 여 고초苦楚를 당할 때, 우리의 범죄사실의 증거로 중랑천 수도권 사무실에서 압수해 왔다는「세카이 지」를 들이대며,

"이런 불온한 서적을 소지하고도 발뺌하느냐?"

윽박지를 때에 나는 처음으로 그 잡지의 존재를 알게 된 것이었다.

KNCC 인권위 사무국장 재직 중인 1992년 이후, 출장 등으로 동경에 갈 때마다 나는 JR쇼부션總武線 스이도바시에키水道橋驛부근 동경한국 YMCA 에 묵으면서, 거기에서 남쪽으로 두 불럭 쯤 떨어져 있는 진보초神保町 고서점古書店거리의 끝에 위치한 이와나미쇼텐 빌딩을 바라보며

그 때에는 이미 고인이 된 야스에 선생을 기리고는 했다. 그리고 2003년 민주화운동기념사업회의 사업본부장으로 있을 때 제 1차 '해외민주인사 초청' 사업으로 그분을 생각하며 그분의 부인 야스에 토모코安江논も子 여사를 모신 적이 있다. 또한 그와 함께 편집실에서 고생하였으나 고집스러운 그 상사 때문에, 1983년 후반에야 비로소 「세까이 지」의 편집장으로 승진한 이와모토 야스시岩本厚(현재 이와나미쇼텐 사장) 씨도 초청하였다.

6. 긴급회의 실행위원들과 가츠라가와 간사

1987년, 내가 이종원 군을 대동하고 처음 참가했을 때에 긴급회의 실행위원들로는, 나카지마 마사아키 목사中嶋正昭(당시는 일본기독교단 총간사), 쇼지 츠토무 목사東海林勤(당시 농촌신학교 교수), 마에지마 무네토시 목사前島宗甫(당시 JNCC 총간사), 오시오 세이노스케 목사大鹽清之助(일본기독교단 목사), 모리오카 선생森江(신교출판사 사장), 야노 게이코矢野啓子(아시아자료센터 소장) 선생, 이이지마 마코토飯島信(전임 간사, 당시 중등학교 교사) 선생 등이었고, 간사는 가츠라가와 쥰桂川潤 씨였었다.

긴급회의는 1976년 이후 '3 · 1민주구국선언 사건', '김지하 양심 선언 사건', '양성우 시인 필화사건', '김대중 내란음모 사건' 등 고비고비 때마다 월간 「한국 통신」 등을 통해 한국소식을, 일본교회를 포함하여 일본의 진보 지식인들에게 알렸다. 그 후 개신교 독자적으로 혹은 지식인 교수, 문인 등과 연대하여, '한국 정치범 구원위원회', '김지하 구명위원회', '김대중 구명위원회' 등을 조직하여 한국의 민주화 운동과 정치범 구명 운동을 지원하는데 앞장 서 왔다.

1988년 어느 날, 가츠라가와 씨는 기독교 회관 2층 JNCC 사무실의 한 칸을 빌려 사용하고 있는 긴급회의 사무실로 나를 불렀다. 내려 가보니 그는 마산 자유무역지역에 있는 일본 기업 TND 의 가와사끼의 본사 앞에서 현지 투쟁을 하기 위해 와 있는 다섯 명의 여성 노동자들을 나에게 소개하였다. 긴급회의는 이 여성 노동자들의 숙소를 마련해주고 일본의 교원노조 로 하여금 1개월 가까운 이들의 투쟁에 협력하도록 주선을 하였다.

1989년 어느 날, '서형제 구원위원회' 대표를 맡고 있는 쇼지 목사가 JNCC 회의실로 나를 불러 오오니시大西라는 분을 소개하면서, 이분의 하는 일을 도와 달라고 부탁했다. 쇼지 목사가 동경 우에노上野 미술관의 상급 감정인라고 소개한, 60세 후반으로 보이는 오오니시라는 분이 내놓은 것들은 '강기훈 유서 대필 사건'에 관련된 문건들이었다. 오오니시 선생은 문자의 감정 시에도 모든 글자를 미술작품을 감정하는 원리로 감정할 수 있다는 미술작품 감정의 상식을 설명하면서, 필기체로 흘려 쓰여 있지만 서로 다른 필체인 두 문서(강대훈 씨와 김기설 씨의)의 글자들을 같은 글자대로 분류해 달라고 나에게 요청하였다. 오오니시 선생의 감정법을 옆에서 보니, 글자를 알고 있을 때보다 모르고 있을 때가 형태만으로 감정하는 선생의 방식이 오히려 선입견의 개입介入없는 보다 타당성 있는 감정법인 것으로 여겨졌다. 오오니시 선생의 감정법을

따라서 비교해 보니 두 문서의 글씨체가 확연이 다르다는 것을 문외한門
外漢인 나도 쉽게 알 수 있었다.

그러나 한국의 법정은 오오니시 선생의 40년이 넘는 감정인鑑定人으
로서의 경력이나 오오니시 식 감정법을 들어보려고도 하지 않고, 한글
을 모르는 사람의 한글 감정은 신뢰할 수 없다는 검찰측의 손을 들어 주
었다고 한다.

WCC나 CCA(아시아기독교협의회) 등의 일로 출장 중인 마에지마
목사 대신에, 때때로 야마구치 아이코山口愛子(JNCC 한일연대위원회 간
사) 선생이 대신 출석하였다.

여고시절 은사였던 재일동포 선생을 사모하여 50이 넘도록 미혼未婚
으로 살아 온 야마구치 선생은 한국의 인권문제의 전문가로서 여러 차
례 방한하여, 한국의 정치범 문제 뿐만 아니라, 당시 한국에서 쟁점으로
떠오르고 있던, 정신대 문제, 야스쿠니 문제, 천황제 폐지 문제 등 광범
위하게 한 · 일 연대문제를 담당하고 있는 큰 일꾼이었다. 담당하고 있
던 업무業務와는 달리, 150센티가 안되고 불면 날아 갈 것 같은 왜소矮小
한 몸매에, 눈물이 많은 이 할머니는, 단신 도일渡日해 있는 나를, 항상 눈
물 글썽이는 눈으로 바라보고는 했었다.

어느 날 야마구치 선생은 나에게 한 동포 청년의 결혼 주례를 부탁하
셨다. 일본에서의 무분별한 인관관계로 말미암아 나쁜 아니라 한국의
운동권에 피해를 주지 않기 위해, 이인하 목사와 이청일 목사 두 분이 소
개한 사람들을 제외하고는 재일 동포이든 일본인 기독교인이든 일절 만
나는 일을 엄격히 자제하고 있던 데다가, 아직 일본어가 능숙치 않고 게

다가 그때까지 결혼주례를 해 본 적이 없던 나였던 터라, 그녀의 부탁을 선뜻 받아들일 수가 없었다. 주저躊躇하는 나에게 야마구치 선생은, 신랑이 자신의 여고시절 은사의 제자로서 조총련계이기는 하나 그 당시 조청련계 청년 단체를 탈퇴하고 중립적인 입지를 취하고 있으며, 우리말로 주례해도 괜찮으니 염려하지 말라는 것이었다.

"꼭 김 목사님의 주례를 받게 하고 싶어요."

서투른 우리말로 수줍은 듯한 표정의 야마구치 선생의 그 부탁을 나는 차마 거절할 수 없었다. 왕복 기차표를 받아 들고 일본 열도 동북쪽 끝에 있는 아키다秋田까지 5시간을 걸려 올라가, 이 지방 출신인 신랑과 중부 교토 출신 신부의 귀중한 결혼식에서 30대 후반의 젊은 목사의 첫 번째 주례가 시작되었다. 식장을 가득 채운 빠칭코 사업을 하는 아키다와 쿄토의 두 가문의 친인척, 친지들 앞에서 어떻게 식을 진행했는지 나는 전혀 기억할 수가 없다. 단지 목사가 주례를 하는 결혼식을 경험해 볼 기회가 없었을 '조총련계' 하객들이 남한에서 왔다는 젊은 목사 입에서 흘러나온 횡설수설橫說竪說을 아무런 감동없이 쳐다보고 있던 그 눈길들만 생각난다. 그 후 그 신랑·신부는 '하나님의 은총' 하에 행복하게 잘 살고 있는지?

나카지마 목사 후임으로 JNCC 총간사직을 맡았던 쇼지 목사는 1972년부터 이미 '서형제(서승·서준식 형제) 구명위원회'를 조직하여 일본 전역에서 구명운동을 전개하고 있었다. 두 형제가 석방된 1990년 이후에는 '서형제 위원회'를 확대, 발전시켜 조직한 '한국 정치범 구원위원회'의 대표를 맡았고, 그 이후에는 신주쿠구新宿區에 있는 한국인 상가의 한

모퉁이에 고려박물관을 설립하여, 일본인들에게 한국의 문화를 소개하는 일을 하고 있다.

박형규 목사의 동경신학교 동기동창인 오오시오 세이노스케大鹽淸之助목사는 그 학교의 동창들을 조직하여 1973년 '남산 부활절 기도회'사건으로 구속된 박 목사의 재판시 법정에 방청을 하고, 박 목사가 담임하고 있던 서울제일교회 지원 방문 등을 시작으로 나카지마 목사와 함께 긴급 회의를 조직하고, 십 여 년을 실행위원의 일원으로서 일본 기독교단 목사들이 한국의 민주화 · 인권 운동에의 지원과 연대를 권유하는데 앞장서고 있었다.

모리오카森岡 씨는 일본의 '대한기독교서회'라고 할 수 있는 신교출판사新教出版社의 사장으로서, 민중 신학인 안병무 박사의 「민중 신학의 이야기」(조용래, 가즈라가와 공역,이인하, 기다 겐이치 공동감수)의 출판을 포함하여 월간지 '신토노 도모(信徒의 벗)'을 통해 한국의 민중 신학의 소개, 한국교회의 민주 · 인권 선교에 관한 글들을 번역, 소개하는데 앞장 서 왔다.

이이지마 마코토飯島信 씨는 중학교 교사로서 교회 안팎의 청년들을 규합하여 한국의 민주화 운동을 지지하는 시위 등 각종 집회, 강연회, 모금 운동 등을 조직하고 이끌어 왔다.

가즈라가와 쥰桂川潤씨는 월간 「한국통신」의 발간을 포함하여 긴급회의 의 모든 실무를 관장하는 상일꾼이었다. 권정인 씨와 협력관계를 유지하면서 긴급회의 사무국과 민주동지회 자료센터간의 긴밀한 협조관계를 유지하였다. 그는 기다 선생 밑에서 신학을 공부한 나의 릿쿄대 동창이기도 했다. 신학을 공부했음에도 불구하고 미술에 더 재주가 있었던 그는 잡지 삽화를 그려 생계를 유지하며 긴급회의 간사직을 무보수로 봉사하였다. 그는 와세다 역에서 두 시간이나 걸리는 사이타마埼玉현의 자신의 집에 나를 초대하고는 서너 살 위인 나를 친형처럼, 친구처럼 대해 준, 세 번째의 일본인이었다. 당시 여섯 살 배기 외아들인 아키라明군도 지금은 삼십대 중반의 장년이 되어 있겠지!

1990년, 한국신학연구소 안병무 원장이 심장병의 투병 중에도 불구하고, 연구원 박성준 선생과 함께 동경을 방문하였다. 입원 중인 사와 마사히코澤正彦 목사를 문병하기 위해서였다.

사와 목사, 그는 누구인가? 1965년 일본기독교단이 한국 식민지배에 대한 '죄책 고백'을 한 이후, 한국에 유학 온 최초의 일본 기독교인 유학생이었다. 이인하 목사가 가와사키 교회에 출석할 당시 동경 대학교 법대생이었던 그는 이인하 목사의 영향으로 동경대를 졸업한 후, 한국 유학을 결심하고 연세대 연합 신학원에 입학하였다. 아마도 원수지간의 한·일 양국의 가교역할架橋役割을 자임自任했는지도 모른다. 신학원 2년째인가, '무궁화 통신'으로 잘 알려져 있던 수필가 김소운金巢雲 씨의 장녀이고 당시 신학원 신입생이던 김영金纓(현재 일본기독교단 목사) 씨와 결혼하여 한국에 정착하였다. 그리고 안병무 교수의 권유로 한국신학대학의 강사로서 북한 교회사를 가르쳤다. 그 후 여러 곡절을 겪다가 일본으로 돌아와 일본 기독교단의 목사로 일하며, '한신대 간첩단 사건'의 주범으로 몰려 구속되어 사형언도를 받고 있었던 재일동포 2세 유학생 김철현金哲顯(당시 한신대 대학원 재학중) 씨의 구명운동 등을 하다가, 50

세의 아까운 나이에 암으로 1990년 별세를 하였다.

나는 1975년 '민청학련 사건'으로 투옥되었다가 출소한 후, 문교부의 압력으로 한신대 교정에서 수업을 할 수 없어, 같이 출옥한 이광일李光日 (목사, 현 민청학련계승사업회 사무총장) 군과 함께, 교정 부근에 있었던 사와 목사의 자택에서 '투터럴 코스(도제수업徒弟修業)'을 받기도 하였다. 당시 아장아장 걸으며, 우리의 수업에 개입하곤 했던 장녀 도모코智子 양은 일본에서도 알려진 유명한 재즈 가수가 되어 아버지 나라와 어머니 나라를 오가며 열연熱演을 하고 있다.

또 한 사람, 한 · 일 가교架橋역할을 자임한 사람은 구라타藏田 선생이 있다.

그도 동경대 예과를 졸업하고, 오재식 선생의 권유에 따라 동경 아시아자료센터 소장 등을 역임하다가 뒤늦게 1990년 경에 연세대 연합신학원에 유학하고, 졸업 후 귀국하여 모모야마桃山 학원대학의 교수로 재직하였다. 그러나 그 역시 50의 아까운 나이에 2000년경, 암으로 별세를 하였다. 두 '한 · 일 가교'의 너무 빠른 별세는 아직도 삐걱거리는 한 · 일관계의 불길한 전조는 아니었던지 모르겠다.

이상은 일본 기독자 긴급회의와 관련된 인사들에 대한 기록이다. 여기에 기록되지 않은 지명관 교수의 '한국으로부터의 통신'과 긴급회의의 「한국통신」의 영향으로 한국의 민주 · 인권 운동을 지원하고 연대했던 다수의 재일동포, 일본인 지식인, 교수, 시민 등에 대한 정보는 민주화 운동 기념사업회 의 '해외민주인사 초청행사 자료집' 1과 2를 참조하시라.

이미 하나님 품에서 영원한 안식을 하고 계실 나카지마 목사님,

모리오카 선생님, 야스에 선생님, 오오니시 선생님, 사와 목사님, 구라타 선생님, 롯체 변호사님, 본의 키오스크 윤재술 사장님, 재독 광부 - 간호원님들, 특히 1974년 '민청학련사건'으로 영치금을 보내주신 노盧 간호원님, 그리고 손수 짠 털양말을 영치해주신, 오사카 엠네스티 소속의 이름 모를 아주머님(아~ 나는 내 안에 또아리 틀고 있던 반일 감정 때문에 그 털양말을 끝내 받기를 거절했던 속 좁은 인간이었다!). 이분들에게 이 보은기報恩記를 바친다.

그리고 아직도 생존해 계실 쇼지 목사님, 오오시오 목사님, 이이지마 선생님, 내가 서울로 돌아 온 후의 어느 해에 상처喪妻를 한 은사와 마침내 부부가 되었다는 순애보純愛譜의 주인공 야마구치 선생, 가즈라가와 선생 부부, 당시 17세의 장애인 딸과 홀로 살던 아시아 자료센터 소장이었던 야노 선생, 재일동포 부군과 살아서인지 얼굴에 피곤을 떨치지 못하면서도 항상 웃음을 잃지 않던 하타자와 JNCC 총무 간사님, 1999년 무주 푸른 꿈 고등학교 설립을 위한 준비 작업으로 내가 토쿠리츠獨立 학교 , 아이노愛農 학교 , 아이신愛信학교 등을 방문하여 일본의 대안 학교를 배울 수 있게 주선해 주셨던 당시 JNCC 총간사 오오츠大津(현 아시아농촌학원 원장) 목사님, 쉬나이스 목사님, 슈바이처 목사님, 대학 교수직도 내려놓고, EMS 동아시아 담당 총무직도 그만 두고, 60의 나이에 유기농업을 몸소 실천하기 위해 농촌에 들어감으로써, 나의 귀농의 멘토가 되어 주셨던 쇼여마이어 박사님, 이분들을 나의 보은기행報恩紀行에 초대할 수 있기를 간절히 기원한다.

Ⅳ. 미주 민주동지회 순방기

1. 미주 서부지역

어느 날부터인가 이인하 목사 대신 이청일李淸一(당시 오사카 재일한
국인기독교회관 KCC 관장) 선생이 나의 일본교회 단체 관련과의 관계
등 대외관계의 일을 안내했다. 권정인 선생이 자료센터 내의 업무와 개
인 생활의 안내자였다면 이 선생은 4년 반 내내 자료센터 외부에서 일본
기독교인들과의 관계를 맺게 해 준 또 한 사람의 안내자이셨다.

그는 1965년 한일관계가 정상화 된 이후 본국에 첫 번째로 유학한 재
일동포 2세 분이다. 그는 연세대 연합신학원을 졸업하고 오사카 재일한
국인기독교회관 관장을 역임하면서 재일한국인기독교단(KCC) 도시농
촌선교위원회(URM) 위원장, JNCC-URM 위원장 그리고 일본인과 재
일동포 신·구교를 망라한 외국인들의 지문날인指紋捺印 철폐를 위해 싸
우는 외국인등록법대책기독교전국협의회(이하 '외기협')의 공동대표 등
을 맡아 활동하는 재일동포 사회뿐만 아니라 일본 기독교사회운동권에

서도 지도자적인 인물이었다.

이 선생과 나는 첫 대면은 아니었다. 1979년 한·일도시농촌선교협의회의 일본 대표단의 일원으로 참가한 이 선생을 나는 회의장인 영등포산업선교회에서 만난 적이 있었다. 이 선생도 그때 만난 나를 기억하고 있었다.

신학을 공부하였지만 아직 목사 안수를 받지 않은 그는 나의 만류에도 불구하고 열 살 가까이 어린 나에게 '목사님, 목사님' 하고 극구 존칭을 사용하시며 하대下待하기를 마다하였다.

그는 한 달을 멀다 않고 당시 서울에서 제주도 가는 비행기 삯보다 비싼 신간선을 타고 오사카에서 도쿄를 오가며, 일본 기독교단체 대표들의 모임에 나를 동반 참석시켜, 그들에게 오재식 선생 후임으로 온 민주동지회 자료센터의 관장인 나를 소개하고 지도와 협력을 부탁하였다. 나카지마中嶋正昭 목사, 쇼지東海林 목사, 마에지마前島宗輔 목사, 히다飛田由一 선생 등 일본 교계 지도자들을 포함해 한국의 민주화 운동을 지원하는 일본 분들, 재일동포의 차별과 싸우는 일본 분들, 야수쿠니 참배와 천황제를 반대하여 싸우는 용감한 일본 분들을 알게 해주었다.

뿐만 아니라 이 선생은 식사를 같이하면서 일본에서 나에게는 생소한 일본인들의 생활 방식들을 가르쳐 주는 등 단지 이인하 목사의 대리인일 뿐만 아니라 생활 안내인이며 형님과 같은 분이었다. 이런 에피소드도 있었다.

내가 기독교 회관 단체 대표들의 점심식사에 초대되어 간 적이 있는데, 식사를 마치고 참석자 한 사람 한 사람에게 식사 비용을 걷는 것이었다. 초청을 받은 나는 당연히 면제 받는다고 생각하고 가만히 있는데 나에게도 손을 내미는 것이었다. 그리고 식사 후 자리를 옮겨 간 찻집에서도 또다시 찻값을 걷는 것이었다. 국내에서는 있을 수 없는 이 어이없는 상황에서 나 대신에 부랴부랴 식사대도, 찻값도 지불함으로써 나를 궁지窮地에서 구해 주었다.

특히 이 선생은 같은 관서지방 출신이며 자신과 동연배인 JNCC 총간사 마에지마 무네토시前島宗輔 목사와 함께 자주 자리를 만들어 친밀한 관계를 갖게 하여, 자신이 없는 동안 나의 후견인 역할을 할 수 있게 해주었다. 마에지마 목사는 4년 반 동안의 나의 동경생활에서 기다 선생과 더불어 친구로 여겨 자신의 집에 초대해준 네 사람의 일본인 중의 한 사람이었다.

이청일 목사와 마에지마 목사는 나의 보은기행에의 초대에 응해주었다. 다음 4월 17일에 직전 JNCC 총무 야마모토 목사(현 간사이카쿠인 대학 교수)와 전 아사히신문기자 등 두 사람을 포함해 네 사람이 남도기행에 참여할 예정이다.

1990년 가을 이인하 목사는 나에게 미주 민주동지회의 순방巡訪을 지시하였다.

그리고 이 목사는 미국 LA를 기점으로 샌프란시스코, 시애틀, 캐나다 토론토, 다시 미국의 시카고, 워싱턴, 뉴욕을 돌아오는 미주 일주一周의 순방 스케줄과 항공권을 주었다.

미국행 역시 초행길인 나를 LA공항에 마중 나와 준 분은 남삼우南三宇

씨였다. 남 선생은 1973년 남산 부활절 예배 사건 때 박형규 목사님과 함께 구속된 분으로 그 사이 미국으로 이민 가서서 그 이후 LA에서 주류상을 하면서 LA 목요기도회의 중심 회원으로 활동하였다. 그의 장남 제임스 남(?)은 20대 중반의 청년인데 약간의 장애를 가지고 있어 언어 표현이 부자연스럽지만 LA주립대학 대학원에서 경영학을 공부한다고 하였다.

1993년인가 귀국하여 KNCC 인권위원회에서 일할 때, 남 선생은 제임스 남을 한국에 보내 KNCC 본부 사무실에서 인턴으로 일하게 했다. 보통 사람들보다는 약간 행동이 뒤처지기 때문이었는지 KNCC 사무국에서 직원들과 잘 어울리지 못하고 곧 미국으로 돌아가 버렸다. 그때 일을 생각날 때마다 어쩌면 나만 믿고 아들에게 조국을 알게 하려고 아들을 보냈을 남 선생의 기대를 져 버리고, 일이 바쁘다는 핑계로 보다 살갑게 대해주지 못했던 것은 아닌가 하여 늘 부끄러운 마음이 들었다.

남 선생은 또 한 사람 LA 목요기도회 회원인 양윤梁潤 선생을 소개해 주었다. 우리 세대의 사람이라면 익히 알고 있던 코메디언 양훈梁勳 씨의 장남이라고는 전혀 상상할 수 없이 양윤 씨는 아주 온화하고 진지眞摯한 분이었다. 40대로 보이는 양 선생 부부는 특별히 LA 목요기도회내에서 착실한 일군들이었다. 아직도 아이가 없어 조금은 쓸쓸해 보이는 양 선생댁에서 하룻밤을 보내면서 무슨 이야기 끝이었는지, 나는 펑펑 쏟아지는 눈물을 억제하지 못했던 것이 기억에 남아 있다.

요사이 나는 사소한 일에도 눈물을 잘 흘린다. 시를 읽는다든지, 노래를 부를 때나, 드라마나 영화를 볼 때마다 별로 슬프거나 감동적이지 않는데도 눈물이 난다. 엊그제도 국제시장을 보고 있는데 장면 장면마다 어찌 눈물이 펑펑 쏟아지는지 주위 사람들이 눈치 챌까봐 손수건을 꺼내어 눈물을 닦지도 못하고 얼굴에 눈물범벅이 되도록 가만히 앉아 있어야 했다. 나이 들면 눈물샘 근육이 약해져 그런다지만, 아무리 생각해도 나는 지나치지 않나 하는 생각이 든다.

건달들이 자신이 거친 건달이라는 것도 잊고 슬픈 영화를 보면서 눈물 찔찔 짠다고 하지만……, 나의 이유 없는 눈물의 시초가 그때부터이었는지 모르겠다. 아무튼 나도 왜 그랬는지 몰랐던 그 시추에이션이 하물며 그 두 사람에게는 얼마나 황당했었을까?

다음 날 아침 조금은 멋쩍은 낯으로 두 사람과 작별하고 샌프란시스코를 향하는 국내 비행기를 탔다.

샌프란시스코 공항에는 이은자李銀子(현 칸사이카쿠닌대학 교수) 씨가 마중 나와 있었다. 재일동포 2세인 이은자 씨는 오사카 KCC(재일한국인기독교회관) 간사였던 1977년 경 조국을 배우기 위해 국내에 입국한 적이 있었는데 잠깐 내가 안내역을 한 적이 있었다. 그 때는 KCC를 그만 두고 UC 버클리 대학에 유학해 와 있었다.

샌프란시스코에서 만나기로 되어 있는 민주동지회 서부지역 사무국장인 김은정(?) 목사는 당시 버클리 대학의 교목으로 있었는데 갑작스러운 학교 사정으로 출타出他 중이었다. 나는 이은자 씨의 안내로 버클리 대학에 유학중인 재일동포 2세 정숙자 목사(전 서울여성교회 담임목사)를 만나고 덤으로 샌프란시스코 시내 관광으로 하루를 보냈다. 이름으로만 알고 있던 그 유명한 금문교金門橋를 건너, 마피아 두목 알카포네가

탈출하려다 실패했다는 전설적인 감옥 알카트라즈 섬을 오가는 관광 페리를 타고 들어가 그가 기거했다는 독방도 구경하였다. 잠시 출타 중이어서인지 비어 있는 동부에서 유학 온 재미동포 여학생의 원룸에서 하룻밤을 신세지고 다음날 시애틀로 향했다.

2. 미주 동부지역

시애틀 공항에는 워싱턴 주 국경 너머에 있는 캐나다 밴쿠버의 안영삼安永三 선생 부부가 공항에 나와 주었다(시애틀과 밴쿠버는 버스나 승용차로도 왕래할 수 일일 생활권이었다).

시애틀에서는 1950년대 후반부터 60년대에 이승만, 박정희 독재반대 운동을 전개하였고, 1980년대에는 시애틀에서 워싱턴 주 한국인권옹호협회 회장을 지내며 한국의 인권, 민주화를 위해 40년 이상을 일편단심 혼신을 다하여 온 김동건金東建(Daniel Kim) 목사를 만나기로 되어 있었으나 김 목사 역시 병환으로 휴향 차 출타 중이어서, 밴쿠버에 거주하며 김 목사와 함께 활동을 해 온 안 선생이 마중 나온 것이었다. 안선생은 1980년대에 캐나다에 이민하여 호텔업에 종사하면서 '한마당'이라는 동포 모임의 대표를 역임하며 10년 가까운 기간 동안 민주 · 인권운동에 참여하고 있었다. 활달한 성격의 안 선생 부부의 융숭한 대접을 받으면서 언제 밤이 새었는지도 모르게 지난 10여 년 동안의 워싱턴 주 중심의 동포사회의 민주화 운동에 관한 숨은 이야기들을 들었다.

다음 날 시애틀 공항에서 캐나다 토론토로 날아가 마중 나온 메리 콜린스 양을 만났다. 당시 콜린스 양은 1989년에 동경 민주동지회 동경자료센타에 파견된 캐나다연합교회(UCC)의 선교사 임기 2년을 마치고 캐나다에 돌아와 있었다. 콜린스 양은 내가 1979년 12월 YWCA 위장 결혼 사건으로 도피생활을 할 때, 한국기독교장로교 총회 파견 선교사로 와 있었는데, 그때 자신의 손에 낀 금가락지를 팔아 나의 도피자금으로 사용하라고 같은 총회 사무실의 성해용 목사를 통해 나에게 전달한 바 있었다. 이 콜린스 양은 1992년 귀국하여 KNCC 인권위원회에서 일할 때, 다시 한국에 선교사로 들어와 있었다. 아! 2010년경 은퇴하여 캐나다로 돌아간 한국인보다 더 한국을 사랑했던 메리 콜린스 양! 나는 그녀에게 한마디도 고맙다는 말을 하지 못하고 그녀의 나라로 떠나보내고 말았다.

콜린스 양의 안내로 호텔에 짐을 풀고 캐나다연합교회(UCC) 사무실을 방문하여 방문 인사를 한 후, 1987년 김재준 목사 별세 후 민주동지회 의장 겸 캐나다 본부 책임자가 된 이상철 목사(당시 토론토 대학 총장)를 만났다. 5척 단구의 거인 이 목사는 백발의 턱수염의 인자한 할아버지의 모습으로 캐나다 한인교회의 살아있는 전설일 뿐만 아니라 캐나다 교계에서도 존경받는 분이었다. 이 목사는 또 다른 오척단신의 개신교 개혁 운동과 민주화 운동의 거인인 김재준 목사의 큰 사위이기도 하다.

다음 날에는 덕성여대, 인하대학교 교수를 역임하다가 1975년 캐나다로 이민 온 후 토론토 한국민주사회건설협회 회장, 토론토 한인회장을 역임하며 한국의 민주화 운동에 헌신한 노신사 박찬웅朴贊雄 부부를 만났다.

덤으로 토론토 한인교회 소창길蘇昌吉 목사와 기장 선교사로 와있는 이광일李光日(현 민청학련계승사업회 사무총장) 목사를 방문하여 오래 간만의 회포懷抱를 풀기도 했었다. 소창길 목사는 1980년 경 육군 중령으로 예편한 후 한신에 편입하였는데, 기독교문사의 한국기독교대백화사전 번역위원으로 함께 일하며 깊은 친교를 나눈 인연이 있었다. 이광일 목사는 나와 1974년 민청학련사건 감방 동지였으며 1976년 기장 선교교육원 '위탁교육' 1기생 동기이었는데 기장 총회 간사로 일하다가 1989년 기장 파송 UCC 선교사로 가족이 함께 캐나다에 와 있었다. 토론토 역에서 기차로 두 시간 거리의 오타와 부근 미들 빌이라는 작은 마을에 있는 이 목사 집에서 1박을 하고 떠나는 다음 날, 나의 다음 행선지가 미국의 시카고라는 말을 들은 이 목사는 로만 컬러를 하는 신부는 시카고 갱들도 봐주고 넘어 간다고 하며 로만 컬러와 검정 와이셔츠를 선물해 주었다.

과연 로만 컬러를 하고 시카고 공항을 나오니 시카고 갱들은 알아서 자리를 비켜 주었는지 보이지 않고 공항 관리들이, '파더(신부님)! 파더(신부님)!' 하고 환영해 주었다.

시카고 공항에는 EYC 후배로서 시카고에서 유학중인 서호석徐浩錫(현 대한감리회 창천교회 담임목사) 군이 마중 나와 주었다.

시카고에서 1박을 하며 나는 시카고대학 신과대학에 유학 중인 한신대 후배인 조미리(전 한신대 학장 趙香祿 목사 영애) 양의 부부와 재미동포 3, 4세 청년들을 만나 그들의 활동에 관해 듣는 시간을 가졌다.

1980년 광주민주 항쟁 이후 미국 동포 청년들과 유학생들 사이에는 조국 민주화와 통일에 대한 열망으로 충만하여 있다고 하였다. 거기에는 YMCA 중심의 기독청년들의 움직임과 민족학교 중심의 일반 청년들 간의 선의의 경쟁과 협력 활동이 크게 작용하였다고 했다.

시카고 한인청년들의 뜨거운 열정 속에서 하룻밤을 보낸 다음날의 일정은 워싱턴 DC였다.

워싱턴 공항에 마중 나온 사람은 패리스 하비Pharis Harvey 목사였다. 그는 70년대 한국의 노동자, 도시빈민 지원 활동을 하였고, 72년에는 미국의 한국 독재 지원 반대 성명을 내었으며 1985년 김대중 귀국 시 신변안전을 위한 동행을 하였으며, 1986년 미국기독교교회협의회NCCUSA의 일원으로 남북화해를 위해 남북한 방문을 한 분이다. 당시는 워싱턴 DC에서 국제노동권리재단(International Labor Rights Fund)에서 일하며 한국 민노총을 지원하고 있었다. 한국 재임 시부터 그를 알고 있던 나는 바로 3개월 전 1990년 히노시 라운드테이블 모임에 미국 엔씨씨(NCC-USA) 대표로 참가한 그를 만난 바 있다. 그는 텍사스 주에 유학을 떠나왔다가 신생 한겨레신문 워싱턴 특파원으로 재직 중에 있는 정연주(전 한겨레신문, KBS 사장) 선생과 자리를 같이 마련해, 하비 목사가 주로 맡고 있는 미 의회에서의 로비 활동을 포함하여 민주동지회의 활동들에 관한 이야기를 듣는 시간을 가졌다.

덤으로 밤에는 워싱턴에 유학 와 있는 후진국사회연구회(이하 '후사연') 동지인 문리대 철학과 출신 정무형鄭茂亨(현 경상대 교수)의 안내로 생전 처음으로 랍스터 요리를 대접받고 그의 집에서 1박을 하며 워싱턴

DC에서의 한인들의 민주화 운동의 현황에 대한 이야기를 듣는 시간을 가졌다.

아침 워싱턴 공항에서 마지막 일정지인 뉴욕의 라과디아 공항에 도착하니 구춘회丘春會 선생을 대신하여 재미동포 3세인 김효신金孝信 목사가 마중을 나와 주었다. 재미동포 3세이면서도 마치 한국에서 태어난 사람들과 전혀 구별할 수 없을 정도로 유창한 한국어를 구사하는 그와 그의 부인(당시 뉴욕주 시청 근무)이 나는 고맙고도 존경스러웠다. 30대 초반의 앳되고 착한 모습의 김 목사는 리버사이드 교회 근방의 고풍스러운 주택가의 한 고풍스러운 아파트들이 밀집되어 있는 숙박지로 안내하는 중에 민족학교(통일 우선)와 한국인 YMCA 중심의 활동(민주화 우선) 사이에서 갈등하고 있는 동포 3, 4세들의 고민을 들려주었다.

그곳의 어느 아파트 몇 층엔가 빌려 놓은 방에 짐을 풀게 한 후, 그는 그 근처의 구춘회丘春會 선생이 일하고 있는 한인교회여성연합(The Korean American Church Woman United) 사무실로 나를 안내하고 돌아갔다. 그 인연으로 한국을 방문하는 도중에 동경의 나의 집도 방문해준 김 목사는 작년에 갑작스럽게 세상을 떠나고 말았다. 심장마비였다고 한다. 안타깝다. 하나님은 이 악한 세상에는 그런 착한 사람을 오래 남겨두려 하지 않으셨던 모양이다.

구 선생은 거기에서 동경자료센터에서 우송되어 온 자료들을 받아 미국 전역의 한인교회 및 단체들과 미국 교회들에 발송하는 명실상부한 민주동지회의 미국 사무소 책임자의 일을 담당하고 있었다. 구 선생은 나의 순방 여행을 위한 일정과 접촉 인사 수배 등 모든 구체적인 일들을 사전에 계획해 보내준 장본인이라는 것을 거기에서 그분을 만나서야 알게 되었다.

구 선생은 1970년대에 국내에서 한국교회여성연합회(Korea Church Woman United)의 총무를 역임하면서 KNCC 총무 김관석 목사와 쌍벽을 이루어 KNCC와 함께 한국의 민주화·인권운동의 쌍두마차였던 한국교회 여성운동을 진두지휘를 한 분이었다. 그 시절 나는 EYC(초대회장: 송진섭 전 안산시장) 회원으로서 그의 지휘를 받아 재일동포박종석히다치日立취직차별반대서명운동과 태평양전쟁희생자보상문제서명운동에 참여했던 일이 있었다.

여장부라는 별명과는 달리 작달막한 키에 마음씨 좋은 전형적인 한국 아줌마 모습인 구 선생은 태평양을 건너고 미대륙을 횡단하여 온 이곳 미국 뉴욕에서도 그 모습에 전혀 변함이 없었다. 구 선생은 한인교회여성연합회 외에도 북미주한국인권위원회(North American Coalition for H. R. in Korea;NACHR), 한국민주화국민연합미주본부, 뉴욕 목요기도회 등에서 활동하고 있었다.

이번 나의 여행은 미국, 캐나다의 태평양 가로 해서 북쪽을 거쳐 동부 대서양 가장 자리를 도는 그야말로 북미주 민주동지회라는 수박의 겉만 핥는 여정旅程이었다. 그렇다고 내가 중부와 남부를 다 순방하기에는 매달 제작해야 하는 월간「민주동지」등 동경의 자료센터 일 때문에 가능치 않았다. 그리고 그곳을 일일이 다 순방할 필요도 없는 것 같았다. 왜냐하면 수박의 겉만 핥았어도 파란 수박 속의 빨간 맛을 미루어 짐작할 수 있었기 때문이다.

거기에다가 미국 교회의 양대 산맥인 미연합장로회(PC-USA)와 미감리회(UMC)의 일은 미네소타 주(?)에 있는 두 교단 본부 사무실에 가지 않아도 그간 일본을 자주 방문했던 PC-USA 아시아 담당총무 이승만 목사와 UMC의 한국담당 손명걸 목사 그리고 미국교회협의회(NCC-USA)의 일은 NCC-USA 동아시아와태평양위원회의 팻 패터슨(Patterson, Patricia Jeannette) 목사 등을 통해 익히 들어 아는 일이었고, 미주 각 지역의 한인교회의 민주화 운동 상황은 이번 방문한 지역에서의 동포들의 만남을 통해 어느 정도 파악하는 기회를 갖게 되었기 때문이다.

거기에 첨가해서 구 선생은 미주 각 지역에서의 민주동지회 관련된 한·미 주요 민주 인사들에 관해서 설명해 주었지만 그들의 이름과 활동 내역에 대해서는 일일이 다 기억할 수 없다. 다행히 한국민주화운동기념사업회(당시 이사장은 박형규 목사)가 2013년, 2014년 두 차례에 걸쳐 이분들을 초청하여 그 공로를 치하하는 행사를 위해 작성한 해외민주인사자료집 1집과 2집이 인쇄되어 있다.

덧붙여 나는 뉴욕에서의 하루의 자유 시간을 당시 이민 온지 얼마 되지 않은 박세현朴世鉉(현 개인 사업) 군과 강정례姜正禮(학원 경영) 양을 만날 기회를 갖는데 사용했다.

두 사람은 1970년대 서울 제일교회 대학생부의 후배들이었다. 그 시절 서울 제일교회 대학생부는 성경공부 대신 사회과학 공부를 하며 교회 내에서 성탄절이면 연례 행사였던 '베들레헴에 태어난 예수 이야기'와 같은 성극聖劇이 아닌 노동 문제를 다룬 '공장의 불빛'이라든가 김지하의 '오적五賊'을 각색한 '진오귀眞五鬼' 등의 사회극이나 노동 야학, 빈민 야학을 하는 등 계엄령 등으로 자주 문이 닫히거나 당국의 엄격한 감시를 받아 학내의 활동이 자유롭지 않던 시절, 캠퍼스 문화를 교회로 도입을 시도한 최초의 교회 대학생부이었다. 우리가 그럴 수 있었던 것은 박형규 목사와 권호경 전도사라는 민주화운동·도시 빈민 선교의 선구자들이라는 우산雨傘이 있었기 때문이었고 두 분이 감옥을 들랑날랑하였을 때, 그들을 대신 하여 우리를 보호해준 박성자 목사(당시 전도사)라는 '큰' 어머니가 계셨기 때문이었다.

뉴욕의 변두리 한인들의 거주지역인 플러싱에서 살고 있다는 박 군은 커다란 검은 색 링컨 세단을 몰고 리버사이드 지역의 나의 숙박지를 찾아와 뉴욕 맨하탄 어딘가의 한국 음식점으로 안내하였다. 곧 해체될 것 같이 덜컹거리는 고물차를 식당 앞에 주차하고 운전대를 쇠사슬로 묶어 놓고야 안심하는 박 군을 보며 언제나 다름없이 허허 웃는 밝은 웃음에도 불구하고 이민 초기의 고단함이 느낌으로 와 닿았다.

그랬던 그가 지금은 남미 이민자들 수백 명을 고용한 중견기업의 사장으로서 눈코 뜰 사이 없이 분주하게 살고 있다. 그리고 그 분주한 가운데에서도 틈틈이 시간을 내어 이상 기후 변화를 걱정하는 국제 모임 같은 사회운동에도 열심히 참여하고 있다.

올해 봄에는 내가 투병을 위해 여수에 낙향落鄕하였다는 소식을 듣고 박 군, 아니 박 사장은 그 멀리 뉴욕에서 예쁜 난蘭 화분을 선물로 보내주었다. 내 생에 그런 꽃 화분을 받아 본 것은 작년에 쓰러져 입원해 있을 때 무주푸른꿈고등학교 이태룡李泰龍 교장님으로부터 그리고 박 군에게

서 그렇게 딱 두 번이다.

오래간만에 동경에서도 먹지 못했던 삼계탕으로 점심을 맛있게 먹고 그날 오후 박 군은 역시 플러싱에 살고 있던 강정례 양의 아파트로 나를 안내해 주었다. 강정례 양은 1970년 당시 탈춤의 효시였던 이화여대 탈춤반의 중심 인물로 서울대 탈꾼 채희완蔡熙完(전 부산대 교수) 연출로 서울제일교회에서 박세현 군과 양두석梁斗錫(전 보험연수원 부원장) 군과 함께 '진오귀'眞五鬼라는 풍자극의 주인공들이기도 했다.

좋은 직장을 두고 암흑 같은 70년대의 터널을 지나고 나서 어렵사리 민주화의 봄을 맞이했는가 싶은 1980년대 후반에 그렇게 조국을 떠나온 그들의 마음을 그때는 알 수 없었다. 이제와 생각해 보니 마치 오늘의 이 어처구니없는 세상을 예견하고 '더 이상 독재가 없을 자유의 나라'로 떠나간 두 후배들의 예지叡智에 박수를 보내고 싶다.

박 군의 그 세단 링컨으로 존에프케네디공항(JFK)을 통해 동경 나리타공항으로 10시간의 비행을 끝으로 하여, 나의 12일 간의 북미 민주동지회 순방은 그렇게 끝났다.

1999년 대안학교인 무주 푸른꿈고등학교 설립 준비 과정에서 생태교육이념에 따라 일본의 생태 농업을 배우고 오고 싶다는 이무흔李茂欣(한문 , 생태 농업 담당) 선생의 요청을 받고 일본의 이인하 목사에게 연락했더니 당시 아시아 지역 농촌 청년들을 초청하여 일본의 생태 농업을 가르치는 아시아농촌학원의 이사인 이 목사는 이 요청을 흔쾌히 승낙하였다. 뿐만 아니라 기장농목 회원인 농촌목회자 한 사람을 포함한 두 사람의 6개월 체재비 및 학비 120만 엔(1인당 60만 엔)을 모금하여 주었다. 이 목사는 2000년 3월 푸른꿈고등학교 개교식에도 참석하여 우리를 축하하여 주었다.

죄송스럽게도 2008년에 하나님 곁으로 가신 그분에 대한 보은은 이렇게 보은기報恩記를 남기는 길 밖에 없다. 그리고 2007년에 별세한 기다 선생에게도, 2005년에 별세한 아소 선생에게도, 2014년에 별세한 구춘회 선생과 김효신 목사에게도 그리고 그해 1월 14일에 소천한 이승만 목사님에게도 그러하다.

2부
당신들과 함께 하여
우리는 행복했습니다

I. 재일한국인들의 차별에 반대를 위해 싸우는 일본의 양심적 기독교인들

1992년 1월 이인하 목사가 동경자료센터의 시대적 과제를 다하여 사무실을 정리하기로 한 세계 민주동지회의 결정을 전달해주었다. 나는 1991년 중반 KNCC의 신임 총무로 취임한 권호경 목사가 이 소식을 전해 주면서 KNCC 인권 위원회 사무국장으로 와 주었으면 좋겠다는 부탁을 받고 있었기 때문에 이미 이 사실을 알고 있었던 터이었다.

나는 하나님이 나에게 주신 이 중요한 새로운 직책을 수행하면서 먼저 해야 할 과제의 하나로서 지난 4년 반 동안 동경에서 목격하고 경험을 통하여 알게 된 사실, 즉 우리의 민주화를 위해 우리는 해외양심적인 분들에게 많은 은혜를 받았다는 사실을 잊지 않고, 우리가 받은 많은 그 은혜를 조금이라도 돌려주는 일(恩返し, 문자 그대로 '報恩')을 할 기회를 주시기를 간절히 기도하였다. 지금부터의 이 기록은 하나님이 허락하신 우리의 '보은報恩'에 관한 기록으로, 이 나라와 이 세상이 하나님 보시기에 아름다운 세상이 되기를 바라는 모든 분들과 공유하고 싶다.

1. 외등법문제대책 전국기독교 연락협의회(외기협)

하나님은 우리를 위해 이 보은의 기회를 생각보다 빨리 예비해 두셨다.

그해 2월 중순 쯤 오사카로부터 이청일 선생이 상경하여, '외기협 국제 심포지엄'의 강화를 위한 협조를 부탁하였다.

나는 JNCC가 KNCC와 1990년과 1991년에 일본의 효고兵庫와 서울에서 두 차례에 걸쳐 한 · 일 기독교 국제 심포지엄을 개최한 것은 알고 있었지만, 동경에서의 나의 임무는 조국의 민주화를 위한 것뿐이라고 다짐하고 있었기 때문에, 재일 한국인들의 차별문제를 눈으로 보면서도 애써 관심을 갖지 않기로 작정하고 있던 터라, 외기협에 대해서는 잘 알지 못하였다. 이 선생은 외기협을 중심으로 한, 재일 한국인들의 차별반대를 위한 일본의 양심적인 기독교인들과 재일 한국인들의 활동에 대해 설명하면서, KNCC를 중심으로 하여 한국의 기독교인들의 보다 폭 넓은 지원과 연대가 있다면, 외기협에서 함께 활동하고 있는 재일 일본인들과 재일 한국인들에게 큰 격려가 되겠다는 것이었다.

내가 무엇을 어떻게 하면 좋겠느냐는 물음에 이 선생은, 지금까지는 재일 한국인 문제에 대한 연대가 KNCC 인권 위원회 중심으로 이루어져 왔는데, 이 문제를 보다 폭 넓게 본국의 교계에 알려지도록 해주어 재일 한국인들이 처해있는 상황을 많이 알리고 그 개선을 위해 기도할 수 있게 했으면 좋겠다, 그리고 이를 위한 방안으로 KNCC 인권 위원회만 참여하고 있는 '한 · 일 국제 심포지엄'에 보다 광범위한 기독교인들이 참가할 수 있도록 노력해 주었으면 좋겠다는 것이었다.

'외기협'전국협의회 회의 광경. 김경남 목사, 박수길 목사, 김성원 장로(오른
쪽 2번째부터)

이 선생의 설명에 의하면, 일본 측 참가단체는 외기협을 중심으로 하
여 JNCC 인권 위원회와 일본 가톨릭 정의평화 위원회가 참여하고 있었
다. 외기협은 그 명칭이 가리키고 있듯이 칸토關東, 칸사이關西, 추우부中
部, 큐슈九州 - 야마구치山口, 가나가와神奈川, 혹카이도北海道 등의 지역 외
등법문제 대책 기독교 연락협의회外基連(이하 '외기련')의 협의체였다.

2. 외기협의 파트너로서 재일인선협의 조직

1992년 3월에 KNCC 인권위원회 사무국장에 취임한 나는 우선 이
문제를 권호경 총무에게 자문을 받아, 1회 심포지엄부터 참가한 이명남
李明南 목사(당시, 인권 위원회 부위원장, 예장 당진교회 명예목사)와 김

동완金東完 목사(작고, 전 인권 위원회 사무국장, 감리교 형제교회 당회장)와 등과 의논하여 그해 당시 새로이 조직되어 지방 에큐메니칼 운동의 중심이 되고 있던, 서울, 중부, 부산, 광주 등지의 NCC들과 협의하여 한국교회재일동포인권선교협의회(이하 '재일인선협')를 결성하였다. 재일인선협은 설립총회를 열고, 이정일李正一 목사(당시 예장 광장교회 당회장)를 회장에, 하태영河泰永 목사(당시 기장 삼일교회 당회장)을 총무에, 김태규金泰圭 목사(당시 예장 한빛교회)를 법적지위 분과위원장에 선임하였다. 이분들이 2010년 국제심포지엄의 의제議題가 재일 한국인 문제를 넘어 양국의 외국인 노동자 문제로 확대되기까지 16년 동안 꾸준히 재일한국인 차별반대 투쟁에 앞장서서, 외기협의 파트너로서 재일인선협의 지도력으로 활동해주셨다.

재일인선협은 먼저 한국교회가 재일 한국인들의 고난의 역사를 보고 배워 알 수 있는 기회를 주기 위해 3년에 한 번씩 열리는 일본에서의 심포지엄에 참가한 후, '고난의 현장 방문 프로그램'을 병설하기로 하였다. 그리고 한국 개최시에는 일본 참가자들을 위해 '일본침략 역사현장 방문 프로그램'을 병설하기로 하였다. 매번의 행사에는 주최측이 체재비와 방문 프로그램 비용을 부담하기로 했다.

1974년 한국민주화일본기독교긴급회의(이하 '긴급회의')를 조직한 나까지마 목사가 김관석 목사(KNCC)의 결정사항에 따라 연대, 협력을 했던 것처럼, 재일인선협(한국교회 측)도 모든 것을 외기협의 결정사항에 따르기로 했다. 회의 순서의 사회는 물론, 성명서 작성, 심지어는 매년 1월에 일본 각 지역을 돌아가며 개최되는 외기협 총회와 시민 대회에서의 한국교회 연대사 작성을 위한 주제까지 모든 일들을 배운다는 자세로 외기협의 결정에 따르기로 하였다. 물론 외기협과 재일인선협은 동등한 참여 속에서 개회, 폐회예배 순서의 공동 참여, 회의 진행에서의 공동 사회, 성명서 작성에의 공동 참여 등 민주적인 절차를 밟아 진행하였다.

3. 제 3회 외국인등록법문제 국제 심포지엄

제 3회 심포지엄은 1993년 11월 3~5일에 동경 고오토江東 가톨릭 수도원에서 개최되었다. 현장 방문은 간토대진재關東大震災조선인학살현장 등 교토지역 징용 현장을 방문하였다.

참가자로는 1) 일본: 마에지마 무네토시前島宗甫(JNCC 총간사) 목사, 기무라 겐지木邨健三(일본 가톨릭 정의와 평화 위원회 사무국장) 선생, 도이 타카코土井桂子(히로시마 외기련 대표) 선생, 호다카 마모루穂雁 守(외기협 사무국장) 선생, 사토 노부유키佐藤信行(외기협 사무국) 선생 외 각 지역 외기련 회원들과 JNCC 대표, 가톨릭 대표 등 32명이 참석했다.

2) 재일 한국인으로는 강영일姜榮一(재일대한기독교 총회 총무) 목사, 이청일李淸一(외기협 공동대표) 선생, 김성원金成元(간사이 외기련) 선생 등 12명.

3) 한국에서는 이명남 목사(예장 KNCC 인권위 부위원장), 이정일 목사(예장, 재일인선협 회장), 하태영 목사(기장, 재일인선협 총무), 김태

규(예장 재일인선협 법적지위분과 위원장), 김동완 목사(감리교, KNCC 인권위원), 박병설 선생(한국기독청년협의회 총무), 안재웅 선생(아시아기독교협의회 URM 간사), 김경남 목사(기장, KNCC 인권위 사무국장) 등 11명. 총 55명이 참석하였다.

'재일 외국인과 함께 살아 모두 서로 살리는 사회를! – 우리는 외국인 등록법의 발본적拔本的 개정을 요구한다'의 표제 아래 진행된 이 심포지엄에서 우리는 아래와 같은 사실을 배워 알게 되었다.

첫째, 1993년 1월 8일부터 외국인등록법이 개정되었지만, 지문날인 제도 대신 가족 등록제도·서명등록제도·사진등록제도 등 오히려 강도 높은 관리시스템이 도입되었다는 사실

둘째, '1945년 9월 2일의 시점에서의 일본에서의 거주' 한 사람에게만 '특별영주자격'을 준다는 사실

셋째, 여전히 외국인등록증의 상시 휴대가 의무로 부과되어 있어, 이 의무에 따르지 않는 경우에 처벌함으로써, 재일 외국인을 물리적으로, 심리적으로 무겁게 짓누르고 있다는 사실이 그것이다.

결론적으로 말해서 일본 법무성의 재일 외국인에 대한 자세는 치안 유지, 범죄 예방과 단속의 대상으로 한 것으로서 전쟁 전부터 전후 일관한 차별, 동화, 배외주의 정책이 바뀌지는 일 없이 계승되어 계속 되고 있다는 점이다. 따라서 우리는 외기협이 활동을 강화하여야 할 이유와 그 외기협을 연대하고 지원해야 할 한국교회의 책임과 의무를 확실히 알게 되었다.

그래서 한·일 양 교회는 연대하여, 일본의 외국인등록법의 발본적 개정을 목표로 하는 운동을 전개해 간다는 공동 인식 아래, 한국교회 재일동포인권선교협의회(이하 '재일인선협')의 '고난의 현장 방문 프로그램'을 지속적으로 지원하여, 한·일 양 교회의 역사 학습, 연대 관계를 강화한다고 의견을 같이하였다.

그리고 우리는 이 심포지엄에서 다음과 같은 과제를 부여 받았다.

1) 한국에서는 재일 동포의 역사적 상황이나 현재의 법적 지위에 관한 해설이나, 한국 교회에서의 재일 동포 문제에의 대처의 역사를 정리한 자료를 제작한다.

2) 외국인등록법 문제뿐만 아니라 전후 처리, 보상의 문제를 향후 한·

시민대회에서 연대사를 하는 김경남 목사(오른쪽)

조 · 일의 교회가 공동 협의할 수 있도록 희망하면서 노력한다.
3) 다민족 공생을 목표로 하는 사회제도의 본연의 자세에 대해서도 넓게 각국의 사례를 연구한다.
4) 한 · 일 양국에 존재하는 국제인권 규약, 인종차별철폐 조약, 이주 노동자의 권리 조약의 완전 비준과 국내 실시 조치의 확보를 요구 하는 운동을 추진하여, 외국인 주민 또는 민족적 소수자에 대한 국 제인권 기준에 대한 이해를 심화한다.

단, 우리는 상기 3)과 4)가 당시 한국에서는 아직 외국인 노동자의 문 제가 사회적 이슈가 되지 않고 있는 상황에서 앞날을 준비하는 선행학 습先行學習 정도로 인식하였다.

심포지엄이 끝난 후, 일본 대표들은 일본 외무성을 방문하여 우리의 결의 사항을 전달하였다. 우리는 귀국 후 이 심포지엄의 내용을 KNCC 인권위원회 월간지 「인권」에 게재하여 교계에 홍보하였다.

〈참조〉

제3회 외국인등록 법문제 국제 심포지엄 공동 성명(1993년 11월 5일)

우리 한 · 일 양국의 그리스도인들은 1993년 11월 3일부터 5일에 걸쳐, 제3회 외국인등록법 문제 국제 심포지엄을, '재일 외국인과 함께 살아 모두

서로 살리는 사회를! – 우리는 외국인등록법의 발본적 개정을 요구한다'의 표제 아래, 도쿄의 일본 가톨릭 회관에서 개최했다. 이것은 10월 3일부터 11월 2일에 걸친 일본 전국 홍보 캐러밴의 성과를 근거로 해서 실시된 것이다.

이번 심포지엄은 일본측, 외국인등록법 문제 대책 전국 기독교연락협의회, 일본기독교협의회 재일 외국인의 인권위원회, 한국측 한국교회 재일동포 인권선교협의회, 한국기독교교회협의회 인권위원회의 공동 개최로 행해졌지만 이 회의에는 한국천주교정의구현전국사제단, 한국기독청년협의회, 아시아기독교협의회 도시농촌선교부 등의 조직에서도 참가하여 귀중한 토의와 공유화의 장소가 되었다.

우리는, 일본의 외국인등록법의 발본적抜本的 개정을 요구해 오늘까지 운동을 담당해 왔지만, 이번 한층 더 깊은 문제 해결을 향한 운동을 추진해 가는 지혜와 용기가 주어진 것을 하나님께 감사한다.

올해 1월 8일부터 '개정改正 외국인등록법'이 실시되었다. 16세 이상의 영주자永住者의 지문 날인 제도가 폐지된 것은, 1980년대에 일본 전국에서 계속적으로 임해진 반대 운동과 거기에 호응이 더해진 한국교회를 시작으로, 해외로부터의 지원, 연대의 성과이다. 우리는 이와 같이 운동의 고조高潮가 이 나라 제도를 변혁으로 향하게 하였다는 사실을 획기적인 사건으로서 평가하고 싶다.

그렇지만, 우리는 이번 개정에 임하여 결코 기뻐할 수 없는 상황에 처해 있다. 일본 법무성은 이번 개정의 이름의 아래에서, 지문 날인 제도에 대신해 가족 등록제도 · 서명 등록제도 · 사진 등록제도를 도입해 새로운 강도인 관리 시스템을 획책해 도입해 왔다. 영주권자에 대해서는 지문 날인 의무를 언뜻 보아 면제된 것처럼 개정되었지만, 한편 지금까지 법무성이 계속 날인捺印해 온 지문指紋은 여전히 보관되고 있는 것이고, 게다가 새롭게 상세한 가족 등록이 의무 지워진, 사진 등록의 조건이 강화되어 서명 등록이 강제되기에 이르렀다. 이번 개정에 의해서, 당국에 의한 개인 정보의 완전한 장악과 관리 강화가 도모될 수 있게 되었다고 하지 않을 수 없는 것이다. 게다가 영주권자에 대해서 일정한 양보讓步나 면제免除가 되고 있는 것으로 장식裝飾되고 있지만, 영주 자격을 가지지 않는 사람들에게는 변함없이 지문 날인 의무가 부과되어 있어, 재일 외국인에 대한 분단 관리가 교묘하게 행해지게 되어 있는 것이다.

현재 외국인 등록자수는 130만 명에 이르렀다. 그 가운데 영주 자격을 가지고 있는 사람들은 약 반수이다. 즉, 입장이 다른 재일 외국인을 지문 날인의 유무有無라고 하는 것을 경계로 하여 분리, 또는 관리해 나가려 하고 있지만, 그것이야말로 전후戰後 일관해서 존재하여 온 배외排外적 성격이 보이는 것이다. 그러한 정부의 계획을 간파看破하여, 일본인과 영주 외국인·비영주 외국인이 연대해 나가는 것이야말로, 우리의 운동에 있어서 향후 중요하게 서서 나가야할 점이 되는 것이다.

영주 자격을 가지는 사람들의 상당수는 일본의 식민지 지배의 결과, 전쟁 전부터 일본에 살고 있는 한반도·대만·중국 출신의 사람들이다. 그것은 일본의 침략 전쟁이 아시아의 사람들에게 끼친 희생의 결과인 것이다. 그러나 그 사람들 중에서도 전후 일시적으로 조국에 귀국해 어쩔 수 없는 사정에 의해 다시 일본에 돌아온 사람들은 영주 자격을 취득할 수 없다고 하는 사태가 생긴 사실을 잊어서는 안 된다. '1945년 9월 2일의 시점에서의 일본에서의 거주'라고 하는 특별 영주 자격의 유무_{有無}의 경계선을 일방적으로 그음으로써, 큰 책임을 방기_{放棄}, 또는 경감하려고 하는 정부의 무모_{無謀}함이, 오늘에 이르기까지 같은 입장의 사람들을 서로 갈라놓는 결과를 야기_{惹起}하고 있다. 그리고 그 외의 이유로 영주권이 박탈된 사람들도 많이 있는 것을 잊어서는 안 된다. 또한 최근 한·일 양국에 있어서의 경제 확장_{擴張}을 배경으로 더욱 더 많은 외국인 노동자들이 우리의 이웃으로 살게 되기 시작하고 있다. 일상적으로 차별되어 외국인이기 때문에 권리를 빼앗기고 있는 그들과의 연대가 더욱 더 중요한 교회의 과제가 되고 있다.

이러한 여러 가지 배경에서, 이번 '개정 외국인등록법' 하에서는 재일

규슈 치쿠호 탄광 전시관

외국인 중에도 지문 날인을 여전히 강제당하는 사람들의 존재와 가족 등록·서명 등록 등으로 관리되는 사람들의 존재가 병렬적으로 나타나게 되었던 것이다.

게다가 여전히 외국인등록증의 상시휴대常時携帶가 의무로 부과되어 있어, 이 의무에 따르지 않는 경우에의 처벌은 재일 외국인을 물리적으로 또는 심리적으로 무겁게 짓누르고 있다.

일본 법무성의 재일 외국인에 대한 자세는 치안 유지, 범죄 예방과 단속의 대상으로 한 위치설정이며, 그 점에 있어 전쟁 전부터 전후 일관한 차별, 동화, 배외주의 정책이 바뀌어지는 일 없이 계승되어 계속되고 있다. 마침, 올해 10월 27, 28일 제네바에서 행해진 국제인권(자유권) 규약 위원회에서, 일본의 외국인등록법이 인권침해 상황으로서의 실태를 나타내고 있다는 지적을 받았다. 이것은 외국인등록법의 발본적 개정을 위해 계속 지켜온 우리의 자세가, 세계의 인권 감각과 맞는 것임을 확신시켜 줌과 동시에, 일본의 외국인등록법이 얼마나 세계에 통용될 수 없는 것인지를 증명하고 있다.

우리 한·일 양국의 그리스도인들은 앞으로도 일본에서의 외국인등록법의 발본적 개정을 계속 호소하면서, 일본사회에 존재하는 차별, 동화, 배외적인 의식과 그것이 구현화한 제도의 변혁과 철폐를 쟁취해 가도록 과감한 대처를 해 나갈 것을 결의한다.

우리는 한·일 양 교회의 이 심포지엄에서 이하의 활동 계획을 서로 확인했다.

1) 한·일 양 교회가 연대하여, 일본의 외국인등록법의 발본적 개정

납골당 안에서 김태규 목사

을 목표로 하는 운동을 전개해 간다. 한국 교회 재일 동포 인권 선
교 협의회의 '고난의 현장 방문 프로그램'을 계속 지원해, 한·일 양
교회의 역사학습, 연대 관계를 강화한다.

2) 한·일 양 교회가 연대해 각각의 나라에서의 외국인 차별의 해결
   을 목표로 해 나간다. 특히, 서로 모든 외국인에게 열린 사회의 실
   현을 목표로 하여 강한 인내로써 지역사회의 주민으로서의 자리
   매김을 하는 운동을 전개해 나간다.

3) 지문 날인 거부를 이유로 부당한 제재를 받고 있는 사람들의 체류
   자격 그 외의 권리의 즉시 회복을 요구해, 국회·법무성 등 관계 기
   관에 제의하는 것과 동시에 지속되고 있는 재판투쟁을 지원한다.

4) 한·일 양국에 있는 각각의 외국인등록법에 관한 자료를 가능한

한 빨리 발행한다.

A. 한국에서는 재일 동포의 역사적 상황이나 현재의 법적 지위에
관한 해설이나, 한국 교회에서 재일 동포 문제 대처의 역사를 정
리한 자료를 제작한다.

B. 일본에 있어서는 '재일 외국인과 함께 서로 살리기 위해서'라는
테마 아래 a) 신학적 리플렉션 b) 10년의 총괄 c) 자료 d) 향후
를 향한 비젼을 골자로 하는 자료를 작성한다.

5) 한 · 일 양국에 있는 국제인권 규약, 인종차별철폐 조약, 이주 노동
자의 권리 조약의 완전 비준과 국내 실시 조치의 확보를 요구하는
운동을 추진해, 외국인 주민 또는 민족적 소수자에 대한 국제인권
기준에 대한 이해를 심화한다.

6) 외국인등록법 문제 뿐만 아니라 전후 처리, 보상의 문제를 향후
한 · 조 · 일의 교회가 공동 협의할 수 있도록 희망하면서 노력한다.

7) 아시아 각지의 소수자들은 등록제도를 위시해 차별 정책이나 동화
정책에 노출되어 있다. 특히 이중의 차별을 받고 있는 여성들의 상
황에 유의한다. 재일 한국 · 조선인의 인권 투쟁과 거기에 연대해
온 한 · 일 교회의 걸음을 아시아의 모든 교회와 공유하면서 연대
의 길을 모색한다. 또, 다민족 공생을 목표로 하는 사회제도의 본연
의 자세에 대해서도 넓게 각국의 사례를 연구한다.

8) 제 4회 외국인등록법 국제 심포지엄을 1994년에 한국 서울에서
개최하여, 상기의 과제의 심화와 진전 상황을 서로 확인한다.

4. 역대 한 · 일 국제심포지엄의 연혁

1993년에서 2009년까지 16년 동안 12회에 걸쳐 한 · 일 양국을 오가며 개최된 '국제 심포지엄'에는 일본 참가자가 연인원 298명, 재일 한국인이 107명, 한국에서 303명의 개신교, 가톨릭 목회자와 활동가들이 참가하였다.

  제 4회(1994년) 서울 광장호텔과 권율 장군 유적지 등, 서울지역 임란 역사 현장, 일본 20명, 재일 한국인 5명, 한국 25명 등 50명 참가

  제 5회(1996년) 일본 다카라라츠카寶塚 수도원과 다카라츠카 지하 일제 군

치쿠호 탄광 조선인 희생자들에 관한 설명. 주문홍 목사, 사토 씨, 김장수 장로(왼쪽에서부터)

사령부, 일본 41명, 재일 한국인 8명, 한국14명 등 63명 참가

제 6회(1997년) 부산 해운대 호텔과 왜관 등지의 임진왜란 전적지와 부산 항 일제 강점 유적지, 일본 22명, 재일 한국인 6명, 한국 35명 등 63명 참가

제 7회(1999년) 동경 히노日野 가톨릭 수도원과 동경 서북부 사가모코相模 湖 댐 건설 현장, 일본 34명, 재일 한국인 11명, 한국14명 등 59명 참가

제 8회(2000년) 충남 온양 온천호텔 및 이순신 사당 등 임란 역사 유적지, 일본 20명, 재일 한국인 8명, 한국 34명 등 62명 참가

제 9회(2002년) 규슈 치쿠호筑豊 수녀원 및 치쿠호 지역 해저 탄광 등 일제 징용 현장, 일본 29명, 재일 한국인 15명, 한국 19명 등 63명 참가

제 10회(2003년) 설악산 관광호텔 및 설악산 관광, 일본 20명, 재일 한국 인 10명, 한국 39명 등 69명

제 11회(2005년) 북해도 유바리夕張 수도원 및 유바리 지하 탄광 징용 현 장, 일본 27명, 재일 한국인 9명, 한국 21명 등 57명

제 12회(2006년) 충주 수안보 관광호텔, 탄금대 신립 장군 전적지 등 충북 지역 임란 전적지, 일본 17명, 재일 한국인 8명, 한국 41명 등 66명

제 13회(2008년) 아이치현愛知縣 이누야마장犬山莊 및 센다이仙臺 지역 재 일한국인 징용자 묘지 등 일본 22명, 재일 한국인 10명, 한국 19명 등 51명

제 14회(2009년) 전남 강진 다산 기념센터 및 강진 청자 박물관, 병영 임란 전적지, 일본13명, 재일 한국인 10명, 한국 19명 등 42명

이상 1993년에서 2009년까지 16년 동안 12회에 걸쳐 한 · 일 양국을 오가며 개최된 '국제 심포지엄'에는 일본 참가자가 연인원 298명, 재일한국인이 107명, 한국에서 303명의 개신교, 가톨릭 목회자와 활동가들이 참가하였다.

이것 말고도 외기협은 매년 1월에 6개 지역 외기련을 돌아가면서 총회와 시민대회를 개최하였다. 외기협은 매년 총회에 한국교회의 재일인권협의 대표를 초청하여 향후의 연대와 협력 사업을 논의하고, 시민대회에서의 연대사를 해줄 것을 요청하였다. 나는 16년 동안 거의 매년 1월이면 재일인권협을 대표하여 외기협의 총회에 참석하였고 시민대회에서 한국교회의 연대사를 하는 것을 의무요, 영광으로 생각하였다.

치쿠호 탄광 희생자 위령비 잎에서, 윤길수 목사, 안병갑 목사, 최의팔 목사, 이상진 목사(뒷줄 왼쪽에서부터), 노영우 목사, 백도웅 목사, 박수길 목사, 단필호 목사(앞줄 왼쪽에서부터)

치쿠호 탄광 희생자들의 공동묘지에서, 김정명 목사, 이석형 목사, 이명남 목사, 이상진 목사, 윤길수 목사(왼쪽에서부터)

치쿠호 탄광의 이름없는 희생자들의 돌, 무덤 표지 앞에서. 사토 씨(왼쪽에서 두번째)

희생자 납골당 앞에서

희생자 위령비 앞에서의 기도회. 김정명 목사, 김태규 목사, 이석형 목사, 이
명남 목사(왼쪽 두번째부터), 맨 정면 박수길 목사 옆 모습

5. 외기협을 이끌어 온 일본 · 재일 인사들

외기협을 이끌어 나간 사람은 말할 것도 없이 이청일 목사였다. 그는 JNCC 대표, 일본가톨릭 대표, 일본기독교교단 대표 등으로 구성된 공동 대표단을 선도한 상임 공동대표로서, 16년을 재일 한국인을 포함한 재일 외국인들의 권익을 위해 꿋꿋이 힘써왔다.

그리고 각 지역 외기련을 대표로 하여 간사이 외기련의 히다 유이치飛田雄一(고베 학생 · 청년센터 관장) 선생, 추부 외기련의 도이 타카코土井桂子(히로시마 시민운동) 선생, 간토 외기련 아소 카즈코麻生和子(일본기독교단 부인교풍회 동경부 회장) 선생 등이 중심을 이루고 활동하였다.

특히 히다 선생은 1970년대부터 고베神戸학생 · 청년센터의 관장에 봉직하면서, 무쿠게카이無窮花會, 조선역사연구회, 한국요리연구회 등을 조직하여 운영함으로서, 한국의 역사, 문화, 음식 등에 관련한 프로그램을 진행하여 고베를 중심으로 재일 한국인에 대한 이해와 인식을 넓히고, 함께 사는 길을 찾아가는 데에 앞장 서오고 있다.

고베神戸학생 · 청년센터는 1972년에서부터 1980년에 이르기까지 14회(매회 6개월 간)의 '조선사 세미나'를 개최하고 그 보고서를 출판하고 있다. 고베神戸학생 · 청년센터 출판부의 32종의 출판 목록 가운데 '전시 조선인 강제노동 조사 자료집'과 '가극의 거리에서의 또 하나의 역사 - 다카라츠카와 조선인' 등 재일 한국인 관련 서적이 21종을 점하고 있다. 올해도 '해방 후의 재일 조선인 운동'(제 5기 조선사 세미나 보고서)이 발간되었고 한국어 번역에 히다 선생도 직접 가담하여 현재 한국에 출판, 판매 중이다.

뿐만 아니라, 히다 선생은 이렇게 얻은 지식으로 징용 · 징병의 역사 歷史에 능통하게 되어 재일인선협 목사들의 '고난의 현장 방문'(제 5회 국제 심포지엄 참가자들, 그 후 광주 인선협팀, 전북 인선협팀), 그리고 2000년대의 교회 청년들(기독아카데미의 일본기행팀)과 최근에는 무주 푸른꿈고등학교 학생들의 '생명 · 평화 · 역사 기행' 등 안내를 자신이 도맡아 왔다.

그는 일본인 중심의 한국 역사 기행단을 조직하여 한국의 한 · 일 역사 유적지의 방문을 계속해 오고 있다. 5년 전 인가 전라북도 내의 동학 혁명 유적지를 방문하는 도중, 전주 한옥마을에서 하룻밤을 숙박한다는 소식을 듣고 전주의 친지들을 모아 일행에게 전주식 한식을 접대하려 했으나 극구 사양하여 저녁식사 후 차 한잔을 대접하는 것으로 아쉬움을 달랬다. 일행을 모두 대접하기엔 우리의 주머니 사정의 빈약함을 알고 있는 고려라고 여겨졌다.

올 4월에는 무쿠게카이의 방문 프로그램으로 군산을 방문할 예정이라고 한다. 그 프로그램 이전에 여수에 모시고 싶다는 제안에 겨우 자신과 또 한 회원이 여수를 방문하겠다고 하여 2박 3일의 여수 보은 기행을 할 수 있게 되었다.

개인적으로는 자전거 여행, 등산 등을 통해 명승지와 명산들을 여행하여 나 자신보다 한국에 가 볼만한 곳과 명산들을 더 잘, 그리고 더 많이 알고 있다.

그는 2014년 제 8대 '임종국상'(친일, 매국 청산에 기여한 분에게 수여하는 상)을 받았는데 그것으로 우리의 보은이 충분할 것인가?

또 기억해야 할 사람은 추부 외기련의 도이 타카코土井桂子 선생이다. 그녀는 70대 중반의 나이에도 여전히 40년이 넘도록 반핵·평화운동을 해오고 있다. 우리는 도이 선생의 안내로 히로시마 반핵·평화 공원을 방문할 때야 비로소 가해자로서 회개하는 마음에서 세워진 나가사키 원폭·평화 공원과 달리 히로시마 원폭 공원은 피해자로서 책임 전가식의 전시장임을 처음 알게 되었다.

그녀는 1987년부터 2009년까지 빠지지 않고 국제 심포지엄의 자리를 지켜 온 우등생 중 한 분이었다.

또 한 사람의 국제 심포지엄의 우등생은 간토 외기련 아소 카즈코麻生和子 선생이 기억되어야 할 것이다. 아소 선생도 1987년 1회 회의 때부터 일본기독교단 부인 교풍회(한국의 교단 여성연합회에 비견할 수 있다) 동경부 회장 자격으로서 교회 여성들의 대표로 참석하다가 2006년 12회부터는 은퇴한 야마구치 선생의 뒤를 이어 JNCC 재일외국인 인권위원장의 자격으로 참석하여 주었다.

누가 뭐라고 해도 18년의 외기협의 역사를 꾸려온 숨은 일꾼은 실무 총괄을 담당해 온 사토 노부유키佐藤信行 선생이다. 1970년대부터 재일한국인기독교단 산하 재일한국인인권문제연구소에서 간사로 일해 오다가 1990년에 배중도 장로의 뒤를 이어 소장을 맡고 있는 사토 선생은 인쇄소를 운영하면서 재일 한국인들의 인권을 위해 일생을 봉사해 온 분으로, 재일 한국인이 다 된 일본인이다. 어눌해 보일 정도의 과묵한 선생은 자신을 드러내지 않으면서도 사실상 외기협을 움직이는, 무대 뒤의 연출자라는 것을 나는 국제 심포지엄을 10여 차례 참가하면서야 비로소 알 수 있었다.

성명서 작성을 포함하여 회의의 모든 순서자 선정에 이르기까지 민주적인 절차를 밟기는 하지만 사실은 그의 각본대로 움직이고 있었다.

매번 종합 토론은 이청일 목사와 필자가 공동 사회를 맡아 진행하였지만 이미 도출되어 있는 결론들을 다시 익히고 인준하는 수준의 누구나 할 수 있는 아주 쉬운 통과의례에 불과하였다. 그럼에도 불구하고 거기에 대해 어느 누구도 반론을 하지 않았다. 왜냐하면 그는 한국인 참가자들은 말할 것도 없이 이청일 목사 등 소수의 재일 한국인들을 제외하고는 어느 누구보다도 더 재일 한국인 문제에 대해 오래도록 깊이 생각

제23회 외기협 전국협의회(2009년 1월 29일~30일 일본 사이다마현에서)에서 박수길 목사, 이청일 목사, 김경남 목사(아래로부터 두번째 줄 왼쪽에서부터)

하고 고민하며 살아온 전문가였기 때문이었을 것이다.

그는 아들을 대안학교에 입학시킨 교육 운동의 실천가이기도 했다.

1999년 무주 푸른꿈고등학교 설립 준비를 위하여 일본의 대안학교를 배우기 위해 일본 전국의 여러 학교를 방문했을 때의 일이다. 무주 산골보다 더 심심산골인 도치키켄栃木縣의 토크리츠獨立 학교를 안내해 준 사람은 바로 이 학교 2년생인 사토 선생의 장남 마사시齊史 군이었다.

그는 마치 17세 소년답지 않게 어른처럼 기숙사를 포함하여 산골 속의 이 대안학교 시설을 이곳저곳 소개하면서 나름대로 설명해줘서, 나중에 교감 선생님으로부터의 정식 학교 소개는 마치 군더더기처럼 여겨지기까지 하였다.

입시 위주, 암기 기계, 경쟁 주도의 한국의 학교 교육 아래서 허우적거리며 학과 공부 외에는 그 어떤 의사 표시도 제대로 하지 못했던, 아니 나 자신의 의사가 무엇인지도 전혀 알지 못했던 고 2 시절의 나를 마사시 군과 비교하면서 대안학교 설립에 참여할 수 있게 하신 하나님의 섭리에 감사했다. 돌아와 50년 전통의 토쿠리츠의 교육 이념과 교육 방침을 설립 중인 푸른꿈고등학교에 그대로 이식시키려고 애를 썼었다.

도이 선생은 말할 것 없고 나와 동년배의 히다 선생, 아소 선생 그리고 사토 선생들의 끈질김, 겸손함, 다름에 대한 배려, 정의감, 정확한 논리 등은 사회운동의 일원으로 인식하며 살아가고자 한 나의 롤 모델이 되어 왔다. 특히 한 가지 목적을 위해 40년 넘게 일생을 바쳐 한 가지 일에 전념해 가는 그들을 포함한 일본의 활동가들은 우리가 배워야 할 점이라는 생각이 들었다.

일본대사관 앞의 정대협 시위가 1116차에 이르렀다는 2015년 2월 4일자 어느 일간지 기사를 보고 나는 감개무량했다. 1993년 KNCC 인권위 사무국장의 일을 시작한 지 얼마 되지 않는 시기에 KNCC 여성부장인 강성혜 전도사가 나를 국제위원에 위촉한다는 정대협 실행위원회의 결정을 알려 왔다.

지금은 어쩐지 모르겠지만 그 시절, 가해자들 부류에 속하는 남성인 내가 정대협의 위원을 맡는 것은 아마도 처음이었을 것이다. 아마도 인권위 사무국장이며 일본에 대한 사정을 누구보다 잘 알 수 있을 것이라는 판단에서 내린 예외적인 인사였으리라고 여겨 영광으로 생각하면서 '내가 기여할 일이 무엇일까' 하고 마음이 설렜다. 그러나 아니나 다를까, 나는 한번도 정대협의 회의에 참석하라는 공문公文을 받아 보지 못한 채 6개월가량이 흘러 간 어느 날 정신대 수요 시위가 50회로 대성과를 달성하고 막을 내린다는 소식을 전해 들었다.

시위를 하면 수백 명은 모이는 당시의 상황에서 아직 조직이 정비되지 않아 한국교회여성연합회가 실무를 담당하던 정대협으로서는 매주 몇 명도 모이지 않는 그 시위가 버거웠을 지도 모른다.

한 사람이 피켓을 들고 몇 년도 서있는 시위 문화를 생소하게 여겼던 일본에서의 기억을 강성혜 씨에게 이야기했다. 모르면 몰라도 그렇게 하면 일본 대사도 신경을 쓰지 않을 수 없을 것이고 수요일만 가까워 오면 잠을 설칠지도 모른다는 말과 함께. 그 말을 강성혜 씨는 정대협 실행위원회에 전달하였고 그리하여 재개된 '수요 시위'가 23년 째이고, 다음 수요일로 1168차가 되니 어찌 감개무량하지 않겠는가?

방향은 같다고 하지만 5~6년 단위로 직장을 바꾸어야 했던 내가 부끄러워져 '한·일 국제심포지엄'만은 끝까지 참가한다는 다짐을 했었다.

사무국장에는 1987년부터 1999년까지 호다카 마모루穗雁 守(전 일본기독교단 한일연대위원장) 선생, 2000년부터 2015년 현재까지, 아키바 마사지秋葉正二(현 일본기독교단 한일 연대 위원장) 목사, 사토 노부유키佐藤信行(재일한국인교단 재일한국인문제연구소 소장) 선생이 사무국 주무主務를 담당하고 있다.

역대 JNCC 총간사(한국의 총무)로는 1987년부터 1994년까지 마에지마 무네토시前島宗甫(현 간사이카쿠인 대학 상임이사) 목사, 1994년에서 2004년까지 오츠 겐이치大津健一(현 아시아농촌연구원 원장) 목사, 2006년에서 2008년까지 야마모토 토시마사山本俊正(현 간사이카쿠인 대학 교수) 목사, 2009년 이이지마 마코토飯島 信(현 공립 중학교 교사) 선생 등이 참석하였다.

재일한국인기독교단 총무로서는, 1993년부터 2000년까지 강영일姜榮一 목사, 2002년부터 2008년까지 박수길朴洙吉(현 일본기독교단) 목사 등이 참가하였다.

6. 외기협의 실무 책임자들

외등법문제 대책 전국기독교 연락협의회(외기협)의 사무국장에는 1987년부터 1999년까지는 호다카 마모루穗雁 守(전 일본기독교단 한일

연대위원장) 선생, 2000년부터 2015년 현재까지는, 아키바 마사지秋葉 正二(현 일본기독교단 한·일 연대 위원장) 목사가 사무국 주무主務를 담당하고 있다.

역대 일본기독교협의회(JNCC) 대표로는 역대 총간사(한국의 총무)들인 마에지마 무네토시前島宗甫(현 간사이카쿠인 대학 상임이사. 1987년부터 1994년까지) 목사, 오츠 겐이치大津健一(현 아시아 농촌 연구원 원장. 1994년에서 2004년까지) 목사, 야마모토 토시마사山本俊正(현 간사이카쿠인 대학 교수. 2006년에서 2008년까지) 목사, 이이지마 마코토飯島 信 (현 공립 중학교 교사. 2009년) 선생 등이 국제심포지엄에 참석하였다.

재일한국인기독교단(KCC) 대표로는, 역대 총무들인 강영일姜榮一 (1993년부터 2000년까지) 목사와 박수길朴洙吉(현 일본기독교단 임직. 2002년부터 2008년까지) 목사 등이 참가하였다.

7. 재일인선협의 역대 책임자들

일본 외기협의 카운터 파트인 한국교회 재일동포 인권선교협의회(재일인선협)을 조직하여 외등법 국제 심포지움에 참가하여 재일동포의 인권문제를 위하여 노력해 온 일본 기독교인들과의 연대의 주춧돌을 놓은 분들은 대한예수교장로회(예장·통합)의 이명남李明男(당진교회 원로목사), 이정일李正日(광나루교회 원로목사), 김태규金泰圭(한빛교회 원로목사), 한국기독교장로회 하태영河泰永 목사 등 네 분의 목사님들이다.

일본 NCC 총간사 오츠 목사(왼쪽)

당시 KNCC 인권위원회 부위원장인 이명남李明男 목사는 같은 교단 소속의 이정일李正日(재일인선협 초대 회장) 목사, 김태규金泰圭(법적지 위분과 위원장) 목사 등과 함께 재일인선을 조직하고 각 지역 교회협의회 인권위원회와 한국교회 목회자 정의 · 평화협의회를 중심으로 지역 재일인선협을 조직하는데 중심적 역할을 하였다.

이상의 네 분의 목사들은 제 3회에서 14회에 이르기까지 꾸준히 외등법문제 한 · 일 국제심포지엄에 참가하여 일본 참가자들에게 격려가 되었고, 국내 각 지역의 목회자들을 재일인선협의 회원으로 추천을 하여 국제 심포지엄의 참여와 고난의 현장 방문을 통하여 재일동포의 어려운 상황을 알게 하고, 자신들이 목회하는 신도들에게도 설교와 교육 등을 통해 알게 할 수 있도록 독려하였다.

그 결과 서울, 경기, 중부, 호남, 영남 등 4개 지역 재일인선협이 결성

되어 '외등법문제 한·일 국제심포지엄'을 번갈아 개최하여 기독교인들뿐만 아니라 한국 사회 전반에 일본인들에 대한 보편적 인식이 달라져 일본인 가운데에도 선한 사람들이 많이 있음을 알게 되었고 외국인 근로자 문제(한·일 교회협의회 URM회의 등), 반핵(삼척반핵연대 등)과 평화 문제뿐만 아니라, 생활협동조합, 위안부 문제, 과거사와 교과서 문제(아시아 평화와 교육연대 등)에 이르기까지 일본 사람들과 연대하는 분위기가 형성되고 있다.

외기협은 회의 장소나 현장 방문 비용을 참가자들 개인 회비와 회원 단체의 모금으로 충당했으므로 가난한 일본 교회와 사회운동가 중심의 외기협이 회의와 숙박 장소를 수도원이나 수녀원을 이용할 수밖에 없었던 데 비해, 이와는 대조적으로 재일인권협은 매번 이명남 목사와 유능한 회장단의 섭외로 호텔 급의 회의장에서 회의와 숙박한 것과 대조되어 늘상 미안해 했다.

8. 역대 외등법문제 한·일 국제심포지엄 한국측 참가자 명단

역대 '외등법문제 한·일 국제심포지엄' 한국측 참가자 명단(괄호 안은 참가 기수)은 다음과 같다.

* 서울 지역 재일인선협 45명
강분애(기장/5), 강혜정(기장/8, 10), 고완철(기장/5, 6), 고은영(감리

교/12), 김경미(기장/8), 김광준(성공회/12), 김덕환(재일/8), 김명기(예장/11), 김미선(기장/10, 11), 김성환(기장/11), 김수진(예장/6), 김신실(기장/5~8), 김영주(감리교/13), 김은영(감리교/14), 김종수(기장/14), 김주영(감리교/14), 김진옥(예장/10), 김태규(예장/3~14), 김철현(예장/11), 김하영(예장/14), 김해성(기장/13), 류세현(예장/10), 문성순(예장/8), 문재황(감리교/9), 박광진(감리교/14), 박명림(예장/10), 박병설(기장/3), 박성자(기장/6), 박영천(감리교/10), 박정자(예장/8), 박주훈(예장/14), 서보혁(기장/5), 석준복(감리교/6), 성귀영(예장/6), 성해용(기장/8~10), 신선(예장/10~13), 신승원(예장/12), 양미강(기장/10), 연상준(감리교/10), 염혜영(예장/12), 유시경(성공회/8), 유시춘(예장/10), 유재무(예장/10), 유해근(예장/7, 8), 윤길수(기장/8~10), 윤미향(기장/9, 10), 윤재향(기장/14), 이길수(기장/6), 이두희(기장/10), 이선애(예장/10), 이완기(기장/14), 이인철(예장/8), 이정일(예장/3~14), 이정호(성공회/8, 10), 이지영(예장/14), 임광빈(예장/8), 정태준(감리교/6), 정해동(기장/12), 조재국(감리교/10, 12), 진방주(예장/10, 12), 최순육(감리교/10), 최의팔(기장/8~10, 14), 최자웅(성공회/5), 최재봉(감리교/12), 하태영(기장/3~7), 한국염(기장/12).

* **경기 지역 재일인선협 10명**
박종렬(기장/10, 12), 박천웅(예장/13), 이광일(기장/8), 이동훈(예장/10), 이석형(예장/9~11), 이충재(기장/8), 임태수(기장/8), 장창원(예장/12), 전광남(예장/14), 허원배(감리교/11~14).

* 중부 지역 재일인선협 12명

강진국(예장/12), 김영태(예장/6, 9~12), 김정웅(예장,6/8), 김창규(기장/12), 노영우(예장/4~14), 단필호(예장/8~10), 문관해(예장/6), 안병갑(예장/9~12), 조영혜(예장/13), 성명숙(예장/13), 최태순(예장/12~14), 한성수(예장/12).

* 호남 지역 재일인선협 15명

고민영(기장/6), 김대성(예장/14), 김병균(예장/12, 14), 김용성(예장/14), 김현(예장/14) 김형민(예장/14), 노정열(예장/6), 백남훈(예장/14), 오영근(예장/10), 이광민(기장/13), 이광익(예장/14), 이철우(기장/6, 8, 13, 14), 조형복(예장/12), 지철수(예장/6), 최재권(예장/6).

* 영남 지역 재일인선협 15 명

김경태(예장/10), 김상훈(기장/9, 13, 14), 김영수(기장/6, 8), 김종경(예장/10), 김창영(기장/6), 신종균(침례/6, 7), 안하원(예장/10), 원형은(예장/5, 7~14), 이승정(기장/6, 10), 이천우(예장/6), 이철규(기장/6, 10), 이풍성(기하성/6), 전재식(성공회/6), 정경호(예장/11, 12), 정영문(감리교/6).

* 한국기독교교회협의회 26명

1) 역대 총무

　권오성(기장/7, 13, 14), 김동완(감리교/3~6) 백도웅(예장/9~11).

2) 인권위원장

김정명(기하성/9, 11), 이재정(성공회/7), 유원규(기장/11~14), 이명남(예장/3회~14회).

3) 인권위원

김찬제(성공회/3), 김한승(성공회/14), 박순이(구세군/14), 윤기열(복음/6), 이민수(성공회/12), 이상진(예장/9, 10, 12, 14), 이천우(복음/14), 한의종(정교회/6), 허종현(성공회/8).

3) 사무국

김경남(기장/3~14), 김태현(예장/12), 김홍식(기장/12), 임홍기(기장/7~11), 정해선(감리교/10, 12), 황필규(예장/8, 10~14).

* 한국가톨릭 사교(司敎)회의, 정평위 11명

강영규(신도/11), 김경희(수녀/12, 13), 박경환(가톨릭/14), 박영봉(신부/12), 안희영(수녀/13), 양요순(수녀/14), 이기우(신부/11, 12), 최옥순(수녀/7), 최홍준(신도/12), 최홍목(신도/11, 14), 허윤진(신부/12).

한 · 일 연대에 동참하여 준 모든 분들께 감사한다.

9. 한 · 일, 재일교회 관련연표 〈1960년대~2010년대〉

연도	교회관계	일반역사
1960		4.19 한국에서 학생혁명, 이승만대통령 사임 10.25 제5차 한일회담 개시
1961		5.16 한국에서 군사 쿠데타. 박정희 군사정권 10.20 제6차 한일회담개시
1962	5.3~8 일본 NCC, 한국기독교협의회에 전후 최초의 친선사절단 파견	11.3 호세이(法政) 2고 살인사건(가나가와현 조선학교 고교생이 일본 고교생에 의해 살해당함)
1963	8.1~17 KCCJ 제1회 청년회 전국협의회 (전협) 개최	5~6월 조선 학교생들에 대한 폭행사건 빈발
1964		12.3 제7차 한일회담 개시, 다카스기 (高杉) 폭언
1965		6. 22 한일기본조약 재일한국인 법적 지위협정 등 조인 12. 28 문부성 차관 통달(通達), 민족 학교를 각종 학교로 받아들일 수 없음, 재일 아동들을 일본의 공립학교에 받아들여 일본인과 '같이 취급'할 것 (同化教育)을 지시
1966	1.20~21 일본 크리스챤 아카데미 주최, 제1회 한일문제협의회 개최	1.17 한일기본조약/재일한국인법적지 위협정 등 발효, 재일한국인, 법적 영주 신청 개시 12.9 일본 정부, 건국기념일을 2월 11일로 결정, 공포
1967	3.26 일본기독교단.「제2차대전 하에 있어서의 일본기독교단의 책임에 관한 고백」 6.25 일본 NCC, 소수민족문제위원회 설치	7. 28 丸正사건(冤罪사건) 피고 -이득현(李得賢) 구제 운동이 일어나다
1968	10. 11 KCCJ 선교60주년 기념식전, 표어 "그리스도를 따라 이 세상으로"	2. 20 김희로 사건 발생 2. 29 일본 정부, 오무라 수용소에서 재일 조선인 107명 한국에 강제 소환
1969	6. 6 출입국관리법안 반대 기독자국제연대회의 결성 10. 21~24 일본기독교회 제19회 대회, 야스쿠니 신사문제 특별위원회 설치	

1970	10. 12~14 KCCJ 제26회 정기총회, "사회적 책임에 관한 태도"표명	4. 10 재일한국인 히로시마원폭피폭자 위령비 제막식 10. 6 와세다생 山村政明(梁政明) 분신 자살
1971	10. 13 KCCJ 재일한국기독교회관 개관	4.20 한국중앙정보부, 학원침투 간첩 단사건"으로 서승(徐勝)-서준식(徐俊植) 형제 체포
1972	1.30 KCCJ, 출입국관리법 상정에 대한 반대성명 6. 26~28 일본NCC 재일외국인인권위원회, 일본인으로서의 재일 한국인 차별 세미나 개최 7. 6 KCCJ, 서승 군 감형 탄원 전보를 대통령 -대법원장에게 타전	4. 1 요코하마시, 가와자키시, 삿포로시 등에서 외국인에게 건강보험증을 적용. 전국에 확대됨. 7. 4 한국 · 공화국 양 정부, 남북공동성명 발표 8. 15 조총련과 민단 동경도 본부 공동 개최, 남북공동성명지지대회 9. 29 일 · 중공동성명, 대만, 일본과 단교 성명 12. 27 한국, 유신헌법 공포 12. 28 공화국, 사회주의 헌법 공포
1973	4. 16 KCCJ, 출입국관리법 반대 성명 7. 2~5 한 · 일 NCC 제1회 국제회의 12. 17~26 KCCJ 전협,「한 · 일 각료회의 반대」단식투쟁(동경)	8. 8 김대중 납치사건
1974	1. 16 한국문제기독자긴급회의 발족 2월 KCCJ, 재일한국인문제연구소(RAIK) 발족 5, 6~10 KCCJ와 JANAC(일 · 북미 선교협력회) 공동 주최, 소수자 문제와 선교전략국제협의회(교토) 5. 15 KCCJ, 대통령긴급조치 위반으로 구속되어 있는 본국의 교역자 -신도의 석방을 위해 대통령에게 탄원서 제출 10. 9~10 KCCJ 제30회 정기총회,「교토 한국학원 건설문제에 관한 요청서」를 교토 시장에게 제출 10. 30~11. 2 한 · 일 NCC 제2회 협의회 (교토)	6. 19 박종석(朴鐘碩) 히다치(日立) 취직 차별 소송에서 승소 8. 15 문세광(文世光) 사건 11. 10 민족차별과 싸우는 연락회(民 鬪連) 결성

1975	10. 24~30 한 · 일 YWCA교류 계획으로서 한국 YWCA 방문, 제1회 한 · 일 컨설테이션 11. 25 KCCJ 김철현(金哲顯) 신학생 구출위원회, 박정희 대통령에게 탄원서 제출 11월 일본 뱁티스트(浸禮敎)연맹, 한국문제특별위원회 설치	5. 12 일본에 보트 피플(인도지나 난민)이 상륙 8. 30 민투련 제1회 전국교류집회 10. 3 최창화(崔昌華) 목사, 이름을 일본어로 읽는 것은 인권침해라고 NHK를 상대로 소송 제기 11. 5 최고재판소, 김희로(金嬉老)의 상고를 기각, 무기징역 확정 11. 22 한국중앙정보부, 「학원 침투 간첩단 사건」으로 재일한국인 유학생 다수 체포 12. 1 사할린 잔류 조선인 귀환 재판 제소
1976	2월 일본기독교단 상임의원회, 한 · 일연대 특별위원회 설치 11. 22~24 한 · 일 NCC 제3회 협의회(서울)	
1977	4. 28~29 KCCJ 사회국 주최. 제1 회 재일한국인의법적지 위문제 심포지엄(교토) 5. 5~11 한 · 일 YWCA 제2회 컨 설테이션(도쿄 –히로시마 –나고야) 11. 21~24 일본 NCC와 KCCJ 공동 주최, 재일한국인의 제 권리에 관한 심포지엄 11월, 일본 뱁티스트 연맹, 「한국 기독자들에게 보내는 서한」	3. 22 최고재판소, 사법시험에 합격한 김경득(金敬得)을 한국 국적인 채 사법연수생으로의 채용을 인정 8. 13 대만인 전 일본군, 전후 보상 재판 제소
1978	1. 5~7 한 · 일NCC제4회협의회(동 경) 12. 8~11 일본NCC 교육부와 대한 기독교교육협회(KCCE), 한 · 일교회학교교사 제1회협의회를 개최	3. 30 최고재판소, 손진두(孫辰斗) –피폭자수첩재판에서 원고 승소 판결 5. 18 한국중앙정보부, 「유학생 간첩단 사건」으로 재일한국인 유학생 다수 검거.
1979	10.12~16 일본NCC교육부와 KCCE, 제2회 한 · 일교회교육협의회(동경)	6. 21 일본, 국제인권협약 비준 6. 23 일본 정부, 인도지나 난민 정주 허가 8. 29 제1회 재일한국인 교육단체 연 구 집회 9. 9 가미후쿠오카(上福岡) 중학생 임현일(林賢一), 이지메(괴롭힘)와 민족적 편견을 괴로워하며 투신 자살 10. 26 한국의 박정희 대통령, 김재규(金載圭) KCIA부장에게 살해 당함

1980	5. 19~21 KCCJ 사회부 -RAIK 공동 주최, 제2회 인권심포지움(고베) 11월 일본 뱁티스트 연맹,「김대중 씨 등의 목숨을 구하는 긴급성명」	4. 1 건설성과 대장성, 공공주택 입주 자의 국적 조항 철폐 5.18 한국에서 군사쿠데타, 비상계엄령 5.18 광주 봉기(蜂起) 9. 1 한국 대통령에 전두환 취임 9.10 한종석(韓宗碩), 동경 신주쿠 구청에서 지문 거부
1981	5. 15~20 일본NCC 교육부와 KCCE, 제3회 한 -일 기독교교육협의회(오사카) 6. 29~7. 1 KCCJ 제3회 인권심포지움(교토) 10. 11~17 한 · 일YWCA 제3회 컨설테이션(한국)	3. 2 중국 잔류 일본인의 방일(訪日) - 귀국을 시작 10. 3 일본, 난민조약을 비준(批准)
1982	1. 19~23 한 · 일NCC 인권위원회, 재일한국인 인권심포지움 개최(규슈, 히로시마, 오사카, 교토) 4월 일본NCC, 기독교아시아자료센터 개설 5. 3~5 KCCJ, KCCJ 제4회 인권심포지움(교토)	* 재일 2세의 지문 거부가 연이어 일어남 * 지문 거부 재판, 각지에서 시작됨 1, 1「입관령(入管令)」을 개정하여「출입국관리및 난민인정법」으로 시행 동일, 국민연금의 국적 조항을 철폐, 다만 경과조치를 설치 안함 6. 26 교과서 문제, 아시아로부터 비판이 고조됨 8. 20 국 · 공립대학의 외국인 교원의 임용에 관한 특별조치법 성립 10. 1 개정외등법 시행, 갱신 기간을 3년에서 5년으로, 신규 등록을 14세에서 16세로, 벌금을 3만엔 이하에서 5만엔 이하로 10. 29 법무성, 지문 거부자의 재입국 신청을 인정하지 않는다는 제재조치를 취함
1983	4. 12 KCCJ, 서남(西南)KCC를 총회기관으로 인정 7. 11~13 KCCJ 제5회 인권심포지움(오사카) 10. 12 일본기독교회 제33회 대회,「현대 일본의 상황에서의 교회와 국가에 관한 지침 (指針)」채택	4. 24 전국재일조선인교육연구협의회 결성 7. 5 교토부경(京都府警), 임의 출두에 응하지 않는 지문 거부자 -김명관(金明觀) 씨 체포 11.20 지문거부소송전국연락협의회 결성

1984	2. 8 일본기독교단과 KCCJ 선교협 약 조인 6. 8~9 일본NCC 교육부와 KCCE, 제4회 한·일기독교교육협의회(서울) 6.10 KCCJ 지문 날인 철폐 가두서명 개시 10.6~10 한·일 성공회 제1회 선교세미나(서울) 11. 6 KCCJ, 지문거부실행위원회 결성 11. 25 「외등법과 싸우는 간사이(關西)기 독교연락협의회」(關西외기련) 결성 11월 일본 뱁티스트연맹, "한국의 주인인 형제 -자매에게 -한국 프로테스탄트선 교백주년을 맞이하여" 12. 8 「외등법과 싸우는 게이시(京滋)기독 교연락협의회」(京滋외기련) 결성	4. 1 NHK, 한글 강좌 개시 9.29 지문 날인거부 예정자 회의 결성 12. 26 나가노현 교육위원회, 양홍자(梁弘子)의 교 원 채용 내정을 취소
1985	1. 15 KCCJ 지문거부도쿄결기대회, 892명 의 지문 거부 예고자 발표 2. 10~12 KCCJ, 제5회 인권심포지움(오사카) 2. 25 일본가톨릭사제단「평화의 결의」 3. 6~8 한·일NCC 제5회 협의회(도쿄) 3. 21 재일한국인기독자 외등법 개정 요구 세이난(西南) 결기대회(北九州) 3. 24 재일한국인기독자 외등법 개정 요구 간사이(關西) 결기대회(오사카) 5. 7~8 한국NCC재일한국인인권분 과위 원회와 일본NCC재일외국인인권위원회 「지문 문제」로 협의(도쿄) 5. 13 「외등법과 싸우는 간사이 기독교 대 표자회의」(關西 代表者會議) 결성 6. 11 한국NCC, 지문제도 철폐를 위한 서 명자 12만 명 서명지 일본대사관에 제출 6. 28 아시아기독교협의회(CCA), 8월 15 일까지 지문 제도가 철폐되지 않는다면 아시아 전역에서 일본 제품 불매운동을 시작한다는 성명 발표 7. 1 일본기독교단과 KCCJ, 「지문날인제도 폐지요구서명자」 8만 명 서명지 법무성 에 제출 7. 14 지문날인제도 폐지 요구 간사 이대회 11. 15~19 한·일 성공회 제2회 선교 세 미나 (오사카)	1. 1 개정국적법 시행, 부모양계 혈통주의로 5. 8 이상호(李相鎬), 지문날인 거부 로 체포. 지문 날인 거부자의 체포, 재입국불허가 -재류갱신 불허가 처분이 계속 발생 6. 5 일본, 여성차별철폐조약 비준 8. 15 나카소네 수상 등 각료, 야수 쿠니신사를 골 식 참배 9. 10 민단(民團), 지문날인 거부 -보류자가 1만 명을 돌파했다고 발표 12월 법무성, 지문 거부에 대한 보복으로서, 선교 사들의 재류 갱신을 불허하고, 「날인할 것인가, 출국할 것인가」 하고 독촉하다. 그러나 선교사 들 대부분이 날인하지 않고 「불법 잔류」의 길을 가다.

1986	1. 16 외등법의 발본적 개정을 요구하는 간토 기독교인 집회(도쿄) 1, 27~30 제6회 한·일교회협의회(오사카) 5, 24~6. 1 세계교회협의회(WCC) –CCA 지문문제조사단 내일(來日), 도쿄, 삿뽀로, 센다이, 나고야, 오사카, 고베, 오카야마, 후쿠오카 방문 5.31 「외등법의 발본적 개정을 요 구하는 간토기독교인 연락 협의회」(關東외기련) 결성 6. 5~7 일본NCC 교육부와 KCCE, 제5회 한·일기독교교육협의회(후쿠오카) 9. 22~23 KCCJ, 제7회 인권심포지움(오사카) 12. 8~12 J. 잭슨 목사 내일하여 각지를 방문, 지문거부운 동을 격려	10.17 나카소네 수상,「단일민족국가」 발언
1987	1. 11~14 한국NCC 재일한국인인권 분과위원회와 일본NCC 재일외국인인권위원회 합동협의회(도쿄) 1. 15~16 「외등법문제와 싸우는 전국기독교연락협의회」(외기협) 결성 1. 27~30 한·일NCC 제6회 협의회(오사카) 5. 5~13 일본NCC 대표단, 북한 방문 7. 19 「외등법문제와 싸우는 추우부(中部)기독교연락협의회」(中部외련) 결성 8. 22 「외등법문제와 싸우는 가나가와전국기독교연락협의회」(神奈川외기련) 결성 9. 25 「외등법문제와 싸우는 규슈 –야마쿠치기독교연락 협의회」(九州 –山口외기련) 결성 11. 23~26 한·일YWCA 컨설테이션(일본)	6. 16 교토 가정재판소, 일본 국적을 취득한 박실(朴實) 씨의 민족명으로 변경을 인정함 9. 18 일본 국회, 전사 –중도전상(重度 戰傷) 대만 재류 전 일본군 병사에 조위금(弔慰金) 지급 법제화

1988	1. 14~15 외기협, 제2회 협의회 -전국집회(도쿄) 2. 29 한국NCC,「민족의 평화와 통일에 대한 한국기독교교회선언」 5. 19~22 한·일 성공회 제3회 선 교세미나(부산) 5. 23~25 제8회 KCCJ 인권심포지 움(오사카) 6. 2~4 일본NCC 교육부와 KCCE, 제6회 한·일기독교교육협의회(한국) 7. 5 KCCJ,「민족통일에 관한 재일대한기독교회선언」발표 7. 23~8. 19 KCCJ, 재일동포법적지위 보장촉구 행진(부산, 대구, 광주, 이리, 대전, 서울) 8. 26 일본뱁티스연맹「전쟁 책임에 관한 신앙 선언」	6. 1 개정 입관법(지문 1회 날인, 등록증의 카드화) 시행, *첫 번째 날인 거부, 카드의 지문 전사(轉寫) 거부가 계속됨
1989	1. 15~17 외기협, 제3회 협의회 -전국집회(도쿄) 3. 12 일본기독교단과 KCCJ, 선교협약 체결 5주년기념 집회(교토) 5. 23~25 제8회 KCCJ 인권심포지움(오사카) 6. 1 한국NCC 인권위 -EYC -한국교회여성연합회 -KCCJ 사회국 -부인회전국연합회, 외등법 개악 반대 집회(서울) 7. 13「외등법문제와 싸우는 홋카이도기독교연락협의회 (北海道외기 런) 결성 7. 29~8. 12 KCCJ, 제1차 조선기독교도연맹(북한) 방문 9. 28~10. 5 일본NCC의 초청으로 조선기독교도연맹 방일 11. 21~25 한국NCC 재일동포인권분과위원회와 일본NCC 재일외국인인권위원회 합동협의회(서울)	1. 7 일왕 히로히토 사거(死去) 2. 2 우지시(宇治市) -우토로토지명도 소송 재판 시작 2. 24 일왕 사거에 따른 대사면. 지 문 날인 -상시 휴대 재판에 대해, 대사면에 의한 면소판결이 계속되다 10월「파친코 의혹」보도, 조선학교 학생들에 대한 괴롭힘이 증가 11. 10 베를린 장벽의 붕괴

1990	1. 14~16 외기협, 제4회 협의회 -전국집회(도쿄) 7. 2~4 재일한국인 -조선인의 법적지위에 둘러 싼 1991년 문제에 관하여 한국교회에 호소하며 「외등법문제국제심포지움」 개최(효고) 7. 4~5 한국NCC 재일한국인 인권분과위원회와 일본NCC 재일외국인인권위원회 합동협의회(오사카) 7. 8 「외등법문제와 싸우는 히로시마기독교연락협의회」(廣島北외기 련) 결성 7. 10~13 KCCJ, 제1회 조국평화통 일과 선교에 관한 기독교 도쿄회의 9. 26~30 한·일 성공회 제2회 선교세미나(서울) 10. 4~6 일본NCC 교육부와 KCCE, 제7회 한·일기독교교육협의회(센다이) 10. 17~19 일본기독교회 제40회 대 회, 인권위원회 설치. 「한국 -조선기독교회에 대하여 행해졌던 신사참배 강요에 관한 죄의 고백과 사죄」 성명	4. 30 한·일 외상 회의, 재일한국인의 법적지위를 둘러싼 「1991 년 한·일 정부 간의 재협의 문제」에 관한 중간 합의 6. 1 개정 입관법 실시, 일계(日系) 브라질인 -페루인의 취로(就勞)를 인정하다. *이 해의 외국인 등록자수는 100만 명을 돌파 8. 25~26 제1회 조선인 -중국인 강제 연행 -강제 노동을 생각하는 전국 교류 집회 9. 24~28 자민(自民) -사회 양당 대표단 북한 방문, 공동 선언 10. 3 동서독일 통일
1991	1. 13~15 외기협, 제5회 협의회 -전 국집회(도쿄) 7. 9~12 KCCJ, 제2회 조국평화통일과 선교에 관한 기독교 도쿄회의 7. 22~8. 1 KCCJ, 제2차 조선기독교도연맹 방문 10. 7~10 제2회 외등법문제 국제심포지움(서울)	1. 10 한·일 외상, 「재일한국인의 법적 지위 및 처우에 관한 각서」 1. 30~31 한·일국교정상화 교섭 제1회 회담 1. 31 전 군속 -정상근(鄭商根), 전후 보상을 요구하여 제소(提訴) 3. 8 문부성, 공립학교의 외국인 교원은 교사가 아니고 상근 강사로 한다는 통달(通達) 4. 26 출입국관리특례법(일본국과의 평화조약에 근거하여 일본국적을 이탈한 자 등의 출입국 관리에 관한 특례법) 성립, 재일한국인 -조선인의 법적 지위는 「특별영주(特別永住)」로 일체화(一體化) 9. 17 한국과 북한, UN에 동시 가입 12. 6 전 종군 위안부 등 한국의 전쟁 희생자, 도쿄 지법에 제소. * 이후, 전후배상 재판이 계소 뒤를 이음(2000년 대에 거쳐 87건에 이르다) 12. 26 소련 붕괴, 러시아 공화국이 되다

1992	1. 13~15 외기협, 제6회 협의회 -전국 집회(오사카) 3. 29 일본성공회, 성가브리엘 교회를 건설하여 이쿠노(生野)센터와 어린양 보육원 설치 6. 15~17 일본NCC 교육부와 KCCE, 제7회 한·일기독교교육협의회(한국 수안보) 6월 일본기독교단, 한국 3 교회와 선교 협약 개정 8월 한국교회재일동포인권선교협의회 「재일동포 고난 의 현장방문」 실시, 매년 각지 외기련이 안내한다 8. 26 일본 뱁티스트 동맹, 「전쟁책임에 관한 회개」 9. 13~15 KCCJ 제11회 인권심포지움 10. 20~22 KCCJ, 제3회 조국평화 통일과 선교에 관한 기독자 도쿄회의 11. 23~29 한·일 YWCA 제5회 컨설테이션(서울)	* 영주자가 외국인 등록자의 과반수에 달하다.
1993	1. 13~15 외기협, 제7회 협의회 -전국 집회(도쿄) 3. 15 일본 나사렛교단, 「제2차대전 하에서의 일본 나사렛 교단의 책임에 관한 고백」 4. 30~5. 11 KCCJ, 제3차 조선기독교도연맹 방문 8. 13~15 한·일 유스컨퍼런스 8. 13~17 한·일 성공회 제3회 선교세미나(도쿄) 8월 제2회 외등법문제 국제심포지움(도쿄) 10. 3~11. 3 외기협, 외등법 문제를 호소하는 전국 캠페인(규슈, 히로시마, 교토, 나고야, 삿뽀로, 가와사키, 도쿄) 11. 3~5 제3회 외등법문제국제심포지움(도쿄)	1. 8 개정외등법 시행, 영주자 -특별 영주자를 지문제도에서 제외 4. 5 전 「종군위안부」 송신도(宋神道), 일본 정부의 사죄와 전후 보상을 요구하여 제소 6. 18 오사카지법, 한국인이라는 것을 이유로 임대 계약을 거부한 업자에게 손해배상 명령 8월 고노(河野) 관방장관, 종군위안부문제에서 「본인의 의사에 반하여 모집되었다」는 담화 발표 9. 9 기시와다(岸和田-오사카부의 시)의회, 정주외국인(定住外國人)의 지방참여권을 요구 하는 결의

1994	1. 13~15 외기협, 제8회 협의회 -전국 집회(나고야) 2. 10 일본기독교단과 KCCJ, 협약체결 10주년기념 집회(고베) 2. 17~22 한 · 일YWCA 제6회 한 · 일 컨퍼런스(일본) 5. 31~6. 2 KCCJ, 제4회 조국평화통일과 선교에 관한 기독자 도쿄 회의 6. 20~22 일본NCC 교육부 -오키나 와기독교협의회 -KCCE, 제9회 한 · 일기독교육협의회(오키나와) 10. 17~21 일본뱁티스트동맹 사회위원회, 한국 제 교회에 대한「전쟁책임의 사죄와 화해」의 여행 실시 10. 25~29 KCCJ, 제2회 소수자 문제와 선교전략 국제회의(교토) 11. 21~24 제4회 외등법문제 국제심포지움(서울) 12. 17 일본뱁티스트연맹 히가시 구마모토(東熊本)교회 목사의「동화(同化)차별발언사건」 *확인회, 기록지(記錄誌) 작성. 서적「김(金)이 김(金)으로서」출판	4. 22 일본, 아동의 권리에 관한 조약 비준 5월 조선학교의 아동들에 대한 폭행사건이 계속 발생 7. 8 북한의 김일성 주석 사망
1995	1. 13~15 외기협, 제9회 협의회 -전국 집회(도쿄) 2, 8~12 한 · 일 YWCA 제3회 청년정기교류회(한국) 3. 28~31 WCC 주최, 한반도통일문제협의회(교토) 5. 2~4 한 · 일성공회선교세미나 합동평가회(부산) 5. 11 일본NCC,「일본의 전쟁 책임에 관한 일본기독교 협의회 성명」 8월 한 · 일 성공회 제1회 청년워크샵(한신대진재 부흥 지원) 10. 9~11 KCCJ, 제43회 정기총회,「황야의 50주년을 넘어」발표 12. 5~8 KCCJ 전협(전협) -일본NCC 청년위원회 -EYC, 한 · 일교회청년교류회(교토, 오사카, 고베)	1. 17 한신(阪神)대진재 발생. 고베시에서는 외국인 사자(死者) 수가 151명에 이르다. 외국인의 자조(自助) 조직 -지원 조직이 활동 2. 28 최고재판소「법률에 의해 영주외국인에 대한 지방자치체에의 선거권 부여는 헌법에 금지되어 있지 않다」고 판시(判示) 6. 9 일본 국회「전후 50주년 사죄결의」 8월 무라야마(촌산) 수상, 일본의 식민지 지배와 침략에 대해「통절(痛切)한 반성과 마음에서부터의 사죄(謝罪)」표명 12. 8 일본 정부, 여성을 위한 아시아 국민기금 설립 12. 15 일본, 인종차별철폐조약의 비준

1996	1. 14~16 외기협, 제10회 협의회 -전국 집회(히로시마) 2. 15~19 한 · 일YWCA 제4회 청년정기 교류회(한국) 2. 16~17 가톨릭 제1회 한 · 일사교 (司敎)간담회(도쿄) 5. 23 일본기독교부인교풍회(矯風會), 「창립100주년을 맞이하여 전쟁 -전후 책임 고백과 결의 표명」 5. 23 일본성공회 「일본성공회의 전쟁 책임에 관한 선언」 6. 5~7 KCCJ, 제5회 조국평화통일과 선교에 관한 기독자도쿄회의 6. 25~27 한 · 일NCC 여성위 위원회 제1회 교류회(와카야마) 8월 한 · 일성공회 제1회 청년문화캠프(서울) 10. 15~18 일본NCC 교육부 -KCCE, 제10회 한 · 일기독교교육협의회(서울) 10 -28-30 제4회 외등법문제국제 심포지움(다카라츠카) 11월 일본뱁티스트연맹, 「민족 차별 발언 문제에 대한 현시점에서의 우리의 회개 표명」 12. 17~19 가톨릭 제2회 한 · 일사교간담회(서울)	10. 3 가와사키시, 외국인 대표자 회의 설치 조례를 가결 11. 22 가와사키시, 정령도시(政令 都市)로서는 최초로 일반직 채용의 국적조항 철폐 12월 교과서 문제, 「새로운 역사 교과서를 만드는 모임」 발족
1997	1. 13~15 외기협, 제11회 협의회 -전국 집회(도쿄) 2. 20~24 한 · 일 YWCA 제4회 청년정기 교류회(서울) 6. 10~13 한 · 일NCC 여성위 위원회 제2회 교류회(경주) 8월 한 · 일성공회 제3회 청년교류캠프(히로시마 -간사이) 10. 20 일본기독교회와 KCCJ, 선교 협약 10. 27~29 제5회 외등법문제국제심포지움(부산) 11. 11~13 가톨릭 제3회 한 · 일사교간담회(도쿄)	2월 중국 밀항선 계속 발생 5. 8 일본 국회, 아이누 신법 제정

1998	1. 13~15 외기협, 제12회 협의회 –전국 집회(교토) 1. 13 외기협, 「외국인 기본법(안) 작성」 4. 1 일본기독교회와 KCCJ, 제1회 선교협력위원회(오사카) 4. 21~29 일본NCC 교육부 –KCCE, 제11회 한·일기독교교육협의회(오사카) 7. 29~21 KCCJ, 제12회 인권심포 지움 8월 한·일 성공회 제4회 청년캠프(서울–남양주) 9. 15 외기협, 외국인주민기본법을 요구하는 전국 집회(오사카) 10. 8~10 KCCJ, 제6회 조국평화통일과 선교에 관한 기독자 오사카 회의 10. 26~28 일본기독교단과 KCCJ, 제1회 선교협의회(하코네) 11. 10~13 가톨릭 제4회 한·일 사교간담회(서울) 11. 23 일본기독교회와 KCCJ, 선교협약체결 1주년기념대회(니시노미야)	10. 6 민주당과 공명당, 영주 외국인의 지방선거권 부여 법안을 중의원에 제출, 그러나 이후 폐기-재제출-폐기를 반복하면서 아직도 실현하지 못함
1999	1. 13~15 외기협, 제13회 협의회 –전국 집회(도쿄) 6. 2~4 제7회 외등법문제국제심포지움(히노) 8월 한·일성공회 제5회 청년캠프(오키나와) 9. 23~25 가톨릭 제5회 한·일사 교교류회(도쿄) 10. 4~7 한·재, 일·일NCC 여성위 위원회 제3회 연대–교류회의(하코네) 10. 19~21 KCCJ, 제45회 정기총회 「재일대한기독교회의 사회적 책임에 관한 태도 표명」 발표	8. 13 지문날인 전폐를 포함한 개정외등법, 개정입관법 성립 10. 12 시즈오카 지방법원 하마마 츠 지원(支院), 외국인 거절은 인권차별로서, 상점 측에 보상 명령

2000	1. 13~15 외기협, 제14회 협의회 -전국 집 회(삿뽀로) * 각지 외기련과 각 교파 -단체, 「외국인 주 민 기본법의 제정을 요구하는 전국 캠페 인」을 전개, 이후 매년 행함 2. 28~3. 1 한 · 일성공회 협동위원회 합동 협의회(서울) 4. 14 일본뱁티스트연맹 한국문제특별위원 회 -선교연구소, 성명 「이시하라 신타로 (石原愼太郞) 도쿄도 지사의 폭언에 항의 하고, 철회와 사죄와 사직을 요구합니다」 7. 30~8. 4 외기협과 일본NCC 청년위원 회, 한 · 일의 역사와 현재에서 만나는 에 큐메니칼 청년의 여행 8월 한 · 일성공회 제6회 청년교류프로그 램(서울 -강화도) 9. 1 일본기독교단과 KCCJ, 「도쿄도 방재 훈련에 이름을 빌린 치안출동훈련에 반 대하는 공동성명」 10. 24 일본기독교단과 KCCJ, 선교협약체 결 제3주년 기념 집회(도쿄) 10. 30~11. 1 제7회 외등법문제국제심포 지움(아산) 11. 17~9. 9 가톨릭 제6회 한 · 일사교교류회(부산) 11월 일본뱁티스트연맹, 한국문제특별위 원회의 명칭을 「한일 · 재일연대특별위원 회」로 변경 12. 12~15 KCCJ, 제6회 조국평화통일과 선교에 관한 기독자 후쿠오카 회의	4. 1 외등법의 지문제도 전폐 4. 9 이시하라 도쿄도 지사, 육상자위대 기념식전 에서 樓국인, 외국인이 흉악한 범죄를 반복하고 있고, 커다란 재해에서는 소요사건마저 상정(想 定)된다"고 발언 6. 13~15 평양에서 남북 수뇌회담 12. 7~12 여성전범국제법정

2001	1. 13~15 외기협, 제15회 협의회 -전국 집회(요코하마) 2. 11~13 KCCJ, 제13회 인권심포지움(교토) 2. 23~25 한 · 일YWCA 청년정기교류(일본) 8. 10 KCCJ, 「고이즈미(小泉) 수상의 야수쿠니신사 참배 반대 요청서」 제출 8월 한 · 일 성공회 제7회 청년교류프로그램(요코하마, 가와사키 -도쿄) 10. 31~11. 9 한 · 재, 일 · 일NCC 여성위위원회 제4회 연대 -교류회의(강원도) 11. 5~7 일본NCC 교육부 -KCCE, 제12회 한 -일기독교교육협의회(서울) 11. 13~13 가톨릭 제7회 한 · 일사교교류회(히로시마)	4. 26 고이즈미(小泉) 내각 성립, 야스쿠니 참배를 공언(公言) 9. 8 남아프리카의 다-방에서 U.N. 주최의 「인종차별 반대세계회의」 선언 9. 11 뉴욕에서 동시다발 데모
2002	1. 17~19 외기협, 제16회 협의회 -전국 집회(기타규슈) * 각지의 교회에 호소하여 「외국인 주민 기본법의 개정을 요구하는 국회청원 서명」을 시작하다 2. 22~24 한 · 일YWCA 청년교류프로그램(한국) 5. 15~25 KCCJ, 제4차 조선기독교도연맹 방문 7. 8~13 일본뱁티스트연맹, 한일 · 재일연대특별위원회 「역사를 만나, 함께 선교를 담당」하는 한국 방문 기행(紀行) 7. 22~24 KCCJ, 제8회 조국평화와통일과 선교에 관한 기독자 도쿄 회의 8월 한 · 일 성공회 제7회 청년교류프로그램(서울) 10. 21~24 제9회 외등법문제국제심포지움(치쿠호) 11. 4 일본기독교회와 KCCJ, 선교협약 체결 5주년기념대회(오사카) 11. 12~14 가톨릭 제8회 한 · 일사교교류회(수원)	1. 18 시가현 미하라정, 영주 외국인에게 주민투표를 위한 투표 자격을 부여하는 조례를 제정 5. 31 한 · 일공동개최로 월드컵 개시 9. 17 고이즈미 수상, 북한 방문, 김정일 총서기 「일본인 납치를 인정하다」 일 · 북 평양선언 * 조선학교 학생들에 대한 협박이나 이지메가 계속됨

2003	1. 16 외기협, 「외국인주민기본법의 제정을 요구하는 청원 서명」을 국회 에 제출, 이후 매년 행함 1. 16~18 외기협, 제17회 협의회 –전국 집회(도쿄) 8월 한 · 일성공회 제9회 청년교류프로그램(호카이도) 10. 20~24 제10회 외등법문제국제심포지움(설악산) 11. 11~24 가톨릭 제9회 한 · 일사교교류회(나가사키) 11. 26~12. 1 한 · 재, 일 · 일NCC 여성위 위원회 제5회 연대 –교류회의(오키나와)	3. 20 미 · 영군, 이라크에 대한 군사 공격 10. 17 법무성, 도쿄도와 경시청과 함께 「수도 도쿄에서의 불법체재 외국인 대책의 강화에 관한 공동선언」을 발표
2004	1. 22~24 외기협, 제18회 협의회 –전국 집회(오사카) 2. 5~24 일본뱁티스트연맹, 제1회 한 · 일 침례교청년교류회 2. 8 일본기독교단과 KCCJ, 협약체결 20주년기념집회(도쿄) 4. 25 일본기독교회와 KCCJ, 선교협약체결 7주년기념대회(도쿄) 8월 한 · 일 성공회 제9회 청년교류프로그램(전주) 10. 17~21 WCC –CCA 주최, 도산소(東山莊) 프로세스 20주년기념협의회(東山莊) 10. 18~21 한 · 일 성공회 선교협동20주년기념협의회(후쿠오카) 11. 16~18 가톨릭 제9회 한 · 일사교교류회(제주) 12. 6~8 한 · 일NCC 제8회 협의회(도쿄)	1. 5 미국, 입국하는 외국인에 대한 지문체취와 얼굴 사진 촬영(US=VISIT)을 개시 2. 16 법무성입국관리국, 홈페이지상에 「불법체재자 등의 외국인 정보」의 접수를 시작하다 5. 27 개정입관법 성립, 초과 체재자에 대한 벌칙 강화와 난민인정제도의 재검토 10. 7 일변연(日弁連) 인권옹호대회, 「외국인의 인권기본법」 시안(試案)을 공표

2005	1. 27~29 외기협, 제19회 협의회 – 전국 집회(도쿄) 6. 29~22 제11회 외등법문제국제심포지움(유바리) 8. 4~5 일본뱁티스연맹, 제1회 소년소녀 – 이웃과 만나는 여행 11. 1~4 한 · 재, 일 · 일NCC 여성위 위원회 제5회 연대 –교류회의(천안) 11. 15~17 가톨릭 제11회 한 –일사교교류회(오키나와) 11. 18~21 한 · 일YWCA청년 교류프로그램(교토)	1. 26 최고재판소, 도청 임용 재판에서, 원고 정향균(鄭香均) 씨의 소(訴)를 각하(却下) 3. 29 법무성,「제3차 출입국 기본계획」
2006	1. 19~21 외기협, 제20회 협의회 –전국 집회(히로시마) 3. 22~23 일본기독교단과 KCCJ, 선교협력위원회(야마나시) 3. 31 일본기독교단과 KCCJ,「입관법개정안에 반대하는 공동성명」발표 4. 25 재일본 한국YMCA 창립100주년기념식 8. 11~16 한 · 일 성공회 제1회 청년세미나(도쿄) 10. 10~12 제12회 외등법문제국제심포지움(충북) 11. 14~16 가톨릭 제12회 한 · 일사교교류회(대구) 11. 22~24 일본NCC 교육부 –KCCE 제13회 한 · 일기독교교육협의회(도쿄)	5. 17 외국인 지문을 부활시키는 입관법 개정 시안 성립 5. 31 한국의 통일지방선거에서 영주외국인이 한 표를 던지다. 아시아 최초 12. 22 개정교육기본법 공표

2007	1. 11~12 외기협, 제21회 협의회 −전국 집회(도쿄) 2. 8~12 일본뱁티스트연맹 제1회 한·일 침례교청년교류기행(紀行) 7. 23~24 일본독교단과 KCCJ, 제2회 선교협의회(오사카) 8. 9~14 한−일 성공회 제2회 청년세미나(서울) 10. 28 일본기독교회와 KCCJ, 선교협약체결 10주년기념대회(후쿠오카) 11. 13~15 가톨릭 제13회 한·일사교교류회(삿뽀로) 11. 26~29 한·재, 일·일NCC 여성위 위원회 제5회 연대 −교류회의(야마나카고)	11. 1 일본에 입구−재입국하는 외국인의 생체정보(지문− 얼굴사진) 제공의무제도 시작되다
2008	1. 17~19 외기협, 제22회 협의회 −전국 집회(기타규슈) 4. 20~22 KCCJ, 제14회 인권심포지움(교토) 6. 30~7. 2 제13회 외등법문제국제심포지움(이누야마) 7. 31~8. 7 외기협, 제1회 다문화 −다민족 공생 기독교자청년현장연수프로그램(기타규슈/한국) 8. 20~23 한·일 성공회 제3회 청년세미나(오키나와) 10. 13 KCCJ 선교100주년기념대회(오사카) 10. 31~11. 4 한·일 유스컨퍼런스(한국) 11. 11~13 가톨릭 제14회 한·일사교교류회(마산)	

2009	1. 29 외기협 제23회 협의회 -전국 집회 (사이타마) 2. 5~9 일본뱁티스트연맹 제3회 한 · 일 침례교청년교류기행(紀行) 5. 13 가톨릭 -프로테스탄트 12교파 -단 체 대표자 연명(連名)에 의한 「입관법개 정안에 반대하는 기독교회 공동 성명」 6. 22~26 제13회 외등법문제국제심포지 움(강진) 7. 28~8. 4 외기협, 제2회 다문화 - 다민족 공생 기독교자청년현장연수프로그램 7. 30~8. 3 일본뱁티스연맹 제3회 소년소 녀 -이웃과 만나는 여행 8. 13~18 한 · 일 성공회 제3회 청년세미 나(강원도 화천, 서울) 10. 14~16 일본기독교회 제59회대회, 대 한예수교장로회(통합), 한국기독교장로 회와 선교 협약 11. 3 일본기독교회와 KCCJ, 선교협약체 결 12주년기념대회(삿뽀로) 11. 17~19 가톨릭 제15회 한 · 일사교교 류회(오사카) 11. 21 일본YWCA, 「아시아 태평양전쟁의 사죄와 미래를 향한 결의 성명문」	7. 15 외등법 폐지, 입관법 -입관 특례법 -주민기 본법(개정 법) 공표(실시는 2012년)
2010	1. 28~31 외기협, 제24회 협의회 -전국 집 회(오사카)	8. 22「한 · 일합병」100주년

Ⅱ. 인도 달릿 선교

주께서는 또 다시 우리에게 보은報恩의 기회를 주셨다.

한국기독교사회문제연구원(기사연) 원장으로서의 일을 시작하여 1년여 쯤 지난 2006년 3월 어느 날, 필자는 아시아기독교사회문제연구단체협의회(Association of Christian Institutes for Social Concern in Asia: ACISCA) 총회 초청장을 받았다. 명칭 그대로 아시아 지역의 사회문제를 연구하는 연구단체의 협의체로서 매년 총회를 개최하는데, 그 당시의 사무총장은 인도인, 펠릭스 목사Rev. Dr. Felix N. Sugirtharaj 이었는데 회의 장소는 그의 나라인 인도 첸나이(구 마드라스) 비벌리 호텔이었다.

그 해의 주제는 2004년 12월에 발생한 인도양 연안의 해일지진(쓰나미) 피해 복구를 위한 지원금 사용에 관한 비판적 검토였다. 우리나라를 위시한 세계 각국의 상당한 액수의 지원금이 정부와 교회 등 사회단체를 통해 피해자들에게 분배 되었는데, 특히 인도에서는 교회 등 사회단체를 통한 분배는 30%에 미치지 못하고, 더욱이 정부는 총액의 10% 밖에 기층 민중에게 분배되지 않았다는 것이다. 이러한 사실을 그 어떤 곳에서도 문제를 삼지 않고 있는 현실에서 ACISCA의 회원 단체를 통해 아시아 각 지원국들에게 이 사실을 알리어 국제적인 압력을 통해 이 문제를 시정是正하게 하고자 한 것이 사무총장인 펠릭스 목사Rev. Dr. Felix 의 의도였다.

한국의 기사연을 포함하여, 일본, 필리핀, 태국, 홍콩, 대만, 인도 등 아시아 여러 나라의 기독교 연구원 대표 30여명이 참가를 하였다.

1박 2일의 연구회를 마치고 인도 참가자를 제외하고, 필자를 포함하여 아시아 각국에서 참석한 10여명의 참가자들은 1박 2일의 뱅골만 연안의 츠나미 피해지역의 어촌漁村들을 순방巡訪하는 현장방문과 한 나절 정도 첸나이 시내의 첸나이 박물관과 성도마기념교회St. Thomas Church 등의 탐방도 있었다.

이 일정의 안내는 펠릭스 목사가 원장으로 있는 첸나이 빈민센터의 두 연구원이 수고해 주었다. 그 중 통역을 맡은 알렉산더라고 하는 달릿 젊은이는 보통 인도사람들의 영어와는 다른 수려한 옥스퍼드 영어를 구사하는 스마트하고 친절한 영국신사와 같은 젊은이였다. 그와의 대화를 통해 나는 그가 신학대학에서 달릿 신학을 전공한 신학석사요, 정식 목사라는 것을 알게 되었다.

나중에 알게 되었지만 고등학교까지 의무교육이 실시되고 있는 인도에서는 옛날과 달리 불가촉천민인 달릿 사람들의 사회적 신분이 어느 정도 향상되어 법적으로는 고등학교까지 교육을 받을 수 있다고 한다. 그러나 실질적으로는 교통비나 학용품, 교과서 구입 등에 소요所要 되는 경제적 문제 때문에 초등학교를 마치는 것이 일반적인 상황이라고 한다. 그렇기 때문에 대학을 졸업하는 것은 극히 예외적인 것이며 대학원을 마친다는 것은 말할 것도 없이 극히 드문 경우란다.

현장방문 동안에 덤으로 참석한 첸나이 시내의 한 기독교(달릿) 가정의 결혼식에서 순서지를 보니 신랑 xx 대학 신학석사, 신부 oo 대학 문학사라는 소개의 문구가 있었다. 모든 인도인들의 관습인지 달릿사람들만의 특유한 관습인지는 몰라도, 학력을 자랑하고 싶어 하는 것은 우리나라보다 더 노골적이라는 점을 알게 되어 흥미롭게 느꼈는데, 그런 이유를 어느 정도 알게 되었다.

그런 연유인지 몰라도 현장 방문 시 내내, 펠릭스 목사는 물론, 알렉산더 목사와 또 다른 연구원 제임스 씨는 필자가 박사가 아니라고 해도 굳이 "김 박사, 김 박사" 하고 불렀다.

아무튼 알렉산더 목사는 마지막 날 나와의 대화 끝에,

"닥터 킴, 부탁을 하나 해도 될까요?"

"무슨 일인데요?"

"김 박사님, 제가 민중신학을 공부하고 싶은데 제가 유학 할 수 있게 한국에 초청해 줄 수 있겠습니까?"

이 말을 들은 나는 순간적으로, 그렇게 그의 친절 뒤에 그런 꿍꿍이 속이 있었다는 말인가 하는 생각이 들어 갑자기 뜨악해졌다.

미묘한 감정을 억누르고 나는 한국에 유학을 해야 하는 이유를 물어보았다.

그는 자기의 아버지는 장로인데 교회를 네 군데나 개척한 평신도 목회자라고 설명하였다. 그러나 옆에서 목사도 아니고 학위도 없는 아버지의 한계를 보면서 아버지의 한계를 뛰어 넘어 펠릭스 목사처럼 보다 폭넓은 달릿 선교를 하기 위해서는 인도 사회뿐만 아니라 달릿교회적으로 인정받을 수 있는 박사학위가 있어야 하는데, 기왕이면 이미 공부한 달릿 신학과 민중신학과의 비교 연구로 박사가 되었으면 한다는 것이었다.

사실 달릿 출신인 펠릭스 목사는 3대 목사로서 미국 유니언신학교에서 박사학위를 받은 엘리트이지만 대학 교수는 물론 첸나이의 큰 교회나 교단의 고위 직책을 마다하고 농어촌빈민 선교에 일생을 바쳐 수십 개의 미자립 인도 농촌 달릿교회와 농어촌 빈민들을 지원하는 일에 전력하여 오고, 인도 교회(달릿교회)에서 널리 존경받는 인도의 박형규 목

김정명 목사의 강의에 집중하는 달릿 농촌교회 회원 목사들

사와 같은 훌륭한 분이었다.

알렉산더 목사의 설명을 들은 후, 필자는 농촌 달릿교회를 위해 펠릭스 목사처럼 일 해보겠다는 그를 위해 할 수 있는 일이 무엇일까 곰곰이 생각하게 되었다.

1990년대 후반 KNCC 인권위원회 재직 시절, 소관부서所管部署는 아니지만 '한 · 비 교회 협의회'(한국NCC와 필리핀 NCC 간에 상호협력을 위해 3년에 한 번 씩 개최된 정기협의회로 국제국이 담당했다.)에 참관參觀한 적이 있었다.

양국 간의 선교사문제를 논의하자는 필리핀 NCC 대표의 제안이 있을 때, 한국교회가 필리핀에 더 많은 선교사를 파송해달라는 요청을 하려는 것일 것이라고 생각한 것은 필자만의 생각은 아니었을 것이다.

그러나 필리핀 교회 대표들의 요청은 전혀 예상을 벗어난 것이었다. 인구의 93%가 기독교인(신 · 구교 포함)인 필리핀에 너무 많은 선교사를 파송하여 공격적이고 경쟁적인 선교를 하고 있는 한국교회에 대해 KNCC가 지도력을 발휘하여 선교사 파송을 자제自制하도록 지도指導해 달라는 것이었다. KNCC뿐만 아니라, 소속 교단 본부도 지도할 수 없는 대형교회의 무분별한 자가 영역 넓히기식 선교방식을 어떻게 할 수 없는 부끄러운 현실을 고백할 수도 없이 우리 대표들은 묵묵부답默默不答일 수밖에 없었다.

필자는 그 때에, 당시 세계에서 두 번째로 많은 선교사를 파견하고 있다고 자랑하고 있는 한국교회가 피선교국에 자기 교회의 지교회를 설립하여 자기 교회의 선교사를 파견하여 물량공세物量攻勢를 통하여 기존의 신자들을 쟁탈爭奪함으로써 피선교국의 교회들과 분쟁을 일으키는 선교 방식은 지양止揚하고, 피선교국 교회의 지도력의 양성과 피선교국 교회가 자국어로 자국민에게 하나님의 복음을 전파하는 것을 지원하는 네비우스 선교방식을 실천해야 할 때라고 생각되었다.

그래서 다음 날, 공항까지 배웅 나온 그에게 나는,

"미안합니다. 나는 알렉산더 목사를 초청할 힘은 없습니다. 그러나 알렉산더 목사님의 아버님이신 장로님이 개척한 교회들과 같은 미자립 달릿교회를 지원할 수 있는 교회들은 찾아보겠습니다."라고 약속을 했다.

미자립 달릿교회의 목사 사례비를 포함한 운영비로 추정되는 월 10만 원 정도의 지원을 할 교회는 찾아 볼 수 있겠다는 생각이 들었던 것이다.

귀국한 나는 이런 취지에 동의하는 몇 몇 목사들을 중심으로 달릿교회의 상황을 배우기 위한 '인도 달릿 농촌 교회 방문단'을 조직하였다.

1. 한국 · 달릿교회 동역선교회

(1) 제 1차 달릿교회 선교 방문

그 결과 이명남 목사(예장, 당진교회), 이석형 목사(예장, 구리교회), 이상진 목사(예장, 황지중앙교회), 최태순 목사(예장, 대천중앙교회), 김지석 목사(기하성, 여수은혜교회, 김정명 목사 대리) 등 KNCC 인권위원회와 한국교회재일동포인권선교협의회에서 활동했던 목사들과 이영재 목사(기장, 전주화평교회), 김경남 목사(기장, 한국기독교사회문제연구원) 등 7명이 2006년 11월에 10일간의 '제 1차 달릿 선교 방문'을 하기에 이르렀다.

제 1차 달릿교회 선교방문을 마치고 돌아 온 목회자들은 한국 · 달릿 동역선교회(이하 '달릿선교회')를 조직하여 회장에 김정명 목사, 사무총장에 김경남 목사를 선임하고 우선, 선교정책에 있어 직접 선교사들을 파송하는 것에 의존해 왔던 기존의 선교 방법을 바꾸어 현지인과 지역에 맞는 선교 전략들을 세워야 하는 필요성들이 많이 제기되고 있음을 확인했다.

선교방법론으로는 다음과 같다.

1) '교인 만들기' 선교 방식에서 '하나님 나라의 확장'선교 방식(나눔과 섬김의 공동체를 만들어 하나님의 의를 이루어 스스로 하나님의 백성이 되도록 하기)으로 전환되어야 한다.

2) 무조건적인 선교사 파송의 방식에서 원주민 선교 사역자 지원 방식으로의 전환이 이루어져야 한다.

위 내용을 토대로 '새로운 아시아 선교 제안서'(하기 첨부 1을 참조)를 기사연 통신란에 올려 회원을 모집하고, 2007년 1월부터 농촌 달릿교회 지원 활동을 시작하였다.

당시 한국 · 달릿 동역자선교회의 현황은 다음과 같았다.

1) 서울 동광교회(예장 합동, 김희태 목사): ① Enadimelpakkam 달릿교회(Rev, M.P. Kumar) ② Alagiripettai 달릿교회(Pastor Karunaikannan)

2) 구리 밀알 교회(예장 통합, 이석형 목사): Periyavedu 달릿교회(Rev. K. Muthuchristian)

3) 여수 은현교회(기하성, 김정명 목사): ① Eguvarpalayam 달릿교회(Rev. N.Mani) ② Cherivi 달릿교회(Rev. Rajaiah)

4) 당진교회(예장 통합, 이명남 목사): Iyyapalayam 달릿교회(Pastor Ravi)

5) 서울 열림교회(기장 나핵집 목사): ① Mallavapalayam 달릿교회(Rev. N. Yesuraj) ② Anandheri 달릿교회(Pastor S. Thomas)

6) 대구 평화교회(예장통합, 김락현 목사): ① Palavakkam 달릿교회(Rev. Moorthi) ② Sunnambukulom 달릿교회(Rev. M.C. Paul)

7) 조문희 집사(기장, 미술학원 원장): Ambakkam 달릿교회(Pastor Robert)

8) 대천 중앙교회(예장 통합, 최태순 목사): Arani 달릿교회(Pastor D. Selvam)

9) 광주 신흥교회(기장, 임명진 목사): Ramachandrapuram 달릿교회(Pastor. Devanesan)

10) 광주 나눔과 섬김교회(예장 통합, 조인선 목사): ① Pudhupettai 달릿교회(Pastor Paul Daniel) ② Agraharam 달릿교회(Rev. Devan)

11) 황지 중앙교회(예장 통합, 이상진 목사): Edapalayam(Pastor A. Johnson Babu)

이상 10개 한국교회와 평신도 1인(조문희 미술학원장)이 16개의 달

대천 중앙교회(예장 통합, 최태순 목사)의 자매교회 Arani 달릿교회(D. Selvam 목사)

릿교회를 지원하였고, 서울 동광교회가 양측 사무국의 재정(달릿 측 대표와 간사의 사례비 포함)을 담당해 주었다(총 18인의 달릿 목회자의 사례비와 16개 교회의 재정 후원).

달릿 회원 교회 목회자들은 매월 1회씩 목회 서신(주일 설교, 심방, 세례 등 한 달 동안의 목회 현황)을 타밀어로 작성하여, 알렉산더 목사가 영어로 번역하여 한국에 발송하면, 김경남 목사가 영어를 한글로 번역하여 한국의 자매 교회들에게 발송하였다.

그 후 한국측은 두 차례의 달릿 형제 교회 선교 방문을 실시하였다.

(2) 제 2차 달릿교회 선교 방문

2007년 1월에 조인선 목사가 제 2차 달릿교회 선교방문을 실시하였다.

(3) 제 3차 달릿교회 선교 방문

2008년 2월에 달릿 선교회 한국 대표 김정명 목사와 사무총장 김경남 목사에 의해 제 3차 달릿교회 방문이 이루어졌다.

2. 한국 · 달릿교회 동역선교회 제 1차 선교 평가
(자세한 내용은 아래의 첨부-3을 참조)

한국 · 달릿교회 동역선교회 인도측 대표 펠릭스 목사는, 본 선교회의 결성 후 3년 째 되는 해를 맞이하여, 동 선교회의 성과를 평가하였다. 그는 평가자로서는 남인도 교회 마드라스(첸나이의 옛 이름) 교구 폴 윌리

자기 소개하는 달릿 목회자들

엄 목사와 사무엘 제이콥 목사를 선정하였다. 두 목사는 2달 여에 걸쳐 평가를 실시하여 2010년 10월 10일에 다음과 같은 평가를 하였다.

1) 매월 하루 종일의 적절한 신학 교육과 사회 분석 기회가 목회자들에게 부여 되었으면 한다.

2) 효과적인 목회와 가난한 자들에 대한 봉사를 위해 목회자들에게 약간의 사례비 인상이 있었으면 한다.

3) 목회자들의 자녀들과 신도들 가운데 가난한 아동들에 대한 교육비 지원이 있었으면 한다.

4) KDSCF-K(한국측)가 건축한 세 교회를 제외하고, 다른 교회들은 낡거나 부서진 곳이 많아, 지원을 받아 신축을 하거나 수리를 하여야 한다. KDSCF-K 회원 교회들이 교회들을 신축해 주시거나 수

아동기숙학교(암바캄 자활센터 내)의 아동들

리해 주실 것이 간절히 요청된다.

5) 사례비를 제외하고, 앞의 두 가지 중요한 이유(교육비와 주택비)에서 한국의 회원 교회들로부터 약간의 수당이 주어졌으면 한다.

이와 같은 한국·달릿교회 동역선교회 인도측 회원 교회 평가를 끝낸 후인 2010년 12월에, 인도측 대표 펠릭스 목사는 정년퇴임을 하고 알렉산더 목사를 신임 대표로 천거하였다. 한국기독교사회문제연구원 원장직을 그만두고 귀농歸農한 한국측 사무총장인 필자도 사임辭任하였다.

우리는 한국·달릿교회 동역선교회의 양측 회원 교회들과 목회자들이 계셔서 행복했었다.

우리 주님도 이분들에게 잘했다 칭찬해 주시기를 기도한다.

상기의 평가에 따른 향후 한국·달릿교회 동역선교회 한국측 회원 교회에게 남겨진 숙제를 포함하여 보다 발전된 달릿 선교 활동은 신임 사무총장에 선임된 이영재 목사에게 남겨지게 되었다.

후임 사무총장 이영재 목사를 포함하여 인도 등 아시아·아프리카 지역에서 새로운 선교를 시도해 보실 분들을 위해, '새로운 아시아 선교 제안서'(2006년 11월), '달릿교회와의 자매결연 상황(2009년 8월 10일 현재)', '한국·달릿교회 동역선교회(KDSCFI) 인도 측 회원 교회 평가서'를 첨부한다. 혹시라도 이것들이 그분들에게 조금이라도 참조가 된다면 더욱 행복하겠다.

3. 첨부

<u>첨부(1) 새로운 아시아 선교 제안서(2006년 11월)</u>

한국교회는 선교 100년 만에 놀라운 성장을 이룩하였고, 세계에서 미국 다음으로 해외에 선교사들을 많이 파송하는 나라가 되었습니다. 현재 한국에서 해외에 파송된 선교사들은 1만 4천여 명으로 해마다 선교사들이 늘어가고 있는 추세입니다.

그러나 이제 한국 개신교는 선교정책에 있어 직접 선교사들을 파송하는 것에 의존해 왔던 기존의 선교 방법을 바꾸어 현지민과 지역에 맞는 선교전략들을 세워야 하는 필요성들이 많이 제기되고 있습니다.

선교 초기, 한국에 복음을 들고 왔던 선교사들이 이 땅에 선교 지도력들을 세우고, 한국교회가 스스로 자립하고 교회부흥을 주도해 갈 수 있도록 도왔듯이, 이제 한국교회도 우리들이 선교대상으로 삼고 있는 많은 아시아권 나라들의 교회들이 스스로 사역자들을 세우고, 스스로 하나님의 교회를 세워 나갈 수 있도록 돕는 일들이 필요할 때입니다.

1) '교인 만들기' 선교 방식에서 '하나님 나라의 확장'선교방식(나눔과 섬김의 공동체를 만들어 하나님의 의를 이루어 스스로 하나님의 백성이 되도록 하기)으로 전환되어야 합니다.

교인 만들기 식의 선교방식은 이미 선교현장에서 그 힘을 잃어가고 있다는 것은 많은 선교사들과 선교 단체들의 일치된 평가입니다.

선교지에 자기교회의 이름을 걸고, 자기교회의 지교회를 세우겠다는 식의 선교는 더 이상 하나님이 원하시는 선교가 아닙니다. 이제 한국교회는 기독교라는 이름만 걸고 있는 하나의 종교로서가 아니라 하나님 나라의 확장을 위하여 우리의 선교지역에 대한 철저한 섬김의 자세를 회복해야 합니다.

하나님은 온 열방 민족이 모두 그분의 사랑하시는 백성으로 잘 살기를 원하시고 계십니다. 한국 교회는 이러한 하나님의 백성과 민족이나 국가 공동체의 복지와 정의를 위해 기여함으로써 그 일을 이룰 수 있다고 봅니다. 선교는 하나님의 백성들이 인간답게 살 수 있는 공동체를 만들어 하나님의 사랑과 의가 세워지는 것을 몸소 체험함으로써 스스로 기독교인이 되게 하는 것입니다.

2) 무조건적인 선교사 파송의 방식에서 원주민 선교사역자 지원방식으로의 전환이 이루어져야 합니다.

① 비용의 문제

그동안 선교사 한사람을 파송하여 선교활동이 원활할 수 있게 되기까지는 년 2,000~3,000만원의 선교비가 들어야 하며, 그 외에 부대 비용들을 합하면 그보다 더 많은 선교비가 들어갈 때도 있었습니다. 그만한 재정으로 이제는 한국인 선교사를 직접 파송하여 일하는 것보다는 선교지역의 원주민들의 사역자들을 세우고 돕는 일에 더욱 헌신해야 합니다.

그동안 수고해 온 한국 선교사들의 피나는 헌신 위에 이제는 그 지역 원주민들이 직접 사역자로 서야 할 때입니다.

한 사람의 한국인 선교사의 1년 사례비를 가지면 아시아 거의 모든 나라의 원주민 선교사역자 20명~30명을 지원할 수 있습니다.

② 언어의 문제

선교에 지장을 주지 않을 정도로 한국인 선교사가 현지어를 습득하는 것은 매우 어렵습니다. 또한 언어를 습득하기 위해 보내는 시간도 그리 적은 것은 아닙니다. 원주민 선교사역자를 지원할 때 이 문제는 완전히 해소될 수 있습니다.

③ 종교적 갈등

아시아의 모든 나라는 종교적 갈등이 심한 편입니다. 원주민들의 미묘한 정서와 감정과 생활 풍습에 서투른 일부 한국인 선교사들은 복음전도의 열정만으로 개종 위주의 전도를 일삼아 왔습니다. 그러나 이러한 선교 방식은 종교적 갈등을 더 크게 야기하며 급기야 종교적 전쟁에 이르러 전도는 커녕 기독교는 제국주의적 종교라는 등의 비판을 받아 하나님의 복음을 욕되게 하는 결과를 야기하고 있습니다(예, 이라크, 인도네시아).

④ 기독교 간의 갈등

기독교 국가에 선교사를 파송하여 특정 교단, 특정 교회의 지교회를 세우려는 선교방식은 원주민 기독교와의 갈등을 유발시켜, 한국의 교회뿐만 아니라 국가의 신뢰마저도 상실시키고 있습니다(예, 필리핀, 러시아, 남미 등 여러 나라).

3) 새로운 선교 전략

이에 한국교회에 하나님의 복음을 전하는 선교전략에 있어서 더 이상 한국인 선교사를 직접 파송하는 방법이 아니라 그 지역의 현지인 선교 사역자(인도, 버마, 캄보디아, 스리랑카, 네팔, 파키스탄, 방글라데시)를 직접적으로 지원하고 세우는 선교전략을 제시하고자 합니다.

이와 같은 새로운 선교 전략들은 개 교회 모두에게 좋은 점이 될 것입니다.

① 해외선교가 마치 대형교회의 전유물로 생각하여 작은 교회들은 생각조차 못하고 있었습니다. 그러나 직접적으로 선교 지역의 사역자들을 돕는 일이라면 재정적인 면에서 그 부담도 적어지고, 어떠한 교회든지 함께 참여할 수 있게 될 것입니다.

② 하나님의 선교에 대한 올바른 이해와 목표를 가질 수 있게 하여 성도들의 신앙심과 기독교인으로서의 자긍심 그리고 섬김의 자세를 고양시킬 수 있습니다.

③ 한국의 초기 선교사들이 모든 것을 한국교회에 맡기고 그들의 사명을 다한 채 이 땅을 떠났어도, 교회는 계속 남아 한국의 역사와 함께 지내왔듯이, 아시아의 모든 교회와 백성들이 스스로 각 나라에 하나님의 정의와 공동체, 평화의 복음을 실현하는데 도움을 줌으로써 새롭게 거듭남을 경험하게 될 것입니다.

④ 한국사회에서 많은 신뢰를 잃고 있는 한국교회가 세계 공동체의 고난에 동참하게 하여 추락한 사회적 신뢰를 회복하여 존경받는 교회가 되는 원동력으로 작용할 수 있습니다.

4) 구체적 방안

① 개 교회는 월 1만원 선교헌금하는 10명의 해외선교지원단들을 조직한다(5천원일 경우 20명).

② 각 선교지원단은 선교지 교회와 자매 결연을 맺고 이 교회를 위해 기도하며 2~3년 1회씩 선교방문을 한다.

③ 개 교회는 소속 선교지원단의 조직과 관리와 훈련을 담당한다.

④ 본 선교회는 각 선교지원단과 현지 교회와의 연락관계, 현지 교회의 모니터링, 선교지원단의 현지방문 안내, 현지 목회자의 훈련 등을 담당하여 양 교회의 원활한 연대를 돕는다.

첨부(2) 달릿교회와의 자매결연 상황(2009년 8월 10일 현재)

1. 여수 은현교회 김정명 목사

1) Rev R. Rajaiah (42세. 구세주 예수 교회)

　① 신도수 ……………………………………35명 (남15, 여20)

　② 아동수 ……………………………………………10명

　③ 마을 인구……………………………………… 70세대, 300명

　④ 가족 관계………………………………………사모, 2녀

　⑤ 향후 1년 전도계획 ……………………………… 20명 목표

　⑥ 교회당 유무………………………………………………유

　⑦ 주소-N.S. Nagar, Sheena St. Madharpakkam, Gumidipundi

Taluk, Thiruvallore Dist-601 202

2) Rev. N.S. Mani (로사나가람 그리스도의 교회)

　① 신도수 ·· 50명(남20, 여30)

　② 아동수 ···20명

　③ 마을 인구······································· 80세대, 350명

　④ 가족 관계·······································사모, 3남

　⑤ 향후 계획·· ?

　⑥ 교회당 유무·······································유

　⑦ 주소-# 3/372, N.S. Nagar, Roshanagaram Post,
　　Gumidipundi Taluk, Thiruvallore Dist-601 202

2. 대구 평화교회 김락현 목사

1) Rev. M. C Paul (60, 순남부쿨람 그리스도의 교회)

　① 신도수 ·· 55명(남20, 여35)

　② 아동수 ···45명

　③ 마을 인구······································· 40세대, 250명

　④ 가족 관계·······································사모, 2남 2녀

　⑤ 전도 계획·· 마을 전체

　⑥ 교회당 유무·······································유

　⑦ 주소-1/136, Pillaiar Koil St, Arambakkam Post,
　　Gumidipundi Taluk, Thiruvallore Dist. (전
　　화:27948338)

2) Rev. M. Moorthi (희년기독성도회 "Jublee Christian Fellowship")
① 신도수 ·· 70명(남30, 여40)
② 아동수 ··· 40명
③ 마을 인구 ··· 250세대, 1500명
④ 가족 관계 ·· 사모, 1남 1녀
⑤ 전도 계획 ·· 마을 전체
⑥ 교회당 유무 ··· 유
⑦ 주소-Palavakkam Village, Arani, Gummidipoondi Taluk,
     Thiruvallur Dt. -601 101

3. 서울 동광교회 김희태 목사
1) Rev. Karunai Kannan (Alagiripethi Dalit Church)
① 신도수 ·· 40명(남8, 여32)
② 아동수 ·· 25명
③ 마을 인구 ·· 175 명
④ 가족 관계 ··········· 사모 (K. Pramila) 3자(Justine, Augustine,
                                               Franklin)
⑤ 전도 계획 ·· ?
⑥ 교회당 유무 ··· 유
⑦ 주소-Jeeva Thaneer Alayam, Azhagiriptetai Thoppu
     Village, Karani Post, Pichatoor Mandal Chitoor Dist.
     AP. 517589

2) Rev. M.P Kumer (39; 바위되시는 그리스도 교회 "Christ the Rock")

① 신도수 ·· 60명(남25, 여35)

② 아동수 ··17명

③ 마을 환경 ······································· 정통 힌두교지역

④ 가족 관계 ······································· 사모, 1남 1녀

⑤ 전도 계획 ····································· 열심히

⑥ 교회당 유무 ·· 유

⑦ 주소-72 Enathy Mel Pakkam Village, Gumidipundi Taluk, Thiruvallore Dist-601 202

4. 서울 열림교회 나핵집 목사

1) Rev. N. Yesuraj (38; "Misba Church of God")

① 신도수 ································ 110명(남45, 여65)

② 아동수 ··30명

③ 마을 인구 ··· ?

④ 가족 관계 ······································· 사모, 1남 2녀

⑤ 전도 계획 ····································· 열심히

⑥ 교회당 유무 ·· 유

⑦ 주소-Kumaranaickenpet Village, Eguvarapalayam PO, Gummidipoondi TK, Thiruvallur DT-601 202

2) S. Thomas (정보 없음)

5. 대천 중앙교회 최태순 목사

1) Rev. D. Selvam (57; "Arani church of Christ")

　① 신도수 ··· 21명(남8, 여13)

　② 아동수 ··15명

　③ 마을 인구··· 245명

　④ 가족 관계······ 사모(Mary), 2남(Dhanasu, Gunasekar) 1녀

(Stella)

　⑤ 전도 계획······························· 의료선교, 달릿권리 의식화

　⑥ 교회당 유무··유

　⑦ 주소-Telugu Colony, Arani Post, Ponneri Taluk, Thiruvallore Dt-601106 Tamil Nadu

6. 당진교회 이명남 목사

1) A. Ravi (정보 없음)

7. 황지 중앙교회 이상진 목사

1) Rev. Johnson Babu(Edapalayam Church of Christ)

　① 신도수 ·· 37명(남12, 여25)

　② 아동수 ··34명

　③ 마을 인구·· 310명

　④ 가족 관계················· 사모(Asha), 모친(과부), 2자매(과부)

　⑤ 전도 계획·········· 영혼 전도, HIV/AIDS 교육, 아동들의 교육

⑥교회당 유무 ·· 유

⑦주소-Edapalayam Village, Irugulam Post, Sathyavedu Mandel, Chitoor District, AP 517588

8.구리 밀알교회 이석형 목사

1) Rev. Devan(정보 없음)

2) Rev. K. Muthu Christian (37 "Periuyavedu Church of Christ")

①신도수 ······································· 32명(남12, 여20)

②아동수 ···20명

③마을 인구 ······································· 250명

④가족 관계··· 사모(레베카), 2남(파울, 로드니) 1녀(크리스티나)

⑤전도 계획······························ 10명 전도, 의료선교

⑥교회당 유무 ·····································신축중

⑦주소-Periuyavedu Village, Ramapuram Post, Tada Mandalm Nellore Dist. A.P 524401

9. KDSCF-Korea(본부 재정지원: 서울 동광교회)

1) Rev. Dr. Felix(달릿측 대표)

10.광주 나눔과 섬김 교회 조인선 목사

1) Rev. P. Daniel(59세, Pudhupettai Church Christ)

④가족관계 ··· 2남 2녀

2) Pastor Robert(정보없음)

11. 광주 신흥교회 (임명진 목사)

1) Rev. Devanesan (Ramachandrapuram 그리스도의 교회)

① 신도수 ··· 34명(남8, 여26)

② 아동수 ·· 20명

④ 마을 인구 ··· 275명

⑥ 교회당 ······································· 흙벽에 야자나무 지붕

⑦ 주소-No.620/A, Dharmarajakoil St. Padirivedu, Madarapakkam Post, Gummidipoondi Tk, Thiruvallore Dist, 601202

첨부(3) 한국 - 달릿교회동역선교회(KDSCFI)의 평가(인도측)

◆ 평가자 : 남인도교회 마드라스(첸나이) 교구 폴 윌리엄 목사 및 사무엘 제이콥 목사

◆ 일   시 : 2010년 10월10일

◆ 평가자들의 간단한 배경

남인도교회 마드라스 교구 목회자들인 폴 윌리엄 목사와 사무엘 제이콥 목사가 이 평가를 수행했다. 두 사람 모두 달릿마을에서 태어나 자랐으며, 달릿사람들과 함께 성장하였다. 그들은 신학교에서 달릿신학을 공

부하여 각기 B.D와 M.Th 학위를 받았으며 주일에 설교하고 있는 교회에서 깊은 통찰력을 가지고 설교를 해 왔다. 두 사람 모두 십년 이상 농촌 달릿교회에서 시무한 후 중도시의 대형교회에서 시무하고 있다.

두 사람이 평가서를 작성하기 전에 세 차례에 걸쳐 KDSCFI 회원 교회를 방문하여 교인들과 목회자들 및 그들의 가족들을 만나는 등 평가를 위해 상당한 시간을 투여하였다. 그들은 달릿 목사들이 2007년 2월에 한국 목사들에게 안수를 받은 때부터 행위의 규범으로 주어진 것들에 입각하여 긴 설문지를 타밀어로 작성하였다.

그들은 또한 달릿 목사들을 성경대학 교정에서 세 번 이상 만나 그들이 작성한 객관적이고 미래지향적이며 비판적인 보고서들을 함께 검토하였다. 두 목사들 모두 달릿 목사들의 약점, 단점 그리고 교인들에게 영감을 주지 못하는 상투적인 주일 예배들을 지적하였다.

1. 교회성장의 척도인 세례

지난 3년 동안 각 교회에서 몇 번의 (성인, 아동 그리고 가족) 세례식이 있었는가? 쿠마르목사(Rev. Kumar), 예스라즈 목사(Rev. Yesuraj) 그리고 무티 목사(Rev. Moorty)가 상위를 차지하였다. 평가자들은 단세 번 혹은 6번 밖에 세례식을 거행하지 않은 목사들은 교회의 성장과 발전을 걱정하지 않는 것이라고 생각하였다. 이것은 전도의 부족과 교인들의 참여 부족 때문이었다. 매 주일예배 참여자들이 15명 이하여서는 안 되며, 여신도 모임은 목회자의 사모가 지도하여야 한다. 마지막 목회자들과의 모임에서 세례식 숫자가 적은 자들에게는 경고가 주어졌으며 향후 6개월 이내에 개선이 이루어지지 않으면 KDSCFI의 후원헌금이 중단 될 것이라는 결정이 이루어졌다.

2. 교회 옆에서 거주하는 KDSCFI 목사와 그렇지 않은 목사

얼마나 많은 목회자들이 교회가 있는 마을에 거주하며, 얼마나 많은 목회자들이 그렇지 않는가?

단 3명의 목회자들만이 교회가 위치하고 있는 마을에서 거주하고 있으며 나머지 목회자들은 다른 곳에서 거주하고 있고 일요일을 포함하여 일주일에 4번 교회를 방문하고 있다. 이런 상황에서 평가자들은 그들에게 6개월 내지 1년의 유예기간을 주어 KDSCFI 교회들이 있는 마을로 이사하도록 해야 할 것이라고 느꼈다.

이 유예기간은 주로 아이들의 학교와 대학에서의 교육을 돕기 위한 것이다. 그들에게 매월 500루피(약 1만 5000원)을 주택 렌트비용이 주어진다면 그들은 집을 이사하여 가족들과 함께 교회가 있는 마을에서 거주하려 할 것이다.

3. 목회자들은 주일예배, 설교자 이름, 설교 본문 등에 관한 교회 기록들을 보존하고 있는가? 둘째 세례자 명부, 셋째 혼례자 명부, 넷째 주일헌금자 명단 등을 갖추고 있는가?

대부분이 교회 명부와 기록들을 갖추고 있지 못하다. 그래서 여기에 대하여 충고를 해주었고 KDSCFI의 비용으로 교회기록서들이 배부되었다.

주일 예배에서 자율 헌금 금액이 매주 400루피(12,000원)를 넘는 교회들도 있고 가난한 교회들에서는 100루피(3,000원)에 못 미치는 교회들도 있다.

4. 목사들은 CSI(남인도교회)의 전통처럼 임지 이동을 용인할 수 있을 것인가?

KDSCFI 목사들과 오랜 대화를 끝에 다음과 같이 결의되었다. 즉, 아피아 팔라얌(Appiah palayam), 페르야베두(Peryavedu), 아그라함(Agraham) 등과 같은 새로운 지역에 KDSCFI 교회가 신축된 교회에 임직하고 있는 KDSCFI 목회자들이 6개월 이내에 교회성장에 눈에 띌 정도의 진전을 보여주어야 한다. 그렇지 않을 경우, 그들의 약점과 실패한 것들을 지적한 후 회원 상호간에 임지이동이 이루어져야 한다.

5. 자립! 땅 없는 농업노동자들의 교회들에서 이 일은 현실적인가?

1) 달릿교회 목회자들에게 있어서 자립을 하는 일이란 불가능하다. 왜냐하면 농촌 교회 교인들은 일일 임금 노동을 하면서 매일 힘들게 살아가 경제적인 면에서 아주 가난하기 때문이다.

2) KDSCFI 목사들은 겸손히, 진정으로 KDSCF 한국 목사들께서 규칙적으로 지원하는 일을 계속해 주시고, 자기 아이들에게 더 고급의 교육을 제공할 수 있도록 이들의 매월 사례비를 인상해주기를 원하고 있다. 목회자들이 그의 가족 그리고 신도들과 함께 머무는 교회안에 화장실 시설을 건축할 수 있는 기금, 가난한 여성들의 경제적 능력을 배양할

수 있게 도울 수 있는 대출 등이 시급히 요구되고 있다.

6. 목회자들에게 신학적 재교육이 필요한가?

7. KDSCFI 교회들은 표지판이 있는가?

모든 교회들은 교회 이름, 목회자의 이름이 한국 지원자의 이름과 같이 표기된 표지판을 걸어두고 있다.

8. KDSCFI에는 선교회 명단에서 제명되어야 할 회원이 있는가?

M.C. 폴 목사는 65세로 설교와 주일예배를 주제하고자 하는 데에 대한 열심과 열정을 상실하였다. 그가 세운 교회는 생기 있고 진취적이다. 평가자로서 우리는 그에게 곧바로는 아니지만 곧 은퇴하도록 권면하였다.

폴 목사의 가족은 식구들이 많기 때문에 우리는 그가 교회에 출석은 하나 예배에는 참석하지 않는다는 조건으로 매달 2000루피(약 6만 5천 원)를 지급하도록 권면했다. 그러는 동안은 폴 목사의 교회가 KDSCF의 회원으로 남도록 하기 위하여 폴 목사의 가족들을 만나 그 교회 회중과 그의 가족 간에 평화로운 해결점을 찾도록 하라는 권면을 KDSCFI 목사들에게 했다.

Alagiripattai 교회 Karunai kannan 목사의 경우, 카룬나이 칸난 목사는 평가자들을 무시하고 여러 가지 질문을 제기하면서 평가자들을 비난한 유일한 목사였다. 그는 매월 다른 곳에서 재정적 지원을 받고 있음에 분명하다는 것이 우리들의 평가이다. 그러므로 우리는 그의 KDSCFI 회원자격을 박탈하고 그의 교회에서 KDSCF 교회 간판을 떼도록 하고, 필요하다면 Alagiripattai 달릿교회 신도들에게 그 이유를 알릴 것을 강력히 권고한다.

평가자로서 우리는 목사안수 이전의 신학적 훈련이 빈약하고 천박하였음을 느낀다. 두 번째로 그들은 달릿신학을 전혀 모른다. 그들 대부분은 (지난 번의) 6개월의 재교육 과정을 높이 평가하면서, 우리에게 상황윤리 입문, 예수 그리스도가 하신 것처럼 가난한 자들을 위한 선택적 선교, 목회상담, 전도학, 영적 사회행동, 인도의 주요 종교들에 관한 간략한 학습 등을 할 수 있는 어떤 재교육 과정을 갖출 것을 권고해 달라고 요청하였다.

그들은 자신들의 여행비, 자녀들의 교육비 등을 위해 매월 300루피 (약 9,600원)가량 후원금을 인상 해주었으면 좋겠다고 했다. 또한 성탄절 축제 비용, 이동 전도를 위한 여름성경학교 비용들도 계속 지원되었으면 좋겠다고 했다.

9. 권면

우리들의 권면의 하나는 목회자들이 거주하고 있는 몇 교회에서 신도들과 목회자 가족들이 함께 사용하고 있는데 이 교회에 조그마한 화장실을 만들어 주었으면 한다는 것이다.

또 한 가지, 목회자들이 마을의 기독교인들이나 비기독교인들 모두에게 존경받고 스스로는 예배 시간에 영적으로 고양될 수 있도록 해줄 하얀 가운(인도 다른교회에서 다 입고 있다)이 제공되었으면 하는 것이다. 그 가격은 옷감과 재봉에 드는 비용을 포함하여 총액 약 800~1,000루피(25,600~32,000원)이 소요된다.

10. 결론

CSI(남인도 교회)의 동역자들인 우리는 이 일이 우리들 자신에게도 몹시 고무적이고 보람된 일이다. 우리는 이 평가 보고서가 한국어로 번역되어 한국의 지원 교회들과 KDSCF에 관심 있는 분들에게 배포되었으면 한다.

우리는 우리를 평가자로 받아준 김경남 목사에게 진심으로 감사하며, 우리는 우리가 지나치게 비판적이나 지나치게 부정적이지 않고 불편부당하게 이 일을 수행했기를 희망한다.

우리는 우리를 선발해주신 펠릭스 목사에게 감사한다. 우리는 목사님이 우리의 보고서를 검토하신 후 목사님의 의견을 듣고 싶다. 우리는 그 어떤 제안이나 비평을 기꺼이 받아들이겠다.

평가자들은 각 달릿교회의 개요, 담임 목회자, 그들의 신상명세서, 가족에 대한 정보, 목회자들의 효과적 비효과적인 목회 활동 등 다른 정보들은 금후 항공우편으로 우송하겠다.

겸손히 고개 숙여 모든 한국의 목회자들에게 하나님의 축복이 있으시길.

III. 버마 주민조직 교육

1. 들어가며 – 한국교회의 주민조직 활동

1960년대 박정희 군사정권의 경제 개발계획의 결과로 수많은 농민들이 농촌을 떠나 도시로 올라가 전국의 이곳 저곳에 빈민촌을 형성하게 되어 사회문제가 되었다. 이에 일부 기독교 목회자들은 빈민촌에 들어가 주민들의 의식화와 조직화에 전력하는 선교를 시작하였다. 그 중 대표적인 수도권특수지역선교위원회(Seoul Metropolitan Community Organization; SMCO,이하 '수도권', 위원장: 박형규 목사)는 연세대 도시문제연구소에서 훈련을 받고 청계천변, 중랑천변 등 수도권 빈민촌 선교를 하는 젊은 목회자들로 구성 되었었다.

수도권의 제 1세대는 1960년대부터 1970년대 중반까지 활동한 실무자들로서, 총무 권호경(목사, 전 KNCC 총무, 전 CBS 사장, 당시 서울제일교회 부목사, 기장)을 필두로, 약수동에 고故 김동완(목사, 전 KNCC 총무, 당시 약수 형제교회 전도사, 감리교), 거여동에 이규상(목사, 당시 사랑방교회 전도사, 기장), 중랑천변에 김진홍(목사, 전 두레교회 목사, 당시 활빈교회 전도사, 예장), 성남에 이해학(목사, 성남 주민교회 원로목사, 당시 같은 교회 전도사, 기장), 신설동에 고故 허병섭(목사, 전 녹색대학 운영위원장, 당시 동월교회 목사, 기장), 신림동 7동(낙골)에 김혜경(여, 전 민노당 대표, 가톨릭), 시흥동에 고故 제정구(전 국회의원, 당시 복음자리 대표, 가톨릭), 봉천동에 신동욱(목사, 당시 봉천동교회 전도사, 복음교회) 등이다.

1970년대 후반에서 1980년대 중반까지 활동한 제 2세대 실무자들로서, 총무에 손학규(전 국회의원, 당시 서울제일교회 집사, 기장), 거여동에서 임흥기(목사, 전 KNCC 부총무, 당시 사랑방교회 전도사, 기장), 약수동에 고故 최종진(장로, 당시 약수형제교회 집사, 감리교), 사당동에

CO교육 장면, zoLIN, 이영재, 김성훈(왼쪽에서부터 맨 앞 줄, 2007년 5월 7일)

정명기 · 강명순 부부(현 안산감리교회 목사, 당시 사당감리교회 전도사, 감리교), 중랑천변 판자촌에 김경남(목사, 전 한국기독교사회문제연구원 원장, 당시 서울제일교회 전도사, 기장), 신설동에 이철용(장로, 전국회의원,「먹물들아 들어라!」,「꼬방동네 사람들」저자, 당시 신설동 청년대표) 등, 공항동에 김홍조(신부, 당시 성공회 부교), 사당동에 김정호(신부, 현 마석외국인노동자공동체 대표, 성공회) 등이었다.

수도권의 빈민선교 활동이 박정희 군사독재의 개발정책의 맹점을 드러내어 그들의 심사를 불편하게 했음은 말할 필요가 없었다. 그래서 독재정권은 남산 부활절사건(1973년 4월 23일, 내란예비음모) 긴급조치 위반 사건(1974년 1월 9일, 긴급조치 1호 위반) 등으로 위원장 박형규, 총무 권호경 (이상, 부활절사건), 이해학, 김진홍, 권호경, 김동완, 이규상(이상, 긴급조치 1호 위반)으로 구속하여 수도권의 해체를 기도했으나 바라던 바의 목적을 달성하지 못하였다.

그러자 다음해인 1975년에 선교자금횡령사건(4월 3일)을 조작하여 박형규, 고故 김관석(목사, 전 KNCC 총무, 전 CBS 사장, 기장), 조승혁(목사, 전 한국기독교사회문제연구원 원장, 당시 한국교회에큐메니칼행동협의체 총무, 감리교), 권호경 등 성직자들을 파렴치범으로 몰아 구속하여 이들의 명예를 훼손하려는 시도를 했다.

당시 수도권은 한국민주화기독교민주동지회(민주동지회, 회장: 김관석)의 국제지원단인 라운드테이블(Round Table)의 회원 단체 중 하나인 독일의 BFW(Bread For the World; 세계를 위한 빵)의 지원을 받아 실무자들의 활동비로 사용하여 왔다. 그런데 독재정권은 수도권 실무자의 한 사람인 K 전도사를 사주使嗾하여, 그의 지역주민들로 하여금 민주동지회 회장 김관석 목사의 사무실인 KNCC 총무실을 찾아가 오물을 끼얹고 난동을 부리게 한 다음 이들을 '선교자금횡령죄'로 고발하게 한 것이다. 그러나 당시 BFW 총무인 볼프강 스미트 목사(Rev. Dr. Wolfgang Schmit)는 법정에 증인으로 출두하여 BFW가 지원한 수도권의 선교비는 주민들의 인권신장을 위한 활동비로 올바르게 사용되었다고 증언하였다.

국제적 망신을 당한 독재 정권은 수도권을 해체하기 위해 마침내 '전가傳家의 보도寶刀'를 꺼내들었다. 1976년 6월 5일, 박형규, 조승혁, 권호경, 고故 김동완, 고故 허병섭, 이규상, 모갑경, 이철용, 김경남, 김정호, 김홍조 등 수도권 전全 실무자들을 치안본부 남산 대공분실 등으로 연행해 장기간 구금하고, 이들의 반공법 위반 혐의를 수사한 것이었다. 이것이 소위 수도권 반공법 위반 사건이다.

그때까지만 해도 독재정권은 마르크스가 '종교는 아편이고 기독교는 민중의 적'이라고 했다 하여, 기독교의 선교 활동을 감히 반공법으로 저지하지는 못하였으나, 드디어 수도권에 반공법이라는 칼을 꺼내 든 것이다. 그러나 국내외 기독교계의 들끓는 비판으로 어쩔 수 없이 전원 무혐의 석방을 하게 되어 이 시도도 무위로 돌아가게 된다.

1990년대에 이르러 도시계획으로 서울시내 빈민촌들이 철거되어 아파트 단지로 변신하게 될 때까지 빈민선교는 계속되다가 2000년대에 이르러 주민 민주교육, 공동체 운동으로 변화된다. 이 시기를 수도권의 제 3세대라고 했는데, 실무자들로는 상계동의 오용식(목사, 현 무주

자활센터 관장), 성남에 이춘섭(현 부안종합 복지관 관장, 당시 성남주민교회 전도사, 기장), 시흥에 김영준(현 복음자리 대표, 가톨릭), 박재천(현 제정구기념사업회 이사장, 가톨릭), 주민교육 전문 단체인 한국주민운동정보교육원(Korea Community Organization Information Network, CONET)의 김성훈(삼양동교회 목사, 기장), 최종덕(CONET CO 교육 담당, 전 한국기독학생회총연맹 KSCF 회장, 예장) 등 이었다.

수도권은 도시산업선교회(이하 '산선')와 더불어 1960년대 후반 이래 독재정권의 경제개발정책의 희생자들인, 노동자, 도시빈민들의 의식화와 조직화를 통한 민주 · 인권 운동의 두 축軸을 이루었다. 그런데 산선제 단체들과 마찬가지로, 군사독재 하에서 수도권의 선교활동은 해외의 개신교 단체들의 지원과 응원이 없이는 불가능하였다. 이분들의 은혜는 민주 · 민중 · 평등 사회가 이루어질 때까지 기억되어야 할 것이라고 우리는 생각했다. 그리고 기회가 있다면 우리 주변의 어려운 나라들의 민중들을 지원하여 그 은혜에 보답하려고 마음을 먹었었다.

2. ABSDF로부터의 요청

하나님께서는 이분들의 은혜에 보은의 기회를 우리에게 주셨다.

필자가 한국기독교 사회문제 연구원(기사연)의 원장으로 일한지 2년째가 되는 2007년의 어느 날, 전버마학생민주동맹(All Burmese

매솟 시내 팬션 정경

Students Democrtic Federation, ABSDF)으로부터 버마 주민교육에 대한 요청을 받았다.

　1988년 버마(1989년 이래 국호를 '미얀마'라고 한 군사독재정부를 저항하여, 버마 국내외 민주화 세력은 여전히 '버마'라는 국호를 고집하고 있다.)의 민주화 운동이 군사독재의 총칼에 짓밟힌 후, 학생 운동 세력의 일부가 버마와 태국의 국경지대의 밀림으로 들어가 ABSDF라는 조직을 결성하고 무장투쟁을 계속하여 왔다. 그런데 20년 가까운 무장투쟁으로는 군부독재를 저지할 수 없음을 인식하게 되자 비폭력적 운동으로 민주화를 달성한 한국처럼 CO(Community Organization;주민 의식화- 조직화)를 통한 민주화 운동으로 투쟁노선을 전환하기로 한 것이었다. 그리고 60~70년대 이후의 한국 기독교 빈민선교가 활용한 주민조직을 배우기 위해 '기사연'에 CO 훈련을 요청하기에 이른 것이었다.

기사연은 민주화운동기념사업회(당시 이사장; 함세웅 신부)의 지원을 받아, CONET(대표; 김성훈, 훈련담당, 최종덕)와 공동으로 이들의 교육을 실시하게 된 것이었다.

CO교육은 태국의 중부도시 매솟(버마와의 국경인 밀림지대의 도시)에서, 제1차 2007년 5월 3일~11일, 제2차 2007년 11월 3일~8일, 제3차 2008년 5월 27일~6월 1일, 제4차는 2009년 3월 11일~14일 등 네 차례에 걸쳐 이루어졌다.

제1차, 제2차에 기본 교육을 실시한 후, 제3차, 제4차 교육은 1차 교육받은 바를 실천한 피교육자들의 심화深化교육의 형태로 진행되었다. 기본교육을 받은 피교육자들의 처음 활동(Action-1)에 대한 보고를 공동으로 검토(Reflection) 한 후, 다음 행동(Action-2)으로 옮겨가게 하는 것이었다.

3. 제1차 교육

◆ 일시; 2007년 5월 6일~11일,

◆ 장소; 태국 중부 국경도시 매솟 시내 펜션

◆ 인사

태국의 북부 치앙마이에서 1박을 한 우리가 아침 9시경 ABSDF가 보낸 40대 초반의 건장한 청년이 운전하는 봉고차를 타고 5시간을 걸려 매솟에 도착하니 오후 2시경이 되었다. 거기에는 어딘지 모르게 절도節

度있게 행동하는 20대 초반에서 40대 초반의 젊은이들이 긴장된 모습으로 우리를 기다리고 있었다.

◉ 피교육팀 대표(치앙마이에서 우리를 안내한 젊은이)

지금까지 우리는 총 없이는 싸울 수 없었지만, 이제부터는 총 없이도 싸울 수 있는 방법을 배우기 위해 여기에 모였다. 그것이 CO에 의한 주민 의식화 · 조직화 라고 한다. 오늘 우리에게 CO를 가르쳐 주기 위해 멀리 한국에서 오신 교육자들 여러분을 환영한다. 이번 우리 피교육자들은 모두 남북으로 걸쳐 있는 버마 국경 밀림에 있는 각 지부에서 선발되어 파견되어 온 ABSDF 조직원들이다. ABSDF 조직원들은 모두 블랙리스트에 올라 있어, 합법적인 활동을 하기 불가능하다. 그래서 ABSDF 본부는 우선 우리가 CO조직가를 훈련하는 훈련가(Trainers)의 교육을 받아, 각 지부로 돌아가서 인근 지역으로부터 CO 피교육자들을 단기간 밀림으로 불러들여, 조직가(Organizers) 교육을 하여, 다시 거주지로 돌아가 조직가로서 활동할 수 있도록 하는 교육을 더 해 주기를 기대한다(그래서 우리는 긴급회의를 통해 애초의 계획을 수정하고 조직가 교육에 덧붙여 훈련가의 교육을 첨가했다.).

◉ 교육팀 대표

한국에서 CO의 시작은 70년대 박정희 군사독재시대였다. 그 시대는 집회와 시위가 금지되고, 5인 이상이 모일 수도 없는 때였다. 물론 CO는 불법으로 신고 당하면 북한의 스파이로 몰려 15년에서 무기징역까지 처벌받게 되어 있었다. 그럼에도 불구하고 한국에서는 CO 운동을 통한 비폭력적인 민주화 투쟁은 계속되어 왔다. 폭력은 정당성을 획득할 수 없다. 정당성이 없이는 민중의 지지를 얻을 수 없고, 민중의 지지가 없이는 압제자를 이길 수 없다. 그리고 폭력(제 1폭력)은 더 큰 폭력(제 2폭력)을 유발시킨다. 이 폭력의 악순환은 압제자들이 바라는 바이다.

민주주의는 시간이 걸린다. 광주에서는 1980년에 공식적인 사망자만 해도 200여명, 부상자는 2000명에 이르렀다. 여기에 있는 우리도 수차례에 걸쳐 구속되고 석방되기를 반복하였다. 그러나 마침내 이를 견디어 내고 두 명의 대통령을 감옥에 보내고, 우리들 가운데 2명은 새로 탄생한 민주정부로부터 국가유공자의 대우를 받고 있다. 우리가 승리한 것이다. 우리는 1988년 여러분들의 용감한 민주화 투쟁을 알고 있다. 그 투쟁이 승리로 완성될 수 있도록, 한국에서의 우리의 경험을 여러분과 함께 나누고자 한다. 역사와 세상은 반드시 변한다. 더욱 노력하여 버마와 한국의 민주화를 위해서 함께 싸워나가자.

◉ 오리엔테이션

우리는 먼저 사울 알린스키(Saul D. Allinsky)가 우리에게 가르쳐 준 바대로, 각자의 별명을 하나씩 만들어 교육이 끝날 때까지 그 이름을 사용하도록 할 것, 기억을 위하여 메모를 하되 기록으로 남기지는 말 것 등을 교육하였다. 점심을 같이 하면서 서로 간에 눈빛의 교환으로 조금은 풀렸던 그들은 다시 긴장감으로 굳어졌다.

먼저 교육팀인 우리가 먼저 별명으로 자기소개를 하였다 (괄호 안은 기록을 위한 것임). 우리가 한국어로 하면 영어로 교육팀 통역이 통역을 하고, 그것을 받아 피교육팀 통역이 버마어로 통역하는 식으로 진행되었다.

◆ 별명 이름 짓기와 자기 소개

◉ 교육팀

1) 대표; Kim 1 (김경남; 목사, 기사연 원장)

2) 강사; Kim 2 (김성훈; 목사, CONET 대표), Choi (최종덕;CONET 교육담당).

3) 기록; Park (박문진;여 민주화 운동기념사업회해외지원 담당간사)

4) 통역; Lee (이영재;목사,구약학박사, 한신대강사)

◉ 피교육팀

1) 대표, Snake (42세 가량, ABSDK 간부)

2) 통역; Zolin (ABSDF 조직원. 영어→버마어, 혹은 소수 민족어)

3) 피교육자(11명 전원 남성)

　①July, 최연소자, 인도계, 기계공작이 취미

　②Latin, 카렌족, 미혼, 직책은 상사. 버마어가 서툴러 통역의 추가 설명이 요구 되었다.

　③Sun, 상사, 내전지역의 부상자 간호병

　④Elephant, 전투지에서 주민 대상 교육담당

　⑤Khin 2, 최연장자. 웨지(카렌족 거주지), 정부군의 공격으로 마

을에서 밀림으로 쫓겨 들어 온 주민들을 돕는 일, 주로 의료서비스. 지뢰사고로 왼손 엄지가 절단됨

⑥Tun , 중사. 이런 교육은 처음이지만 교육의 계획과 목적을 잘 알고 왔다.

⑦OK, 샨과 카렌족 거주지역에서 활동, 정부군에게 쫓겨 들어 온 주민들에 대한 의료 서비스 제공

⑧Yet-Kho, 식량 등 생계지원 사업, 춤을 잘 춤

⑨Naing, 웨지지역의 의료 지원병, 장동건 닮음

⑩Nee, 88세대(40세가량). Snake의 참모(?) 내륙지방의 의료지원

⑪Joker, 현재 활동하고 있는 지역의 식량부족, 의사소통 부재를 호소함

막간幕間을 이용하여 양국의 운동가요(버마~'세월은 흘러가고 단결과 희생을 통해 역사를 다시 쓰자!' 한국~'임을 위한 행진곡')를 제창提唱하였다.

◆ 교육

파울로 프레이리(Paolo Freire)의 '피압박자의 교육론(Pedagogy of the Oppressed)'과 사울 알린스키의 '주민 조직론'에 입각하여,

 1) CO란 무엇인가? -강의와 토론

 2) CO의 기본 원칙- 강의와 토론

 3) CO의 핵심-강의와 토론

4) 조직화와 접근-10단계-강의와 토론으로 5박 6일의 교육이 실시
되었다.

4. 제 2차 교육

◆ 일시: 2007년 11월 3일~8일.

◆ 장소: 제 1차와 동일한 태국 중부 국경도시 매솟 시내 펜션

◆ 인사

◉ 교육팀 대표; Kim 1

먼저 버마 각지에서 위험을 무릅쓰고 CO 교육에 참가한 여러분들과,
1988년 이래 20년 동안 그리고 2007년 한 해 동안 민주주의를 투쟁해
온 버마의 민주 양심세력들의 경의를 표한다. 한국은 이제 민주화의 완
성 단계이다. 버마도 올해의 고난을 딛고 일어나 새롭게 시작하면 멀지
않아 민주화를 이룩해 낼 것이라고 믿는다. 나는 1974년 한국의 '민청학
련사건'이 2007년 의 버마 항쟁과 유사하다고 생각한다. 나는 이 사건으
로 투옥되었다가 석방된 후 26세의 나이에 CO 훈련을 받고 빈민운동
등 민주화 운동에 참여한지 올해로 33년이 된다.

2007년 11월 오늘, 버마가 CO를 시작한 것은 매우 상징적인 일이다.
여기 오신 여러분 아홉 분이 버마 민주화의 씨앗이 되기를 바란다. 이를
위해 한국의 경험을 여러분과 공유할 수 있게 된 것을 영광으로 생각한
다. 우리 모두 양국의 민주화를 위해 열심히 살아가자.

◆ 오리엔테이션; Kim 2

'Fly Peacock!' 공작새는 아름답지만 잘 날지를 못한다. 나는 공작새가 버마 항쟁 깃발에 상징이 되고 있는 것을 보았다. 버마 민주화 투쟁에서 'Fly Peacock!'라는 노래가 불리어지는 것을 들었다. 현재는 날지 못하지만 언젠가는 날아 오르게 될 민주주의에 대한 염원이라고 생각했다. CO 훈련을 통해 날고 싶어 하는 버마 민중들과 함께 하여 자유와 민주주의의 푸른 하늘을 훨훨 날기를 바란다. 'Fly Peacock!'를 부르면서 우리의 훈련을 시작하자.

이번 교육의 일정은 다음과 같이 진행된다..

• 11월 3일; 오후~자기소개 및 오리엔테이션, 소망과 기대 나누기, 밤 ~ KBS Video,'버마, 봄은 오는가?' 의 감상 후 소감 나누기

• 4일; CO의 이론

메솟 팬션에서 왼쪽부터 이영재, 박문진, 최종닥, 김성훈(2007년 5월 6일)

- 5일; 낮~ CO 조직가 이론, 밤~Life Story 나누기
- 6일; 낮~CO의 실천 방법론, 밤~한국의 민주화 운동 경험 나누기
- 7일; 낮~ CO 회의, 실천, 대중조직 계획, 밤~송별 파티
- 8일; 평가와 마무리

◆ 별명 이름 짓기와 자기 소개

◉ 교육팀

1) 대표, Kim 1 (기사연 원장, 58세)

2) 강사, Kim 2 (CONET 대표, 47세), Choi (CONET 소속 훈련가, 39세)

3) 기록, Song (송동현;민주화운동기념사업회 사업본부 과장, 43세)

4) 통역, Jung (정법모, 필리핀 마닐라대학교,박사과정,33세)

◉ 피교육팀

ABSDF 본부가 버마 각 지의 정보원들로부터 추천을 받은 총 9명(남 5명, 여 4명)의 주민. 아래의 이름들은 모두 당일 교육현장에서 피교육 자 각자가 만든 자신들의 임시 이름이다.

1) 대표, Snake(제 1차 피교육자로서 ABSDF 간부,43세)

2) 통역, Zolin (ABSDF 조직원, 42세)

3) 피교육자

　①May (여, Yangon 거주, 초등학교 교사, 32 세)

　②Nume (남, Pegu 거주, 점원, 25세)

③ Yu (Yangon 거주, 점원 30세)

④ Cho (여, Pegu, 학생, 19세)

⑤ Kyew (남, Basei, 농부, 31세)

⑥ Soe (여, Yangon, 점원, 33세)

⑦ Min (여, Pegu, 점원 25세)

⑧ Sai (남, Taujin, 건설노동자, 25세)

⑨ Aung (남, Yangon, 학생, 20세)

이상의 내용으로 5박 6일의 제2차 버마 CO 훈련이 진행되었다.

5. 제 3차 교육

◆ 일시; 2008년 5월 29일~6월1일(2박 3일),

◆ 장소; 태국 중부 국경도시 매솟 시내 펜션

◆ 인사

5월 29일 오후 6시경 제 3차 교육팀 3인, 즉 Kim 1, Choi, 그리고 Oh(여, 오미옥, CONET 간사, 기록)가 Snake의 안내로 메솟 교육장에 도착하니, 제 1차 훈련을 받은 11명의 ABSDF 병사 중, OK만 병으로 불참하고 10명이 무사히 1년 동안의 CO 실천을 경험하고 참석하여 재회하는 기쁨을 가졌다. 다 함께 저녁식사를 마친 후, Kim 1의 인사말을 시작으로 제 3차 CO 훈련을 시작하였다. 교육은 영어 통역으로 진행하며, 영어를 버마어 통역으로 진행되었다.

1) Kim 1의 개회인사

여러분과 무사히 재회를 할 수 있어서 기쁘다. 지난 1년 동안의 활동 보고를 공유하며, CO 조직가 훈련에 대한 심화교육의 시간을 가질 것이다.

2) Choi의 훈련 순서 안내 및 교육

- 5월 30일; 오전~CO활동 보고 및 평가, 오후~조직 방법론 검토, 심화深化된 방법론, 버마 현실에 맞는 CO 방법론 탐구探究, 저녁~조직 상황에 대한 점검(알린스키 이론 성찰)
- 5월 31일; 오전~훈련 방법론(개념, 원칙, 질적인 성과), 오후~CO 훈련기술(기초적 방법, 주제 발전, 훈련 프 로그램 개발), 저녁~팀 구성하기
- 6월 1일; 오전~훈련에 대한 이론 공부(페다고지), 오후~2009년을 위한 CO 전략, CO 훈련 계획 구상, 저녁~작별 파티

3) Kim 1의 마무리 인사

1974년 4월 한국의 독재정권은 소위 '한국민주청년학생총연맹'('민청학련') 사건을 조작하여 7명을 처형하고 200여명을 구속하였다. 이 사건으로 구속되었다가 석방된 우리 학생들은 한국민주화운동청년협의회(민청협)을 조직하여 민주화 투쟁을 본격적으 로 조직하기 시작하였다. 우리는 1980년대에 들어서자 민청협을 한국민주화운동청년연합 (민청련)으로 확대 · 개편하고, 종교인, 지식인, 언론인 등 재야 명망가들을 앞

세워 민주통일민중운동연합(민통련)을 결성하여 그 실무역할을 자임하였다. 민통련은 전 국민들의 호응을 얻어 마침내는 1987년 민주대항쟁을 승리로 이끌어내어 민주화의 초석을 놓았다.

당시 민청련의 상징동물은 두꺼비였다. 두꺼비는 알을 배면, 뱀 앞에 나서서 뱀의 약을 올린다. 뱀은 두꺼비의 독의 맹독성을 알아, 이 도전을 회피하려 하지만 마침내는 스스로의 화를 못 이겨, 두꺼비를 삼키게 된다. 뱀의 먹이가 된 두꺼비는 뱀의 배속에서 죽지만, 뱀도 두꺼비의 독 때문에 죽게 된다. 그러면 수 백 마리의 두꺼비 알들이 부화하여 뱀의 시체를 영양분으로 하여 성장한다. 즉, 자식들을 위해 자신을 희생한 한 마리의 어미 두꺼비가 수백 마리의 분신으로 부활하는 것이다. 이 어미 두꺼비처럼 민주화의 성전聖戰에 자신을 헌신獻身하여, 압제자를 물리치고 수천수만의 민주-민중으로 부활하기를 바라는 우리의 굳은 결의決意를 상징한 것이었다.

ABSDF도 이제 총을 버리고 CO를 무기 삼아 종교인, 지식인, 재야인사 등 버마 사회의 명망가名望家들을 앞세워 국민들의 호응을 이끌어 내어, 민주화를 쟁취하는데 헌신하는 두꺼비들이 되기를 바란다. 그렇기 때문에 여기에서 두 차례의 CO 교육을 받을 여러분들의 과업은 막중한 것이다. 아무쪼록 승리의 그날을 위해 건투하기를 바란다.

6. 제 4차 교육

◆ 일시; 2009년 3월 12일~14일

◆ 장소; 태국 중부 국경도시 매솟 시내 펜션

◆ 교육팀; Kim 1, Choi, Oh.

◆ 피교육자

제 2차 교육 후 연락이 끊긴, Soe (여, Yangon, 점원, 33세)와 Sai (남, Taujin, 건설노동자, 25세)를 제외한,

① May (여, Yangon 거주, 초등학교 교사, 32 세)

② Nume (남, Pegu 거주, 점원, 25세)

③ Yu (남, Yangon 거주, 점원 30세)

④ Cho (여, Pegu, 학생, 19세)

⑤ Min (여, Pegu, 초등학교 교사, 25세)

⑥ Aung (남, Yangon, 학생, 20세)

⑦ Kyew (남, Basei, 농부, 31세) 등 7명 (남 4명, 여 3 명)

제 3차 교육 때와 마찬가지로 우리는 교육을 영어로 진행하고 Zolin 이 버마어로 통역하였다.

1) Kim 1의 개회인사

무사히 재회를 할 수 있어서 기쁘다. 지난 1년 동안의 활동보고를 공유하며, 앞으로 진전된 CO 조직가 훈련에 대한 공부를 더 하는 시간을

가지려 한다. 좋은 시간이 되기를 바란다.

2) Choi의 훈련 순서 안내 및 교육
- 3월 12일; 오전~CO활동 보고 및 평가, 오후~조직 방법론 검토, 심화深化된 방법론, 버마 현실에 맞는 CO 방법론 탐구探究, 저녁~조직 상황에 대한 점검 (알린스키 이론 성찰)
- 13일; 오전~훈련 방법론 (개념, 원칙, 질적인 성과), 오후~CO 훈련 기술 (기초적 방법, 주제 발전, 훈련 프로그램 개발), 저녁~팀 구성하기
- 14일; 오전~훈련에 대한 이론 공부(페다고지), 오후~2009년을 위한 CO 전략, CO 훈련 계획 구상, 저녁~작별 파티

3) Kim 1의 송별사
조직가(Organizers)는 지도자(Leader)가 아니고, 주민 속에서 지도자를 발굴하여 그들이 실천을 통해 지도력이 입증되고, 부각되도록 훈련시켜 성장하게 조력하는 자임을 명심해 주기 바란다. 조직가는 이렇게 성장한 지도자의 지도력에 의해 더 이상 필요 없는 존재로서 주민들을 떠나야 할 때에 가장 성공한 것이다. 즉, 주민들이 자신들의 지도자를 중심으로 조직화되어 행동으로 나아갈 수 있게 되기까지 썩은 밀알이 되어야 한다는 것이다. 여러분이 '버마 민중의 밭'에 떨어진 밀알들이 되어 민중 속에 썩어 들어가 그들이 스스로를 조직화하고 결집한 힘으로 버마의 민주화를 달성하게 되는 그 날이 속히 오기를 기원하겠다. 건승을 빈다.

7. 덧붙여서

1970년대 우리들의 지원자(BFW)가 그러했던 것처럼, 우리도 버마 내에서의 CO 현장 활동을 위해 특별히 모금한 약간의 활동비를 2008년 1월에 치앙마이에서, 2010년 방콕에서 Snake를 통해 ABSDF에 전달하였다 (이 때에 양측에서 1인씩 입회하였다.). 2010년 ABSDF는 이 자금이 Yangon과 Pegu 등지等地에 작은 도서관들을 열어 CO 활동을 하는 데의 비용으로 사용되고 있음을 알리어 왔다.

그 후, 우리는 후속 지원을 위해 연락을 취하였으나 ABSDF로부터의 연락이 두절되었다. 들려오는 소식에 의하면, ABSDF는 미얀마 연방공화국이 2011년 2월 민정으로 이양移讓된 후, 민간정부와 합법화 협상을 진행하고 있다고 하는데, 그 이유 때문인지도 모른다.

언론은 민정이양에도 불구하고 군사독재정권이 유지될 것이라고 보도하였지만(아시아 투데이 20011년 2월 4일자), 아무쪼록 ABSDF가 합법화되기를 바란다. 그래서 27년 동안 부모,형제를 떠나 밀림에서 오로지 조국의 민주화만을 위해 헌신해 온 그들-지금 40대의 중년이 되어버린 버마 88세대 학생들-이 총을 버리고 고향으로 돌아가 CO를 통해 버마 민중들과 함께 민주화를 성취하기를 기원한다.

우리가 버마의 땅에 뿌린 CO의 씨앗이 비록 겨자씨보다 더 작은 것일지라도, 우리 주께서 이것을 자라게 하셔서 그 가지에 민주화라는 새가 깃들게 하실 것이라고 믿는다.

버마 민주화 만세! ABSDF 만세!

그대들이여, 우리들은 당신들과 함께 하여 행복했습니다.

3부
당신들이 계셔서
나는 행복했습니다

I. 한국교회사회선교협의회
: 신·구교 사회운동 협의체

1. YWCA위장결혼 사건

1979년 10월 26일 독재자 박정희가 중앙정보부장 김재규에게 피살당한 후 ('10·26 사태'), 전두환을 우두머리로 한 신군부가 계엄령을 발포하고 쿠데타를 일으켜 통일주체국민회의를 통해 대통령을 선출하고 정권을 장악하려 하려 한다는 음모가 알려지자, 한국민주청년협의회(이하 '민청협' 당시 회장, 이우회)는 한국기독학생총연맹(이하 KSCF)와 공동으로 재야 세력을 결집하여 신군부출현을 저지하기 위해 통일주체국민회의를 통해 대통령 선출을 반대하는 집회를 개최하기로 결정하였다.

당시는 계엄령이 발포되어 있었기 때문에 모든 집회가 금지된 상황이어서 계엄군의 눈을 속이기 위해 결혼식을 가장假裝하여 서울 중구 명동 YWCA 강당에서 집회를 열기로 하였다. 11월 24일 이 위장 결혼식에는 계엄군의 삼엄森嚴한 경계警戒를 뚫고 윤보선 전 대통령을 위시하여, 함석헌, 박형규, 백기완 등 재야 원로들과 동아투위, 조선투위 등 민주언론 계, 민족작가회의, 종교 단체 등 각계 민주인사 300여명이 속속들이 이 결혼식에 참석하였다.

1979년 함석헌 선생의 주례하에 신랑 홍성협 군(당시 민청협 총무) 이 입장하는 순간 뒤 늦게 정보를 입수한 계엄군이 식장에 난입亂入하여, 백기완, 신랑 홍성협 군, 최민화(전 환경공단 이사, 당시 민청협 부회장), 박종렬(목사, 당시 KSCF 총무), 김정택(목사, 당시 KSCF 회장) 등 하객 賀客으로 위장僞裝한 참석자 140여명을 연행하였다(이상 YWCA위장결 혼 사건). 한편 일부 참석자들은 식장을 빠져나와 YWCA 주변에 대기 하고 있던 청년 , 학생들을 규합糾合하여 명동 일대를 거쳐 종각까지 시 위를 전개하였다.

결혼식장을 빠져 나온 나는, 예정된 대로 양관수(전 오사카정법대 교 수, 당시 민청협 홍보위원장)가 주도主導하는 명동시위대를 먼발치에서 따라다니며 청년 · 학생들의 가열苛烈찬 '민주화에의 열망'을 목도目睹하 였다. 경찰에 의해 시위대가 해산된 후, 집으로 돌아 갈 수 없는데다가 그렇다고. 여관에 들어 갈 수도 없는 처지處地의 나는, 그날 밤의 거처居 處를 찾는 것이 우선이었다. 고심苦心끝에 나는 친구 박원표(전 주식회사 LG 상임고문)에게 전화를 걸었다. 그와는 1970년도 후진국사회문제연 구회회원으로 만난이래의 막역莫逆한 친구사이였다. 밤 11시가 넘은 시 간임에도 망설임 없이 나온 그는 이미 뉴스를 통해 나의 사정을 짐작斟酌 하고 있었다고 하며 당연하다는 듯이 나를 데리고 넓지 않은 자신의 아 파트로 안내했다.

그날 밤으로부터 도피생활로 들어 간 나에게는 고교 동창의 모친 댁에 위장 하숙생으로, 대학선배들 집의 위장 고시준비생으로, 마지막에는 민정당 지역구 여성위원장이 주인인 하숙집의 대기업의 사원인 착실한 하숙생으로 위장생활을 하게 되었다.

고교 동창 박사명(현 강원대 교수 당시 중앙일보 기자)은 또 다른 고교 동창 손재순(현재 귀농, 당시 주식회사 진양양행 프랑스 주재원)의 모친과 누이동생만 사는 강남의 고급 아파트를 소개해주고, 당시로는 적은 액수가 아닌 월 10만원의 하숙비를 몇 개월 동안 대신 내어주었다.

당시 사법연수원생 신분인 고교 선배 박성귀(변호사)는 밤늦게 찾아 간 나를 박대하지 않고 몇 개월의 도피처를 제공해 주었다. 그리고 길에서 우연히 만난 대학 선배, 윤순성(자영업, 당시 대림건설 과장)은, "경남이! 자네 참 섭섭하네. 도피생활하면서 갈 곳이 없을 텐데 왜 나한테 연락하지 않았느냐?"고 도리어 화를 내며 나를 데리고, 방 두 칸짜리 부천 소재의 연립주택의 방 한 칸을 몇 개월 동안 할애割愛해 주었다.

성해용(목사, 현 한국기독교사회문제연구원 원장, 당시 한국기독교장로회 총회 간사)은 정기적으로 나를 만나 영양 보충을 시켜주고 모금한 도피 자금을 전달해 주었다. 그 자금資金 속에는 나와는 생면부지生面不知의 캐나다 선교사, 메리 콜린스 양의 반지斑指 판값도 포함되어 있었다.

당시 사선 총무였던 권호경 목사는 성해용을 통하여, 이런 말도 전해 주었다. "서울제일교회 담당 J 모 형사가 '버스에서 김경남씨를 봤지만 나의 담당이 아니라 모른 척 했다. 너무 삘삘거리며 돌아다니지 말고 꼭 꼭 숨어 있으라'고 하더라."는 것이다. 그리고 마지막으로 한신대 학사편입동기 박재순(목사, 신학박사, 현 씨알사상 연구소장, 당시 한신대 강사)은 나를 대형 기독교 출판사인 기독교교문사(이하 교문사)의 기독교 대백화사전 번역위원으로 취직시켜주어 도피생활 마지막 몇 개월 그리고 자진출두 후까지, 남의 신세만 져야했던 빈궁貧窮한 나를 자립시켜주었다.

이와 같이 나의 이 도피생활은 육신의 노곤勞困함과 체포의 걱정에서 오는 정신적 피곤疲困을 능가凌駕하는 감사와 기쁨으로 충만充滿한 기간이었다. 그리고 감옥에서 고문당하고 고생하는 사람들이나, 우리처럼 도피생활을 했던 사람들만이 아니라, 우리를 마음으로 지지하며 이 땅의 민주화를 염원하는 많은 우리의 이웃들이 있어, 우리는 곧 승리할 수 있으리라는 확신을 가지게 되었다.

"여러분들이 계셔서 나는 정말 행복했었습니다."

생활이 어느 정도 안정되자 나는 구속되지 않은 동지들의 소식이 궁금해졌다. 이리저리 생각해 보다가 이 사건의 주동자의 1인인 정문화(사망, 당시 민청협초대회장)가 스포츠 광이라는 사실이 머리에 문득 떠올라, 마침 그 시기에 시작된 '1980년 전국농구대잔치'가 열리고 있는 장충체육관을 가면 관람 온 그를 만날 수 있지 않을까 하는 생각이 들었다. 아니나 다를까 장충체육관 행 155번 버스 안에서 나는 정문화를 만났다.

이렇게 해서 사건 발생 후 3개월 만에 다시 만나게 된 우리는 이명준(환경재단 자문역, 당시 민청협부회장), 김경남(전 한국기독교사회문제연구원 원장, 당시, 부외장 겸 교육위원장), 이석표 (문화유통 북스 사장, 당시민청협 섭외위원장) 조성우 (전 민화협 공동대표, 당시민청협직전 회장), 문국주(전 민주화운동기념사업회 상임이사, 당시민청협직전 총무) 등 6명이었다. 우리는 안전한 곳을 수소문하여 찾아다니며 월 1회 정도 만나 정보를 교환하고 우리가 할 수 있는 일들을 생각하는 시간을 가졌다.

우리는 서울역 앞의 '1980년 민주화 봄'의 뉴스를 함께 나누며 감격해 하였다. 그 봄의 문을 여는데 앞장 선 나의 고교 후배 심재철(현새누리당 국회의원, 당시 서울대 학생회장), 유시민(전보건복지부장관, 당시 서울대 복학생회장), 김부겸(전 민주당 국회의원) 등 자랑스러운 대학 후배들을 보며 감동과 흥분의 눈물을 감추지 못했다(비록 지금 그들의 가는 길은 다르지만, 그때 그들은 그렇게 한 길에 서 있었다.).

광주를 빠져 나온 '광주사건 배후주동자', 윤한봉씨(사망)를 통해 '광주 대학살'의 소식을 전해 듣고 분노憤怒하고 전의戰意를 다지기도 했다. 그리고 언론보도 통제로 '북괴간첩의 선동에 의한 폭동'이라고만 알려져 있는 '광주 5 · 18 민주화운동'의 실상을 알리는 유인물 살포작업을 시도하기도 했다.

교문사의 번역위원으로 일하기 시작한 지 2개월 쯤 지난 1981년 4월 어느 날, 나는 아들이 위독하다는 전언傳言을 들었다. 내가 1979년 11월 20일경 집을 나올 때 마지막으로 본 그 아이는 6개월이 채 안되어 감기에 걸려있었다. 그 감기가 폐렴으로 악화되었으나, 의료보험이 확립되지 못한 당시에 적절한 치료를 받지 못해 결국 위독 상태에 빠져 있다는 것이었다.

나는 문득 어린 생명의 애비 역할도, 가장 없는 집안을 부양扶養하느라고 동분서주東奔西走하는 아내의 지아비 역할도, 아들, 며느리 대신에 첫 손자를 애지중지愛之重之 돌보느라 고생하고 계시는 어머니의 장남 역할도 방기放棄하여 온 내 자신이 부끄러워졌다. 그리고 혼자 안일한 삶을 보내고 있는 것에 대한 죄책감에 견딜 수가 없었다.

나의 첫 아이 기정基正이를 가슴에 묻고 나는 박성귀 변호사의 도움을 받아 경찰에 자진출두自進出頭를 하였다. 나의 행방을 몰라 불안해하는 가족들에게 일정한 안도감安堵感을 주는 감옥을 선택하기로 마음먹은 것이었다.

기소起訴된 죄목은 '집회와 시위에 관한 법률위반죄', '계엄법 위반죄'(이상 'YWCA위장결혼사건'), '유언비어 유포죄'('5·18 광주민주화운동'에 관한 유인물 배포) 등이었다. 나의 도피생활에 관해서는 묻지도 않았다. 그것을 물었을 경우, '범인은닉죄' 혹은 '범인도피방조죄' 등으로 얽혀 들어 갈 사람들이 한 둘이 아니었을 텐데도 그러했다. 그리고 선고된 형량도 1년 징역, 1년 6월의 집행유예執行猶豫였다.

이런 예상외의 솜방망이 판결의 배경은 무엇이었던가? 12·12 쿠데타로 정권을 장악掌握하고, '광주 5·18 민주화 운동'을 성공적(?)으로 진압한 전두환 정권의 자신감 때문이었을까? 아니면, 비합법적인 정권의 정통성 획득을 위해 국민들을 무마撫摩하기 위한 유화정책宥和政策 때문이었을까? 그것도 아니면, 나의 법정대리인 박성귀 변호사의 유능한 수완手腕의 덕분이었을까?(그는 사법연수원을 졸업한지 얼마 되지 않은 변호사 초년병이었다.) 아무튼 구속을 면한 나에게는 고액(?)의 급료를 받고 있는 교문사 번역위원은 버릴 수 없는 달콤한 유혹誘惑이었다.

그러던 나에게 1982년 5월 경, 사선 총무, 권호경 목사로부터 사선의 간사로 일해 달라는 요청이 왔다. 꿀맛 같은 1년을 보내고 있던 나를 '현장'이 부른 것이었다. 짧은 기간이었지만, 대학생인 막내 여동생의 납부금 걱정을 면하여 한숨을 놓았을 아내는 아무 불평 없이 나의 선택을 따라 주었다. 나를 현장으로 다시 불러 준 권 목사님이, 그리고 말없이 나의 선택을 따라 준 아내가 고마웠다.

나의 처지를 알면서도 눈감아 주신 교문사 사장 고故 한영재 장로님(전 대한예수교장로회 총회장)과 편집주간編輯主幹, 이기문 목사님(감리교). 한 장로님은 종로5가 기독교회관 901호 사선 사무실 구석에 앉아 소식지를 번역하고 있는 나를 찾아 와 교문사의 3분의 1도 안 되는 나의 급료를 걱정하시며, 봉투를 내 놓곤 하셨다.

일 년 가까이 나를 동료로 받아주고 따뜻한 위로를 해 준, 소창길 목사(성결교회,현 캐나다 한인교회 시무), 이영재 목사(기장, 전주화평교회 시무), 안석모 목사(감리교, 감리교신학대학 교수), 김문호 전도사(감리교, 현 사진작가) 등 번역위원들, 편집부의 신동일 목사(기장, 현 서울신당교회 시무) 등에게도 감사한다.

"당신들이 계셔서 나는 행복했습니다."

2. 한국교회사회선교협의회

1) 1970년대

당시 CCA-URM 총무 고故 오재식 선생의 노력으로 라운드테이블의 재정 지원을 받은, NCC 총무, 고故 김관석 목사는, 수도권특수지역선교위원회(이하 '수도권') 회장, 박형규 목사, 총무 권호경 목사, 영등포도시산업선교회(이하 영등포산선) 조지송 목사, 카톨릭 원주교구 고故 지학순 주교와 이창복 씨(전 국회의원) 등과 협의 하에 신·구교 사회선교단체(노동자, 농민, 빈민, 청년, 학생)를 아우르는 협의체인 한국교회사회운동협의회(이하 '사선')를 결성하였다.

노동자 선교 단체로는 개신교에서는, 예장, 감리교 등 각 교단의 산선, 카톨릭은 카톨릭노동청년회(JOC), 빈민선교단체로는, 개신교의 '수도권', 카톨릭은 1975년 이후의 카톨릭빈민사목, 농촌선교는 카톨릭농민회, 개신교는 1980년 이후의 한국기독교농민회총연맹, 학생선교단체로는, 개신교의 한국기독학생총연맹(KSCF), 카톨릭은 카톨릭학생회총연합회(팍스로마나) 등이었다.

초대 회장에는 카톨릭의 박홍 신부(전 서강대학교 총장), 총무에는 김경락 목사(미국 거주, 당시감리교 산업선교회 총무)를 선임하였다. 잠시 한국기독교에큐메니행동협의체로 명칭이 바뀐, 제 2대 회장은 박홍 신부, 총무는 고故 조승혁 목사(전 한국기독교사회문제연구원 원장)가 맡았다. 제 3대는, 다시 명칭이 환원된 사선의 회장에 박홍 신부, 총무에 서경석 목사(전 경제정의실천시민연합 초대 사무총장)가 맡았다,

사선은 1970년대 중반까지는 단순히 신·구교 사회선교 단체를 아우르는 협의체 역할을 해 오다가, 1970년 후반, 군사독재가 막바지에 치닫는 상황에서 전체 민주·민중 운동의 중심에 서게 된다. 그 계기가 되는 사건은 소위 1979년의 'YH사건'이다.

가발수출업체인 YH 무역의 폐업조치에 항의하여 신민당사에서 농성하는 이 회사 여공들을 경찰이 강제 해산하는 과정에서 여공 중 한 사람인 김경숙 양(당시 22세)이 농성장에서 건물 아래로 추락하여 사망하였다. 그리고 이들의 투쟁을 지원하던 사선 총무 서경석 목사는 구속된 여성 노동자들과 함께 구속되었다. 이 사건으로, 노동자들에게 농성장소를 빌려주었다는 이유로 신민당 총재, 김영삼 의원이 국회의원직에서 제명되었고, 이에 항의한 부산·마산 시민들에 의한 '부마항쟁'이 발발勃發하였고, 이는 '10·26 사건'을 초래招來하게 되었다.

2) 1980년대

(1) 반미성명 사건—1982년 4월 15일

1980년 '5·18 광주 민주화 운동'을 무력으로 진압한 전두환 신군부 세력을 미국이 지원한 것이 알려지자 국민 사이에 일어나고 있던 반미감정의 표출表出로 1982년 3월 18일, 문부식, 김은순, 최인순 등 부산지역 대학생들이 부산미문화원을 방화하는 사건이 일어났다('부산미문화원방화사건').

"미국은 전두환에 대해 어떻게 생각하느냐?"하는 기자의 질문에 "한국

국민은 들쥐와 같아 어느 지도자이든지 따라 간다"라고 한 주한 미군 사령관 위컴의 발언과, "부산 미문화원 방화 사건에 대해 어떻게 생각하는냐?"는 질문에 "버릇없는 아이들이 저지른 장난이므로 심각하게 생각하지 않는다"는 주한 미 대사 워커의 발언이 한 신문에 보도되자, 한국국민의 분노는 하늘까지 치솟았고 청년과 학생들의 반미감정은 극極에 달하였다.

그런 와중渦中에 카톨릭 원주교구에 도피해 들어 간, 이 사건의 배후 조종자인 광주 출신 김현장을 피신 시켰다는 이유로 원주교구 최기식 신부와 이창복 씨(사선 실행 위원)가 구속되었다. 이에 사선은 실행위원회를 개최하여 이 사건에 대한 성명서를 발표하기로 결의하였다. 이 결의에 따라 총무 권호경 목사는 간사 천영초에게 성명서 초안을 작성하도록 지시하였고, 천영초는 정문화 등 민주화 운동권의 의견을 취합聚合하여 초안을 작성하였다. 총무 권호경 총무는 사선 이사회 · 실행위원회 연석회의를 개최하여, 이 초안草案을 수정하여, 1982년 4월 15일에 발표하였다.

이 성명에서 사선은 "부산미문화원방화사건은 반미감정의 구체적인 표현"이라고 주장하면서, "미국정부는 대한對韓정책에 대한 한국민의 점증漸增하는 불신감을 직시直視하고, 위컴 주한미군 사령관과, 워커 주한미 대사를 본국으로 소환해 주기를 바란다."고 했다.

이 성명을 두고 관제 언론들은 북괴의 조종에 의한 좌경 학생들의 농간弄奸에 놀아난 기독교 내 일부 세력의 '부당한 정치에 대한 간여干與'라고 주장했다. 당시까지만 해도, 기독교를 용공 · 좌익으로는 몰 수가 없어서 '정치와 종교는 분리된다'는 헌법 20조의 억지 해석을 통해 이렇게 비판한 것이었다. 특히 J일보는 사회면 한 면 모두를 사선을 비판하는 데에 할애하였다. 이에 힘을 얻어 전두환 군사정권은 회장 박홍 신부와 총무 권호경 목사 등, 다수의 카톨릭 · 개신교 인사들을 연행하여 수사했지만, 기독교계를 위시한 일반국민들의 여론에 굴복하여 무혐의로 석방되었다(이상 '사선 반미성명사건').

이 사건은 당시 침묵을 강요당하고 있는 양심세력들의 민주화 열망을 사선이 대변한 것으로 받아들여져, 이후 사선은 국내 민주양심세력을 결집結集하는 중심적 역할을 하게 된다. J신문의 대서특필이 사선의 존재를 한국사회에 널리 홍보하는 결과를 가져 온 것이었다.

(2) 반공해反公害 · 환경운동

박 정권은 경제개발정책에 장애障碍가 되는 공해문제를 비판하는 것은 물론 이를 연구하거나 언급하는 것조차 금지하였고, 이 문제에 개입한 학자나, 양심세력들을 '국가이익에 반하는 반사회적 행위'로 간주하여 '국가보안법'으로 처벌하겠다고 위협을 하였다. 그리고 전두환 신군부 정권도 이를 답습하고 있었다. 그에 따라 어떤 학자나 단체도 드러내 놓고 공해 등 환경문제를 다룰 수 없는 상황이었다.

이에 사선은 기독교가 공해 · 환경문제에 대해서도 발언을 하여야 한다는 시대적 요청을 인식하고, 라운드테이블의 지원을 받아 1982년 4월 한국공해문제연구소(이하 '공해문제연구소')를 설립하였다.

당시 공해문제연구소의 조직은 다음과 같았다. 이사장-고故 정호경 (신부;당시 카톨릭농민회 지도신부), 소장- 최완택 (목사; 감리교,당시 민들레 교회 담임), 감사-이병철(당시 카톨릭농민회 국장), 김경남(목사; 기장, 당시사선 간사), 연구간사- 최열(당시 '1975년 명동 가톨릭 학생 사건' 석방자), 고故 정문화(당시 초대 민청협 회장) 등이었다.

한국 최초의 환경단체였던 공해문제연구소는 기관지「공해연구」를 발간하며, 원진레이온, '온산공해문제 조사' 활동 등을 통해 공해추방운동 등 환경문제를 사회운동으로 일반화시키는데 기여하였다.

이후 공해문제연구소는 민주화 운동의 전개과정에 따라, 반공해운동협의회(1984년 12월), 공해추방운동청년협의회(1987년), 공해추방운동연합(1988년), 환경운동연합(1993년) 등의 태생胎生의 산모産母 역할을 하였다.

한편 개신교는 한국반핵반공해연구소(1989년,이사장-장기천 목사, 소장- 오충일 목사), 한국교회환경연구소(1992년, 이사장- 인명진 목사, 소장- 김영락 목사), 기독교환경운동연대 (1997년, 공동대표-김정욱 교수 등, 사무총장-김영락 목사) 등으로 발전하였다.

(3) 민주화 운동권의 연합 수련회 및 연합 송년회

1980년 '5 · 18 광주 민주화 운동'이후 신군부 정권의 억압정책으로 말미암아, 종교집회를 제외한 모든 집회가 금지된 상황에서, 사선의 '여름 수양회'와 '송년회'는 민주화 운동권의 집합 장소의 역할을 하였다. 운동권 각 부문의 대표들은 정보기관들의 눈을 피해 '사선의 8월 여름 수양회'라는 이름으로 모여, 공동학습을 하고 정보를 교환하며 협력 사항을 논의하였다.

당시 공동학습의 강사로는 고故 박현채朴玄埰('민족경제론 주창자', 전 조선대학교교수) 교수, 고故 유인호(전 중앙대학교교수) 교수, 고故 이영희 (전 한양대학교수, 「전환시대의 논리」의 저자)교수 등이었다.

1983년 8월 여름 수련회에서는 민청협의 민주화운동청년연합(이하 '민청련')으로의 확대 개편에 대한 최종적인 정보교환이 이루어졌다. 신군부 정권의 탄압에도 불구하고 넓혀진 민주 양심세력의 결집을 위해서, 1975년 긴조 4호 석방자들을 중심으로 모인 민청협이 보다 큰 조직과 지도력을 지닌 확대된 기구로 재탄생되어야 한다는 것이었다.

그동안의 여러 차례의 소단위 모임에서 논의된 의견들의 합일점은 60년대 중반 학번 선배로서, 오랜 기간 노동운동에 종사해 온 고故 김근태(서울상대 65학번, 전민주당의원, 당시, 감리교 인천산업선교회 간사)를 새로운 청년 조직의 대표로 추대하자는 것이었다. 그리고 김근태를 설득하는 일을 최민화(전 환경공단 감사)와 필자(당시 민청협 부회장)에게 일임一任하였다.

지하운동(노동운동)에서 공개운동으로의 전환轉換이 꺼려지는 당시의 상황하에서, 1971년 이래 10여년을 지하에서 조직운동으로 헌신한 김근태를 공개운동으로 끌어내기란 쉽지가 않았다.

삼고초려三顧草廬의 예를 다한 후에 마지막으로, "전 국민의 민주화 열망을 결집시키는 데는 학생 · 노동 · 농민 · 지식인 · 명망가들을 끌어 모아야하고, 이 일의 구심적인 역할은 우리 청년들에게 주어진 시대적 사명이다. 그 역할을 다할 새로운 청년 조직체가 필요하며 그 지도력은 모든 분야에서 신뢰를 받을 수 있어야 하는데, 김 선배가 바로 그 적임자라는데 의견의 일치를 보았다."는 최민화의 말에 김근태는 마침내 그 신중한 장고長考끝에 감은 눈을 뜨고 우리를 쳐다보았다.

이렇게 해서 그해 9월에 민청협은 '민청련'으로 '민주 대장정'을 향한 첫발을 내딛었다.

12월의 사선 송년회는 각계 민주 인사들의 송구영신送舊迎新의 새로운 결의決意를 다지는 모임이었다. 신·구교, 청년·여성·노동·농민·빈민 단체들의 대표와, 언론인·지식인 등 명망가들, 정치계 인사들, 1984년에는 DJ와 YS 까지 참가한 명실상부한 민주화 운동권의 연합송년회가 되었다.

(4) 실무자 훈련

사선은 각 회원단체의 실무자 양성 훈련 프로그램을 개설하여 필요한 때마다 (새 실무자의 선발) 2박 3일의 합숙 이론교육과 현장실습을 실시하였다.

교육총괄은 조지송 목사(예장, 전영등포산업선교회 총무)였고, 이론교육의 강사로는 고故 고재식 교수(기장, 전 한신대 총장~'해방신학'), 윤순녀 선생(카톨릭 사선 실행위원~'인간관계'), 이해학 목사(기장, 성남주민교회 원로목사;~'조직론'), 등이 담당하였다. 교육총괄 조지송 목사는 이론교육이 끝나고 현장 실습에 들어간 예비 실무자들을 일정한 기간 동안의 일대일 지도를 하였다.

(5) 소식지 발간

매월 각 부문 운동의 활동사례를 취합, 정리한 「사선 소식」을 제작하고 영문번역 작업을 실시하였다. 이 소식지는 언론이 통제되었던 그 시절에 KNCC 인권위원회의 인권 소식과 함께 민주화 운동의 현황을 국내외로 알리는 민주화 운동권의 실질적 언론의 역할을 수행하였다.

1982년 6월부터 필자는 간사로서 총무 권호경 목사의 지시와 지도를 받아 상기의 사업들의 실무를 담당하였다.

1984년 1월, 총무 권호경 목사가 KNCC 인권위원회 사무국장으로 옮겼다. 10여년을 에큐메니칼 운동권의 참 일꾼이 제도권의 부름을 받은 것이다. 바야흐로 제도권에서의 그의 역할이 요청되는 때가 된 것이었다.

그리고 사선 실행위원회는, 너무 젊다는 소수의 반대가 있었지만, 필자를 신임 총무로 선임하였다. 필자는 1985년 12월, 이길재(전 민주당 의원, 당시 카톨릭농민회 직전 사무국장)에게 총무 직을 이양할 때까지 2년여 기간 총무 직을 수행하였다.

필자가 총무직을 수행할 당시, 사선의 임원은 다음과 같았다.

◆ 회장-고故 김승훈 신부(당시 불광동 성당 주임신부),

　교육총괄-조지송 목사

◆ 실행위원

• 빈민운동 담당자 : 고故 제정구(카톨릭, 전 민주당국회의원, 당시 복음자리 대표), 임흥기(목사, 기장, 전 KNCC 부총무, 당시 수도권 성수지역 총무)

• 농민운동 담당자 : 정성헌(전 민주화운동기념사업회이사장, 당시 카톨릭농민회사무국장), 나상기(기장, 전농어촌공사 감사, 당시 기독교농민회 사무국장)

• 노동운동 담당자 : 정인숙(당시 카톨릭노동청년회;JOC), 송진섭(전 안산시장, 당시 영등포산업선교회간사), 김정택(감리교 목사, 당시 인천산업선교회 총무)

• 청년학생운동 담당자 : 황인성(전 청와대 시민수석, 당시 한국기독학생총연맹;KSCF 총무), 이명준(환경연대 자문역, 당시 카톨릭청년회; Pax Romana 대표)

이들은 전임 총무 권호경 목사와 함께 거의 모든 실행위원들이 동반 사임하고 신임 총무와 동연배로 파송한 젊은 일꾼들이었다. 이렇게 하여 에큐메니칼 지도력은 자연스럽게 7~8년 젊은 지도력으로 세대교체 되었다. 우리는 선배들의 업적에 누가 되지 않도록 최선을 다 하고자 혼신渾身의 노력을 다 하였다. 그리고 간사로는 고애신(목사, 예장, 당시 전도사), 경리經理로는 구선희(기장, 서울제일교회 신도)가 실무實務와 살

림을 담당하였다.

이 모든 분들에게 감사한다.

"당신들이 계셔서 나는 행복했습니다."

Ⅱ. 학생운동 – 민주화를 위한 나의 첫걸음

1. 후진국사회문제연구회

대학에 입학한 1970년의 나의 첫 대학생활은 가슴 벅차기보다는 고달픈 것이었다. 오전 7시에 천호동 자택을 나와 568번 버스를 타고, 행당동에서 청량리 행 버스를 갈아타고, 청량리역 앞에서 학교 버스로 다시 갈아탄 후 태릉 교양과정부 교정에 도착하려면, 9시 첫 수업 시작 시간을 맞추기에 급급急急하였다.

오후 5시에 마지막 수업이 끝나고 6시 30분 학교 버스 막차를 타고 집으로 돌아와 씻고 저녁을 먹으면 오후 9시가 훌쩍 넘었다. 그런데다가 대학 합격자들에게 실시되는 건강검진에서 나는 폐결핵 중증中症 판정을 받아 약을 복용 중이기도 하였다.

더욱 힘든 것은 납부금 등 학비뿐 아니라, 일 년 전에 별세別世한 부친父親이 남겨 두고 간 다섯 가족의 생계 문제를 해결해야 한다는 부담이었다. 그나마 첫 해는 부친이 남겨준 광주光州 집을 팔아 솔가率家하여 숙부가 사는 천호동 쪽에 작은 집 한 채를 사고 남은 돈으로 첫 등록금과 당분간의 생활을 꾸려나가고 있는 중이었다.

이런 나에게 고교 선배들인 강우영(자영업, 당시 문리대 정치학과 2년)과 김수호(전 한국은행 근무, 당시 상대 경제학과 2년)가 찾아와 후진국사회문제연구회(이하 '후사연')를 소개하면서, 입회入會를 권유勸誘하였다. 강 선배와는 고등학교 시절 문학동인文學同人 원시림原始林에서 같이 활동하였고, 김 선배와는 관현악부에서 같이 활동하였다. 김 선배는 음대지망생으로 오해할 만큼 현란한 실력의 제 1 바이올린 주자奏者였지만, 나는 맡을 사람이 없는 학교의 비올라를 같이 맡아보자는 친구 이자영(재 뉴질랜드)의 꼬드김을 거절 못했던 얼치기 비올리스트였다. 그 당시의 고등학교로는 드물게 의욕만 가지고 관현악단을 결성한 젊은 음악 선생은 단원 선발에 어려움을 느꼈던지, 비올라라는 악기를 만져본 적도 없는 우리(나와 이자영) 같은 문외한門外漢도 받아들여 '도파 도솔'을 가르쳐 가면서 마침내 그해 연말에 연주회를 열기까지 한 용감한 (?) 분이었다.

아무튼 '석 자 만큼 빠진 코'에도 불구하고 이번에도 '존경하는 선배님들의 명령과 같은 권유'를 뿌리치지 못하였다.

그리고 그 선택이 나의 일생을 좌우左右할 줄을 그 때는 몰랐다. 나는 '개천에서 난 용龍'이 아니더라도 세상에는 더 의미있는 삶이 있다는 것을 그때는 모른 채, 어쩔 수 없이 선배들의 권유를 따랐을 뿐이었다.

김수호, 강우영처럼 각각 자신의 고등학교 후배들을 권유하고 지도했던 설립 회원들은 각 단과 대학의 2학년생들인 신동수(현 자연식품 음식점 경영, 당시 국사학과), 장성효(전 중앙일보 논설위원, 당시 사회학과), 손예철(현 경상대학 교수, 당시 중문학과), 김상곤(전 경기도 교육감, 당시 경영학과), 심재권(현 새정련 국회의원, 당시 사학과) 등이었다. 한국사회연구회(문리대), 사회법학회(법대), 산업사회연구회(공대) 등 다른 사회과학 서클들이 단과별 모임이었던 것과는 달리, 후사연은 당시로서는 첫 복수 단과들의 연합 서클이었다.

첫 번째 모임인 오리엔테이션에 참가한 신입 회원들은 강영원(전 대우 인터내셔널 사장, 정치학과), 고故 나병식(전 도서출판 풀빛 대표, 당시 국사학과), 손호철(서강대 교수, 당시 정치학과), 진홍순(전 KBS 본부장, 당시 중문학과), 박재묵(전 충남대 교수, 당시 사회학과), 강철구(전 이화여대 교수, 당시 서양사학과), 김문수(전 경기도지사, 당시 경영학과), 조기대(전 대우전자 전무, 당시 경제학과), 박원표(전 LG 고문, 당시 법학과) 그리고 필자(법학과) 등이었다.

서클 소개와 신·구 회원 각자 소개로 이루어진 오리엔테이션이 끝난 후, 회장 심재권이 옆 강의실로 나를 데리고 갔다. 그는 취미, 종교, 포부 등 나의 신상身上에 관한 사항을 이것저것 묻더니, 교양과정학부 회장 후보로 내가 추천됐는데, 기독교인인 것이 조금 걸린다고 했다.

후사연 교양과정학부 회장을 맡으려면 종교를 버리라는 뜻으로 들린 심 선배의 그 말에 순간 '이것은 아니지'라는 생각이 들어, 면접실을 박차고 나왔다. 사실 나는 모태신앙母胎信仰은 아니지만, 초등학교 1학년 때부터 교회를 다니며 신앙생활을 해 왔는데, 고등학교를 졸업할 무렵에는 교회의 가르침에 대해 회의를 품고 있던 참이었지만 그래도 그건 아니었다.

나와 보니 강철구와 진홍순이 면접을 기다리고 있었다.

그런데 일주일 후의 두 번째 모임에서 뜻밖에도 심 선배는 내가 교양과정학부 회장에 선정되었음을 발표하였다.

그 후 우리는 매주일 한 번씩 모여 '새로운 세상에 관한 배움'의 시간을 가졌다. 다른 2학년 선배들은 번갈아 가며 회장 심재권과 함께 멀리 태릉까지 와서 우리를 지도하였다.

첫 번째 교제는 「들어라, 양키들아!」(C. 라이트 밀즈)이었다. 나는 우선 반미 감정이 담겨 있는 '양키들아'라는 말에 거부감을 느꼈다.

고 1의 겨울방학 때 나는 '은하회'라고 하는 영어회화 서클 친구들과 함께 연탄을 배달하여 모은 돈을 '우리의 혈맹 미국의 요청으로 월남전에 파병된 국군'의 위문금으로 전달한 적이 있었다. 그런데 그 은하회의 지도교사가 '평화봉사단'(Peace Corps)으로 우리 학교에 파송된 미스 허쉬라는 미국인 여성이었다.

이런 나의 수준으로는 미국의 대외 정책을 비판하고 공산주의자들이 주동이 된 폭력 혁명이라고 알려져 왔던 쿠바 혁명을 찬양하는 이 책을 공부하는 것이 불온한 일이라는 생각을 할 수 밖에 없었던 것이다. 그러나 세미나를 통해, 카스트로는 공산주의자가 아니라는 것과 미국이 지원하고 있었던 부패한 독재자 바티스타가 우리의 군사 독재자 박정희와 너무나 흡사하다는 것을 알게 되었다. 그리고 남미의 폭력 혁명가로 알려져 있었던 체 게바라의 위대함도 알게 되었다. 또한 이 '반미적인 불온 서적'의 저자著者 C. 라이트 밀즈가 미국인이라는 사실도 알게 되었다.

이 세미나를 끝내고 나니 우리나라의 노동자·농민·빈민들도 바티스타 정권의 압제와 착취에 허덕이던 쿠바의 노동자·농민들과 마찬가지로 군사독재자 박정희 정권 하에서 고난 받고 있다는 사실을 알게 되었다. 그래서 우리는 중간고사가 끝난 이 해 6월, 후사연의 '청계천 빈민 실태 조사'에 참가하였다. 우리는 이 조사를 통해 보다 나은 생활을 위해 농토를 팔고 이농離農했다가 도시빈민으로 전락한 농민들이 바로 군사 정권의 경제개발 정책의 희생자들이라는 사실을 알게 되었다.

그리고 그 해 여름방학 때 전남 나주羅州에서의 농촌봉사활동에도 참가하였다. 거기서 우리는 짧은 기간이지만, 공업 위주의 경제개발 정책으로 방기放棄된 농민들과 함께 하며 그들의 고난을 피부로 느껴 보았다. 덤으로 우리는 이 현장 실습 과정에서 선배들로부터 '바람가', '삼돌이' 등 운동 가요들을 배워 함께 부르며, 울분鬱憤을 발산發散하기도 했다.

참조로 '바람가'의 가사는, "바람이 분다. 바람이 불어. 양키 대사관(쪽바리 대사관, 청와대, 중앙정보부)에 불이 붙었다, 잘 탄다, 잘 탄다, 양키들(쪽바리들, 비서, 짭새)은 시계줄(게다짝, 골프채, 눈깔들)만 돌린다"이다.

그리고 '삼돌이(일명 시골처녀)'의 가사는, "삼돌이~ 서울 가 돈 벌어서, 날 데려 간다더니, 시골 색시 앞세우고, 보란 듯이 돌아 왔네. 삼돌이 ~ 삼돌이는 거짓말쟁이 야~ 남자들은 모두 거짓말쟁이야요" 였다.

신동수 선배가 그 작은 눈을 사르르 감고 부르던 이 '삼돌이'는 어느 때부터인가 나의 애창곡이 되었다. 나는 기회가 있을 때마다 이 노래를 즐겨 불렀다. 이 노래에 관련된 다음과 같은 에피소드도 있다.

1984년 사선 송년회 때의 일이었다. 그 때는 DJ와 YS도 참석하였다. 송년회가 끝난 후 몇 몇 인사들과의 쫑파티 때의 일이었다. 음료가 몇 배 돌아가 모두 기분이 얼큰해지자 어떤 인사가 "김 총무가 제일 수고 했으니 한잔 쭉 들이키고 노래 한 곡 뽑아 보시여!" 물론 나는 사양치 않고 '삼돌이'를 구성지게 불렀다. 그런데 노래가 끝나고 보니 왠지 자리에 갑자기 찬 물을 끼얹은 듯 쌩 하더니, 한 인사가 자리를 박차고 나가 버렸다. 그리고 그 자리는 그야말로 쫑 나버렸다.

나중에 알고 보니 그 당시 '삼돌이'는 YS를 뜻했고, 자리를 박차고 나간 인사는 YS쪽으로 기운 사람이었다는 것이다. 나는 아직도 그 선배에게 변명을 못하고 있다.

2학기의 세미나 텍스트는 유인호 교수의 「후진국 경제론」이었다. 우리는 이 세미나를 통해서 후진국의 공업품 수출 위주의 경제개발 정책이 미국 중심의 세계 경제에 종속화되는 사실을 알게 되었다. 그리고 농업 · 공업 · 임업 · 어업 등 전 산업을 아우르는 균형 있는 '민족 경제' 수립의 필요성을 알게 되었다.

우리는 이렇게 후사연의 사회과학 세미나를 통해 넓혀진 우리의 지식과 시각을 일반 학생들과 공유하기 위해 '민족경제 육성에 의한 경제개발의 필요성'이라는 공개강좌를 열었다. 그러나 이 강좌는 후사연의 모임을 불온시하고 있던 학교 당국의 방해로 개최되지는 못했다.

겨울 방학을 통해 우리는 노동 현장에 들어가 노동자들의 삶을 직접 체험하는 '하방 훈련下方訓練'을 실시하였다. 하지만 나는 이 훈련에는 참가할 수 없었다. 아르바이트를 해야 했기 때문이었다.

1학기 중간 쯤 되는 어느 날, 문과 A반(법대와 상대) 담임교수인 K모 교수가 나를 호출하였다. 나는 불온서클 '후사연' 문제 때문이라고 예단像斷하여 미리 겁먹은 얼굴로 K 교수의 연구실에 들어갔다. 그런데 예상과 달리 K 교수는 나의 개인 신상표를 들여다 보면서, 생활이 어려운데 왜 장학금 신청을 안 했느냐고 물었다. 내가 "입학 성적이 별로 좋지 않아서……."라고 했더니, "법대를 합격할 정도면……." 하면서, 납부금 면제 대상으로 올려 주었다. 그렇게 해서 나는 1학년 2학기부터 그 후 나머지 3년 반 동안 기성회비와 생활비만 마련하면 되게 된 것이었다. 물론 매 학기 B학점 이상의 성적을 올려야 한다는 조건을 만족시켜야 했지만 말이다.

"당신들이 계셔서 나는 행복했습니다."

2. 서울대생 신민당사 난입사건

1971년 2학년 새 학기, 동숭동 법대 교정은 공릉동 교양과정학부와는 전혀 다른 분위기였다. '교련 반대', '학원사찰 중지', '언론자유 보장' 등을 요구하는 시위가 계속되고 있지만, 학교 전체는 고시 공부 분위기였다. 교문을 들어가면 왼쪽에 단층의 휴게실이 있고 그 앞으로 낡은 2층 건물이 남북으로 길게 솟아 있었다. 입구에 4 · 19 민주혁명의 상징인

자유의 종이 매달려 있고, 현관을 들어가면 1층에는 학생과와 학장실 그리고 교수 연구실들이 나란히 늘어서 있고, 위층에는 가운데에 작은 열람실을 사이에 두고 남북으로 두 개의 도서관이 차지하고 있었다.

도서관의 실내에는 칸막이가 되어있는 책상 150석씩이 차지하고 있었다. 대학도서관이라고 하기 보다는 대입 준비를 위한 독서실 분위기였다.

남쪽 도서관은 대체로 2~3학년들이 사용하고 있었고, 북쪽 도서관은 4학년들과 졸업생들이 사용하고 있었다.

지정석指定席은 아니었지만 한 번 앉은 학생이 읽던 책들을 놔두고 자리를 비우는 것이 일쑤였기 때문에, 거의 지정석이나 마찬가지였다.

2학년이 된 나는 교양과정학부 시절 후사연의 일들은 잊고 마음을 새로이 하여, 수업이 끝나고 과외 아르바이트를 가기 전까지는 대체로 남쪽 도서관을 이용하여 '개천에서 난 용龍'이 되려고 몸부림치고 있었다.

그러나 시국時局이 나를 가만 두지 않았다. 그해 4월 어느 날, 3학년 장기표 선배가 나를 불러냈다. 대통령 선거 참관인단에 법대 대표로 참가했으면 좋겠다는 것이었다. 나는 교양과정학부 후사연 모임에 방문한 그를 잠간 본 적이 있었다.

후사연의 심재권 회장이 서울 12개 대학 대표들로 민주수호전국청년학생연맹을 구성하여 그 회장을 맡고, 4·27 대통령선거를 참관하기 위한 참관인단을 모으고 있다는 사실을 이미 문리대 후사연 회원인 나병식(작고, 전 민주화운동기념사업회 초대 상임이사, 당시 국사학과 2년)으로부터 들어 알고 있었다.

내키지 않았지만 어쩔 수 없이 '참관인단'의 일원—員으로 강원도 홍성으로 가서 투표 상황을 참관參觀하였다. 문교부가 인정한 공식 참관인들이어서 그랬는지 우리는 투표소 안에 마련된 참관인석에 앉아 투표 현황을 참관할 수 있었다.

그 지역 중년의 남자들이 우리에게 접근하여 위협적으로, "투표는 안 하고 남의 마을에 와서 무슨 XX들이냐?"라고 쌍소리를 섞어가며 노골적으로 비아냥거려도 누구 한 사람도 그들을 저지沮止하는 사람이 없었다.

산골마을이라 노인들이 다수인 이곳에서 우리는 젊은 층들이 노인들을 부축副軸한다는 구실로 투표 박스 안에 노인들과 같이 들어가 노인들의 손가락을 잡아 투표한다(일명 '피아노 투표')든지, 젊은 사람과 노인들이 한 사람씩 사이를 두고 줄을 서서, 젊은 사람이 투표하고 나와 뒤에 들어가는 노인에게 기표할 번호를 가르쳐 주는 식('릴레이 투표')의, 희한稀罕한 방식들로 부정선거를 자행恣行하는 모습들을 목격할 수 있었다. 그렇지만 주위의 위협적인 분위기 때문에 현장에서 바로 이를 지적指摘하는 것은 물론 시정是正을 요구하는 일이 가능치 않아, 우리는 그냥 바라만 보면서 무기력한 치욕감恥辱感을 맛볼 수밖에 어쩔 도리가 없었다.

이런 식으로 하여, 박정희는 김대중보다 100만 표를 더 얻어 삼선三選에 당선되었다.

민주수호전국청년학생연맹은 곧 바로 '참관인단 보고대회'를 열고 '4 · 27 대선이 부정선거'임을 공표公表하였다.

국민들의 분노도 치솟아 올라, 5월 총선을 거부하자는 여론이 전국적으로 형성되었다. 그런 와중渦中에 당시 야당인 신민당 당수 Y 씨가 당선이 확실시 되는 자신의 지역구 서울 상도구를 여당인 공화당 인사 J씨(당시 대한축구협회 회장, 박정희의 처조카?)에게 팔아넘기고 다른 지역구를 옮겨갔다는 사실이 언론에 보도되자, 국민들의 분노는 불에 기름을 끼얹은 꼴이 되었다.

그러자 서울대 참관인단들 가운데 40여명이 신민당 당사를 방문하여 이를 항의抗議하고 총선을 거부하라고 요구했다. 이에 독재정권은 이들 중 손호철(서강대 교수, 당시 정치학과 2년), 이근성(인터넷신문 프레시언 상임고문), 김호경(법무법인 김엔장 상임이사, 당시 정치학과 2년), 한석태(경상대학 교수, 당시 정치학과 2년), 정우량(전 월간중앙 편집위원, 당시 국사학과 2년), 정계성(법무법인 김엔장 대표, 당시 법학과 3년), 우양구(미국 주재, 당시 행정학과 2년), 필자(당시 법학과 2년) 등 8인의 학생을 구속하고 이 사건을 '서울대생 신민당사 난입사건'(이하 '신민당사 난입사건')이라고 발표하였다.

이 사건은 당시 독재정권의 전가傳家의 보도寶刀였던 각종 간첩단 사건 등 반공법 위반 사건을 제외하고는 일반 형법에 의거依據하여 학생들이 한 사건에 이처럼 집단으로 구속한 것으로, 이런 일은 60년대 '한일회담반대시위' 사건들 이래 처음이었다. 그래서 학생들의 석방을 요구하는 시위示威는 말할 것 없고, 법조인들이 변론인단을 구성하여 무료 변론에 나섰다.

감찰이 '업무방해의 피해자'라고 주장한 신민당 대표 K씨는 변호인 심문에서 '학생들과의 평화로운 대화였다'고 증언했다. "학생들에게 겁박劫迫을 당해 업무가 방해 되었다고 생각하는가?"라는 변호인의 심문에, "전혀 그렇지 않았고, 오히려 학생들과의 대화를 하면서 나는 수치심羞恥心을 느꼈다."고 진술한 신민당 대표 K씨의 증언에, '수치심은 곧 혐오감'이라고 한 군 법무관 출신의 K 검사의 견강부회牽强附會는 오랜 동안 세간世間의 웃음거리가 되었다.

그는 수치심은 곧 혐오감이고, 강박으로 인한 혐오감으로 업무방해를 받게 된 것이라고 해석하고 싶었던 것이었으리라.

그는 평화적 대화라는 피해자측의 증언에도 불구하고 학생들이 폭력적인 수단으로 당사를 점거하고 업무를 방해하였다는 억지 논리를 전개하였다. 그래도 그때까지만 해도 지금처럼 '좌익左翼, 용공容共, 종북從北'으로 밀어붙이지 않은 것만 해도 아직은 이성적理性的인 시절이었던 모양이다.

어찌됐든 검찰은 폭력에 의한 '건조물 침입죄'(형법 319조)와 '업무방해죄'(형법 313조)를 물어 전원에게 유죄를 구형하였다.

재판장 양헌梁憲 판사는 구속한 지 한 달만에 보석保釋 판결을 내려 학생들을 석방하였고, 결국에는 '최소한 선고유예宣告猶豫만이라도……' 하는 검찰 쪽 요구를 받아들이지 않고 무죄판결無罪判決을 내렸다.

그러나 그 후 양 판사는 강압强壓에 의해 판사직을 사임하였다. 그리고 변호인단 대표 변호사였던 이병린李炳璘 변호사도 누명陋名을 쓰고 낙향落鄕하고 말았다.

한 달 후인 6월 경, 이범렬, 최공웅 판사 등 세 사람이 구속되는 사건이 발생하였다. 7월에는 검찰의 이런 보복적인 조치에 항의하여 전국 지방법원 판사들의 집단사퇴集團辭退로 시작된 지방법원 판사들과 지방 검찰청 검사들 간에 갈등으로 번졌고, 이어 고등법원과 고등검찰 간의 갈등 그리고 마침내는 대법원과 대검찰청과의 갈등으로 이어졌다. 그러나 결과는 사법부가 독재정권에 무릎을 꿇고 굴종屈從하는 불행한 역사가 시작되고 만 것이다('제1차 사법파동').

계속되는 시위로 말미암아 위수령이 내려져 서울 시내 10개 대학이 휴업을 당하고 각종 서클이 해체되었다(10월 15일). 그리고 2000여명의 학생들이 연행되고, 그 중 각 대학 시위 주동 학생(주로 학생회 간부 및 대의원들) 174명이 제적되고 , 그들 중 결격자缺格者(상대 김문수와 같은 병역면제자)들을 제외하고 대부분은 강제 입영되었다(10월 17일).

민주수호전국학생청년연맹 위원장인 심재권(새정련 국회의원, 당시 사학과 3년), 장기표(전 전태일기념재단 초대 이사장, 당시 법학과 3년), 조영래(작고, 변호사, 「전태일평전」 저자, 당시 사법연수원 1년), 이신범(당시 「자유의 종」 편집인, 법학과 4년) 등 4명이 '서울대생내란예비음모사건'으로 구속되었다(11월 12일).

어쨌든 무죄판결로 석방 된 나는 '일사부재리一事不再理 원칙'(확정판결이 내려진 사건에 대해 두 번 다시 심리하지 않는다는 원칙)에 따라(?) 제적除籍도 강제 군 입대도 면할 수 있었다.

3. 서울대생 신민당사 난입사건, 그 이후

1971년 4월 말경 장기표 선배의 권면勸勉을 듣고, 종로 2가 조계사 건너편에 위치한 신민당 당사에 찾아갔다. 신민당 2층 대회의실에는 이미 학생들 40여명이 신민당 대표들과 평화롭게 대화對話를 나누고 있었다. 나는 그곳에 잠시 머물다가 내가 꼭 있을 필요는 없을 것 같아 회의 도중에 당사를 나와 과외 아르바이트를 하고 밤 11시쯤 귀가하여 잠자리에 들었다.

얼마나 잤는지 모르는데, 한밤중에 개 짖는 소리 등 왁자지껄한 소란騷亂에 깨어 보니, 50대로 보이는 형사刑事 한 사람이 내 방까지 침입하여 나를 강제연행하려 하였다.

나는 엉겁결에 "영장 제시하라!"라고 소리쳤다. 그러자 형사는 잡고 있던 내 허리춤을 슬그머니 놓고 방안에서 물러났다. 그들은 다음날 아침 9시쯤 영장을 제시하고 나를 동대문 경찰서로 연행해 갔다.

내가 피곤하여 잠에 골아 떨어져 있는 동안, 그들은 나의 도주逃走를 막기 위해 영장이 발부되는 때까지 여러 시간 동안 집 밖 사방을 둘러싸고 망을 보는 수고를 하고 있었다고 한다.

그 때는 아직 경찰이 그 만큼의 법을 준수하려 했던 시절이었던 것 같다.

나의 영장 발부를 위해 하루 밤을 허비虛費하는 동안, '7인의 공범자들'은 이미 조사를 끝마치고 유치장에 유치留置되어 구속영장拘束令狀의 발부를 기다리고 있다는 것이다.

동대문 경찰서에서 그들은 나를 다시 어디로인가로 연행해 갔다. 이번에는 그들은 나의 눈을 가리고 경찰차가 아닌 검은 세단에 태워 뒷좌석 가운데에 앉히고 두 사람이 팔로 나를 붙들고 갔다.

한 15분 정도의 거리라고 짐작되는 곳에 도착하여 2층으로 끌고 올라가서 그들은 나의 가린 눈을 풀었다. 그곳의 모든 창문에는 블라인드가 가려져 있고, 천정에는 전구가 하나 켜져 있어 대낮인데도 불구하고 컴컴하였다. 방 한 구석에는 군용침대가 하나 덜렁 놓여 있는 두 평 정도의 사무실 같은 공간空間이었다.

"이곳이 그 악명惡名 높은 남산 중앙정보부 인가?"라고 혼자 말로 중얼거리는 순간, 그들 중 한 자者가 손바닥으로 나의 목덜미를 갈기며, "웃옷 다 벗어!"라고 소리쳤다. 주섬주섬 웃옷을 다 벗고 팬츠와 런닝셔츠 차림이 되고 나니 4월 말의 봄날 기온에도 으스스 소름이 끼쳤다.

그러자 그 자는 내 바지에서 가죽 혁대를 뽑아 들고 나의 등을 마구잡이로 갈기기 시작했다. 아무런 말도 없이 무작정 한참 동안을…….

나는 서 너 대까지는 심한 통증痛症을 느꼈지만, 그 후로는 아무런 느낌도 없이 그저 멍멍한 상태이었다.

서울 구치소에서의 일이었다. 폭풍 뒤에 찾은 오래간만의 평온 속에서 정신을 차린 나는 연행될 당시 호주머니에 있었던 천 몇 백 원인가로 내의內衣를 구매購買하여 갈아입고 있을 때였다. 앉아도 한 방, 서도 한 방, 누워도 한 방이라는 1.75평의 좁은 감방에서 서로 몸을 비비고 보낸 며칠 동안에 어느덧 친근해진 동료 수감자 7인 중에 한 사람이 내 등을

만지며,

"어이 김 군! 자네 등이 왜 이렇게 새캄해?" 하는 것이었다.

그것이 중앙정보부에서 조사 받을 때 구타당한 흔적痕迹이라는 것을 그가 알 리가 없었고, 그 당시에는 또한 나도 알지 못했다.

고문拷問 중에 가장 견딜 수 없던 것은 그들이 슬리퍼의 바닥으로 내 입을 문지를 때에 느꼈던 모멸감侮蔑感이었다. 가죽 혁대도, 군용 야전 침대 각목도, 잠 못 자게 하는 고문도 이보다 더 고통스럽지는 않았다.

아무리 이러저런 고문을 해도, 왜 여기에 들어오게 되었는지 그 영문을 모르고 있던 나에게서는 7명의 공범共犯들이 진술해 놓은 사실들 이외의 것이 나올 리가 만무하였다. 마침내 그들이 먼저 지쳤다.

그런 가운데 내가 자백한 유일한 사실은 장기표 선배가 신민당 당사黨舍에 항의하러 가라고 권했다는 것이었다. 나의 배후背後였던 그가 평소와 다름없이 양복 차림에 서류 가방을 옆구리에 낀 모습으로 내 앞에 나타난 것은 내가 연행連行된 지 3일째 되는 날이었다. 나는 장 선배에게 부끄러웠고 미안했다. 그자들은 장 선배가 '국사범'이라고 위협하였다. 아마도 나를 겁주기 위한 거짓 협박이었을지도 모를 일이었다.

나는 그날로 곧 서울구치소에 수감되었다. 장 선배의 그 뒤 소식이 궁금하였으나 다행히 그는 구속자 명단에는 빠져 있었다. 그런데 장 선배는 그해 11월 '서울대생 내란 예비 음모 사건'으로 4인의 한 명으로 정말 '국사범'이 되어 구속되었다.

5월 하순 쯤, 대의원 의장인 최명의崔明毅(당시 법학과 3년)가 김철수金哲洙 교수(헌법학)와 함께 구치소로 면회를 왔다. 그들은 다른 대학과 마찬가지로 법대에서도 우리들의 석방을 요구하는 시위를 연일連日 하고 있다는 것, 그리고 우리 사건 덕택에 야당이 총선總選에서 약진躍進을 하였다고 격려해 주었다.

석방된 뒤 한 달 뒤인 6월 쯤, 김증한金曾漢 교수의 민법총론 강의를 듣기 위해 대 강의실에 들어갔을 때의 일이다. 김 교수의 강의는 법학과, 행정학과 2학년 동급생 160명 전원이 함께 듣는 유일한 강의였다. 연행되던 날의 나의 에피소드를 어디서 들었는지는 모르지만, 환갑에 가까운 근엄한 노교수老教授는, "법학도라면 영장 제시를 요구할 정도는 되어야 하지!"라고 했다. 당신은 농담으로 한 말이었겠지만, 그 말은 법학과 2학년 전체 앞에서 나의 존재를 확인시켜주는 결과를 가져다 주었다.

정말 이유도 모른 채 이 사건의 주동자가 되었지만, 그 때만 해도 아직 '두 눈을 가리고 저울을 들고 있는 정의의 여신 디케'로 표상表象되는 법관이야말로 유일한 나의 목표였다. 그런 나의 꿈이 1971년 '사법파동'으로 금이 가고, 1972년 '유신헌법'으로 무너져 내리기까지는 그랬다.

그러나 나의 의지와는 달리 동료 학생들은 나를 더 이상 '개천에서 난 용'이 될 꿈을 품은 고시생으로 놔두지 않았다.

그해 6월 이후, 교련 반대, 학원 자율화, 부정부패 반대 등의 쟁점으로 대학의 시위가 격렬해지자, 고시공부에 몰두沒頭하던 일부 법대생들까지 가두로 몰려 나갔다. 나는 더 이상 그 시위에 참여하고 싶지 않았지만, 감옥에서 엊그제 석방된 '민주인사'의 체면상 고시공부를 하고 앉아 있을 수 없어 가급적 시위대의 중간쯤에서 따라가려 했다. 그러나 그들은 몸을 숨기려 하는 나의 등을 떠밀어 그 시위대의 선두에 서도록 했다.

1972년의 새 학기에 들어선 어느 날, 게시판에 전원배全元培 교수(법철학)의 연구실로 집합하라는 공고가 붙었다. 전 교수의 연구실로 가보니 이미 십 수 명의 학생들이 모여 있었다.

전 교수는 한 사람씩 돌아가며 당시의 시국에 대한 우리들 각자의 생각을 소신껏 말해 보라고 했다. 우리는 주저주저하며 각자의 의견들을 피력했다. 다 듣고 난 전 교수는 다소 격앙激昻된 어조로, "국민은 민주주의 · 인권 · 자유 등 헌법적 가치를 지켜지도록 감시 · 비판 반대할 책임이 있으며, 법을 공부하는 학생들은 마땅히 그런 정신으로 공부해야 한다는 것을 잊지 말아야 한다"고 역설力說했다.

나중에 알고 보니, 독재정권이 반정부 시위를 막아 보기 위한 조치의 하나로 2, 3학년 가운데, 소위 '문제 학생들'을 모아 특별 지도하라는 지시를 내렸고, 법대에는 그 특별 지도교수로 전 교수를 지명指名한 것이었다. 그러나 그 첫 모임에서의 전 교수의 말은 독재정권의 지시와 역행되는 것으로 오히려 시대의 요구에 소극적이고 어정쩡한 나를 격려하고 분발奮發시켰다.

사법파동이후 '정의의 여신 니케'가 아니라 '불의의 부역자附逆者들'로 타락한 법관에 대해 환멸하기 시작한 나에게 전 교수는 한 줄기 희망의 빛을 제시한 것이었다.

법철학은 4학년 전공과목이었기 때문에 그때까지는 전 교수의 강의를 들어 본 적이 없었고, 법철학이 무엇인지 알지 못하였지만, 전 교수의 지도를 받아 전 교수와 같은 법철학 교수가 되는 것도 나의 다른 하나의 대안代案이라고 생각을 하게 된 것이다. 그러나 그해 가을 나의 대안적 꿈도 물거품이 되고 말았다. 전 교수가 운동을 하다가 갑자기 심장마비로 별세別世를 하고 만 것이다.

그해 가을인가였다. 법학과 B 반의 Y군이 나를 찾아 왔다. 김증한 교수의 민법 이외에는 강의를 같이 들을 기회가 없었고, 때때로 있었던 법대 시위나 남쪽 도서관에서의 농성에서도 전혀 얼굴을 보이지 않았던 모범적인 고시파였던 그를, 나는 잘 알아 보지 못했다.

그는 '대만臺灣 연수'에 관해 중요한 정보를 하나 알려주었다. 당시 학생과學生課는 그해 여름방학의 '대만 연수 프로그램'에 법대 대표로 나를 추천한다는 공지를 게시揭示한 적이 있었다. 그런데 Y의 정보에 따르면 박 정권이 총통제總統制를 도입하려고 획책劃策을 하고 있는데, 이 프로그램이 그 일환—環으로 반정부 성향의 학생들을 대만에 연수를 보내어, 총통제에 대한 반감을 미리 무마無摩시키기 위한 것이라는 것이었다.

사실 나는 그 게시문을 봤을 때는 독재정권의 그런 의도意圖를 알지 못했고, 단지 그 때까지 한 번도 해보지 못한 외국여행을 한번 해 보자는 생각에 별로 주저함 없이 그 프로그램에 신청을 하려던 참이었다. 나는 그의 고마운 정보 덕택에 대만 연수를 신청하지 않은 것은 물론이다.

1975년 내가 '민청학련사건'으로 두 번째 투옥되어 있을 때 그는 사법

고시에 합격하였다.

Y는 김철수 교수나 김증한 교수, 전원배 교수 등과 마찬가지로 자신의 '민주주의에 대한 열망熱望'과 자신은 비록 투쟁에 직접 나설 수는 없지만, 주저躊躇하고 있었던 나에 대한 격려激勵와 동조同調의 마음을 그런 방식으로 표현한 것이 아닌가 하는 생각이 들었다. 나는 이들에게 감사했다.

그리고 소위 '신민당사 난입 사건'의 재판장으로서 검찰의 부당한 압력에 굴하지 않고 무죄를 선고함으로써 '정의의 여신 리케'의 표상이 되셨던 양헌 판사님. 그 후 양 판사님은 1970년대 이래 기독교 민주화운동의 성지聖地인 종로 5가 기독교회관에 변호사 사무실을 마련하여 오늘도 약자弱者들의 편에서 일하고 계신다.

변호인단을 구성하여 우리를 위해 무료 변론해주심으로써 우리의 행동에 명분을 제공하셨던 이병린 변호사님, 그리고 1970년대에 검찰의 횡포와 압력에 저항하여 사법부의 독립을 위해 투쟁하셨던 많은 판사님들, 이 모든 분들께 감사한다.

"당신들이 계셔서 나는 행복했었습니다."

4. 서울제일교회 대학생회(1)

— '사회과학' 공부를 하는 교회 대학생들

위수령衛戍令이 내려져 서울 시내 10개 대학의 각종 서클이 해체되고 (1971년 10월 15일), 각 대학 시위주동학생(주로 학생회 간부 및 대의원들) 174명이 제적除籍되었으며(10월 17일), 그들 중 30명이 강제 입영되었다(10월 26일).

그리고 당시 민주수호국민협의회 산하의 민주수호전국학생청년연맹 위원장인 심재권(새정련 국회의원, 사학과 3년), 장기표(전태일기념재단 초대 이사장, 당시 법학과 3년), 조영래(작고, 변호사, 「전태일평전」 저자, 당시 사법연수원 1년), 이신범(당시 「자유의 종」 편집인, 법학과 4년) 등 4명이 '서울대생내란예비음모사건'으로 구속되었다(11월 12일).

이와 같이 각 대학의 학생 대표들을 학생 대중으로부터 격리시키고, 무장 군인들을 학내에 투입시키는(10월 12일 보안사의 고대 침입) 등, 가중加重된 박정희 독재정권의 대학 내 민주화운동에 대한 탄압으로 말미암아, 전국의 대학생들의 시위는 점점 약화弱化되어 갔다.

그런 분위기는 1972년 새 학기에 들어서도 회복될 기미氣味가 보이지 않았다. 그러한 상황 속에서 1971년 5월 어느 날, 나병식(작고, 도서출판 풀빛 대표, 당시 국사학과 3년)이 도서관으로 나를 찾아 왔다.

그는 이념서클들이 해산解散된 후 그동안 후사연의 사정事情을 전해주었다. 서울대생내란예비음모사건으로 구속된 심재권 회장 말고도, 상대 김상곤 회원(당시 상대 학생회장, 경영학과 4년), 이호웅 회원(당시 문리대 학생회장, 정치학과 4년), 김문수 회원(상대 경제학과 2년)이 제적除籍되고 이들 중 김상곤, 이호웅은 강제 입영, 김문수(전 경기도 지사, 당시 경제학과 3년)는 하방下方(신분을 감추고 노동 또는 빈민 현장에 들어가는 것)하였다는 것이었다.

그리고 문리대의 강철구 회원(국사학과 3년)과 진홍순 회원(국사학과 3년)은 그해에 새로 결성된 가면극 연구회 회원으로서 탈춤 연습으로 여념餘念이 없다는 것이었다.

그래서 그는 고심 끝에 선배의 도움으로 을지로 5가에 위치한 서울제일교회 회의실을 빌어 후사연 회원들 중 일부가 일요일이면 모여 세미나를 계속하고 있으니 필자도 동참해주기를 독려督勵하는 것이었다. 그리하여 필자는 나병식의 권유에 따라 1972년 5월 어느 일요일, 서울제일교회를 찾아가게 되었다.

중구 오장동 중부시장 부근에 자리 잡은 서울제일교회는 건축 도중 중단된, 볼성 사나운 4층 콘크리트 건물이었다. 1층과 3층, 4층은 사무실이고, 2층은 입구에서 안쪽의 3분의 2 정도를 교회가 예배당으로 사용하고 있었고, 나머지 3분의 1의 절반折半은 교회 유치원으로 그리고 그 나머지 절반을 또 나누어 그 반은 목회실 겸 교회 사무실로, 그 사무실로 통하는 앞부분 절반은 회의실로 사용되고 있었다. 이 회의실은 주일 오전 예배 시작 전에는 성가대 연습실로 사용되거나 각종 회의실로 사용하고 있었다. 후사연의 망명亡命 집단集團들은 주일예배가 끝난 후 오후 2시에 10여명 정도가 앉을 수 있는 이 사무실을 빌어 세미나를 하고 있었다. 물론 나중에 참석자 수가 증가한 후에는 유치원실에서, 유치원생용 작은 의자에 앉아 모임을 했다.

내가 출석한 그날에는 나병식 외에, 강영원(전 대우 인터내셔날 사장, 문리대), 황인성(전 청와대 시민사회 수석, 당시 문리대), 임상택(전 현대 모비스 근무, 중국어강사, 당시 상대) 등 1970년 이후 드문드문 대면對面했거나 전혀 만나지 못했던 반가운 후사연 동지들을 포함하여 9~10명이 암실暗室과 같은 비좁은 그 회의실에서 나를 환영해주었다.

그 자리에는 필자의 생의 전환轉換시킨 두 분의 목사님도 함께 하고 계셨다.

그 중 한 분은 그때로부터 40여 년의 필자의 삶을 움직여 온 '나의 신앙의 아버지'가 되어 주신 박형규 목사님(전 민주화운동기념사업회 초대 이사장, 당시 서울제일교회 담임목사)이셨다.

박 목사님은 CBS 상무로 재임 중, 1971년 4월에 결성된 민주수호국민협의회 사무총장으로 반정부·민주화 운동의 실무를 담당하고 있다는 이유로 CBS에서 강제 사직을 당하였다.

그 후 서울제일교회의 설립자인 함흥 출신 이기병 목사가 자신을 따르던 월남越南출신 신자 30여명과 4층짜리 미완성 콘크리트 건물 그리고 상당한 액수의 빚을 남겨놓고 갑자기 세상을 떠난, 대책對策없는 서울제일교회의 담임목사로 박형규 목사님이 부임赴任한 지 불과 1년이 채 안된 때였다.

그분은 6·25 전 부산대학교 철학과를 졸업하고, 동경에 주둔하던 미8군 통역 장교를 제대除隊하였고, 동경신학대학을 거쳐 미국 유니온 신학교에서 수학하였다. 그러는 동안 1960년대에는 한국기독학생회총연맹(KSCF) 총무와 대한기독교서회의 월간「기독교사상」주간主幹을 역임한 바가 있던 박 목사님은 신학뿐만 아니라 철학, 경제학, 역사 등 사회과학 전반에 능통하신 분이었다.

뿐만 아니라, 박 목사님은 70년대 이후 민중 의식화 운동, 민주화 운동에 앞장을 섰고, 그 때문에 다섯 차례의 옥고獄苦를 치루신 명실상부한 한국의 민주화운동의 대부代父이시다.

그분은 필자에게, 하나님은 '이것 하지 말라, 저것 하지 말라고 하시면서 인간을 속박束縛하고 금지禁止하는 분'이 아니라, '역사의 수레바퀴를 돌리시며 나의 목덜미를 잡아 그 역사의 현장現場으로 끌어가시는 역사적歷史的이고 역동적力動的인 분'이시라는 것을 몸소 가르쳐 주셨다. 필자는 1994년 2월에 제출한 한국신학대학의 편입 시험을 위한 신앙고백서에 그런 하나님을 더 알기 위해 편입을 한다고 고백하였다.

장남長男인 박종렬 목사(KSCF 이사장, 당시 서울대 대학원 재학)의 친구 유초하(충북대 교수, 당시 서울대 대학원 2년)의 소개를 받아 나병식 등 우리들 후사연 회원들을 위해 교회에 장소를 마련해 주신 박형규 목사님은 우리들뿐만 아니라, 우리들의 소문을 전해 듣고 서울제일교회를 찾아 온 여러 대학 운동권 학생들의 명실상부名實相符한 지도교수 역할을 하였다. 세미나를 마친 후에도 저녁예배 시간이 될 때까지 우리는 부근 찻집에 둘러 앉아, 박형규 목사님과 대화를 나누며 그의 사상과 삶을 전수傳受받았다.

또한 지난 40여 년 동안 필자를 이끌어주고 '실천實踐의 멘토'가 되어 준 권호경 목사님(전 KNCC 총무, CBS 사장, 당시 같은 교회 전도사)도 그 자리에서 만났다.

권 목사님은 70년대에는 수도권 간사幹事로, 1980년대 전반에는 한국교회사회선교협의회(사선)의 간사로, 후반에는 민주동지회 동경자료센타 관장으로, 1990년대는 KNCC 인권위원회 사무국장으로 그리고 2000년대에 들어와서는 기사연 실무자로, 고비 고비 때마다 실천의 장으로 필자를 이끌어 준 큰 형님이었다.

이 후, 때로는 참가한 후사연 회원들의 독려 때문에, 때로는 박형규 목사님의 명망名望과 인품人品 때문에, 갈 곳을 잃고 방황하던 운동권학생들이 동참同參하기 시작하였다.

후사연의 박원표(당시 법대 3년), 김희곤(개인사업, 당시 공대 3년), 최준영(전 부산양서조합 이사, 당시 공대 2년), 이영우(공대 2년)등 서울공대의 산사연 회원들과, 신혜수(이화여대 국제대학원 초빙교수, 당시 이대 3년), 김은혜(전 부천 아이쿱생활협동조합 이사장, 당시 이대 3년) 등 이화여대 새얼 회원들, 차옥숭(전주장신대 교수, 당시 이대 3년), 박혜숙(작고, 민중약국 경영, 당시 이대 2년) 등 이화여대 파워 회원 등이 연이어 동참同參하였다.

우리는 이기백 교수의 「한국사 신론」, 조용범 교수의 「후진국 경제론」, 유인호 「민족경제론」 등을 공부하여, 민족과 민중의 아픈 현실을 알게 되었고, 안병무 교수의 「역사와 증언」 등을 공부하면서 성서의 가르침에 대한 새로운 이해도 하게 되었다.

필자筆者를 비롯하여 김은혜, 차옥숭 등 교회에 다닌 경험이 있는 학생들이 교회 예배에 참석하기도 하고, 성가대원으로 활동도 하게 되자, 자연스럽게 진철상(당시 연대 4년), 이옥혜(당시 연대 3년), 조수영(당시 연대 2년) 등 서울제일교회의 기존旣存 청년들도 합세合勢하였다.

그렇게 해서 그해 연말에는 자연스럽게 정식 대학생회로 발족發足할 수 있게 되었고, 필자는 후사연 회원과 기독교인이라는 이유로 초대 회장에 선임選任되었다.

그해 성탄절에 우리는 노사분쟁을 다룬 사회극 '어느 노동자의 크리스마스'를 공연하기도 하였다. 이 시도는 성탄절이면 의례 예수의 탄생을 다룬 성극聖劇에 국한되어 있던 한국교회에서는 전혀 새로운 것이었으며, 노사분쟁의 문제가 아직은 사회적 쟁점이 되기 전이었기 때문에 많은 관심을 불러 일으켰다.

에피소드이긴 하지만, 이 사회극에 반발을 하던 기존 교인들마저도 노동자들을 핍박하는 남 부장이라는 악역을 맡았던 나에게 곱지 않은 눈총을 보내어, 서울제일교회를 출석하던 기간 내내 불편한 마음을 감추지 않으면 안 되었다.

이런 분들과 함께 할 수 있어서 나는 정말 행복했었다.

5. 서울제일교회 대학생회(2)

1973년 6월 '남산부활절연합예배' 사건으로 박형규, 권호경 목사님들이 구속되는 사건이 발생하여 발족發足한 지 겨우 6개월이 조금 지난 걸음마 수준의 대학생회는 첫 시련을 당하게 된다. 그러나 사회과학 세미나를 중단하지 않는 가운데에서, 당시 부임한 지 얼마 되지 않은 박성자 전도사(목사, 잠실교회 원로목사)의 보살핌 하에 더러는 교회의 성가대 원으로, 더러는 중·고등부 반사로서 위기危機의 서울제일교회의 유지維持를 위해 힘을 보태었다. 그때 우리는 박 전도사님을 '우리의 신앙의 어머니'라고 고백하였다.

특별히 7월에는 대학생부는 '박형규·권호경 목사님 석방을 위한 전국교회 청년·대학생회 연합기도회'를 개최하였다. 이 기도회에서는 서경석(목사, 경실련 초대 사무총장)이 이끌고 있던 예장 새문안교회 대학생부 회원들과 황주석(작고, 전 YMCA전국연맹 부장)이 이끌던 기장 창현교회 대학생회 회원 등 서울시내 여러 교회 청년·대학생회 회원 350명의 간절한 기도 소리가 서울제일교회의 좁은 예배당을 가득 채웠다. 이 기도회에는 한신대 교수인 문동환 목사님이 설교를 맡아 주었다.

우리들의 이런 기도는 그 이후 KNCC, KSCF의 석방 운동으로 이어져 그 해 9월에 두 목사님들은 보석保釋으로 석방되었고, 뒤이어 법원의 무죄판결이 내려졌다. 이것으로 목사 등 기독교인들을 내란음모로 몰아 유신체제를 공고히 하려는 박정희 정권의 음모陰謀는 좌절挫折되었고, 오히려 이 사건을 계기로 KNCC와 KSCF가 1970년대 이후 이어지는 한국교회의 반독재·민주화운동의 중심으로 부상浮上하게 되었다.

1972년 성탄절의 연극 '어느 노동자의 크리스마스'의 연출을 맡은 홍세화(한겨레신문 대기자, 당시 문리대 4학년)는 이 연극의 주연主演으로 당시 서울대 문리대 연극반 반원班員인 구창완(목사, 대만주재 선교사, 당시 문리대 1년)을 차출差出하였다.

연극 공연이 성공적으로 끝난 후, 주연을 맡은 인연으로 구창완은 서울제일교회 대학생회 회원으로 남았고, 원래 기독교인인 그는 1973년 8월 서울대 시위사건으로 도피逃避 중인 필자筆者에 이어 제 2대 회장을 맡게 되었다.

1973년 연말 대학생회는 제 2대 회장 구창완의 주도主導로 두 번째 사회극 '청산별곡'(김지하 작, 임진택 연출, 채희완 안무)을 공연하였다. 그해 4월에 결성된 서울 문리대의 가면극 연구회(회장 채희완) 회원들의 지도指導를 받아 준비된 이 연극은 서울제일교회 교인들 외에도 일반 학생 · 청년 관객들 300여명이 관람觀覽하였다.

당시 모든 대학에서 이념 서클들이 해체된 상황에서 유독惟獨 신생新生 가면극 연구회는 민속예술을 전승傳承 · 보존保存한다는 명목名目으로 학교 당국의 활동 허가는 물론 재정적 지원支援까지 받아 내는데 성공하였다. 그 때에 당국當局은 이들이 이념서클들을 대신代身하여 70년대 중반 이후, 학생운동의 선전반宣傳班 역할을 할 줄은 꿈에도 몰랐을 것이다.

이들은 자신들에게 주어진 시대적 사명使命 중 그 첫 사명이 한국 최초로 교회에서 성극聖劇 대신 사회극社會劇을 실험하고자 하는 서울제일교회 대학생회를 지원支援하는 것이라고 인식하였던 것이다.

그 후 구창완은 고등학생부 지도교사, 성가대 지휘자로 봉사하였으며, 서울제일교회의 중심 역할을 수행하였고, 그 후 한국신학대학 에 편입編入하여 목사가 되었다. 그리고 그는 마침내 박형규 목사, 서도섭 목사를 뒤이어 서울제일교회 제 4대 담임목사로 임직任職하였다.

1974년 4월, 민청학련사건 등으로 박형규 목사와 권호경 목사, 이직

형 장로와 나병식, 필자 등 대학생회 초대 회원들, 구창완, 윤관덕 등 2대 회원이 구속되었다. 그때의 구속된 목사·학생 등 교인들의 징역懲役 총 년 수가 75년에 달했던 것처럼 서울제일교회는 말 그대로 완전히 쑥대 밭이 되었다.

이런 시기에 제 3대 회장을 맡은 한승호(충남대학교 겸임교수, 당시 서울대)는 흩어진 회원들을 다시 끌어 모으고, 신입회원들을 뽑고, 일본 어 공부를 하고, 사당동 빈민지역 실태조사를 하는 등, 학업도 가정도 팽 개치고, '쑥대밭이 된 서울제일교회'를 지키겠다는 일념으로 노력하였다.

그가 회장으로 재임 당시 대학생부는 사회극 '금관의 예수'(김지하 작) 를 준비하였다. 그러나 이 연극은 당국의 방해로 공연될 수는 없었고, 교 회당을 가득 채운 300여명의 관객들은 양두석의 창唱 '진오귀'로 섭섭함 을 달래야만 했다.

쑥대밭이 된 서울제일교회를 정상화시킨 후 1974년 중반 자신의 동 기인 오세구에게 회장직(제 4대)을 물려준 한승호는 한국기독교장로회 청년회전국연합회(당시 회장은 현 기사연 원장 성해용 목사) 산하傘下 에 문화선교위원회를 발족하여 초대회장을 맡아 기독교 문화운동의 발 전에 매진邁進하였다.

그 이후 역대歷代 회장은 다음과 같다.

1974년   제 4대 회장 오세구(작고, 전 민중교육연구소 연구원, 당시 서울대)

1975년   제 5대 회장 기길동(전 민주당 국회의원 보좌관, 당시 서울대)

| 1976년 | 제6대 회장 박세현(재미, 당시 광운대) |
| 1977년 | 제7대 회장 황인하(작고, 주식회사 대우자동차 근무, 당시 서울대) |

1972년 말에 발족된 서울제일교회 대학생회의 학번별學番別 회원들은 대강大綱 다음과 같다(학교명은 당시 재학 중이던 학교임).

70학번	나병식, 강영원 박원표 김회곤, 김경남, 신혜수, 김은혜, 차옥숭
71학번	임상택, 황인성, 최준영, 이영우,
72학번	구창완, 정인숙(서울제일교회 시무장로, 이대), 조중래(국민대 교수, 서울대), 강정례(미국 거주, 이대), 윤관덕(학원 운영, 고려대), 박혜숙 등
73학번	한승호, 오세구(작고, 서울대), 황은선(성신여대), 백미서(전 동국대 겸임교수, 이대), 김희은(여성사회교육원 원장, 이대), 이형숙(숙대), 양두석(전 한국보험연수원 부원장, 국민대), 신희춘(전 롯데호텔 근무, 서울대), 김기정(주거연합 대표, 서울대) 등
74학번	기길동, 주재석(민주노총 창원 지부 지도위원, 서울대), 박찬우(전 고등학교 교사, 서울대), 최규덕(전 국민은행 지점장, 서울대), 이창호(민주화운동기념사업회 근무, 서울대), 정창균(개인사업, 서울대), 박혁순(목포대 교수, 서울대), 지두환(국민대 교수, 서울대), 김만중(서울대) 등

75학번	박세현, 이창호(전 성심여고 교사, 서강대), 이경숙(서강대), 윤후덕(새정련 국회의원, 연세대), 한승동(한겨레신문 대기자, 서강대), 이구슬(외대) 등
76학번 아래	백금서(조선대 겸임교수, 성균관대), 안동환(전 SK 훈련원장, 서강대), 김왕태(의정부의료원 원장, 서강대), 장경우(학원경영, 서울대), 이승숙(이대), 한석희(고등학교 교사, 서강대) 등

1975년 우리들이 석방되어 귀환하기까지 제 1기의 박원표와 임상택이 대학생회 후배들과 배움을 같이 해 주었다.

나는 석방되어 복귀한 후 대학생회 선배로서 그리고 서울제일교회 전도사로서, 1977년 말까지 대학생회 후배들과 배움과 실천을 같이 하려고 했다.

나는 후사연의 선배들로부터 소개받았던 사회과학 교제로 후배들과 함께 공부를 했고, 노동자, 농민, 빈민들과의 동행을 위해 농촌봉사활동, 노동자, 빈민 야학의 실시 등을 권면하였다. 기장 베다니 기도원, 성공회성 미카엘 수도원, 경기도의 정성국 장로(정광서 목사의 부친)의 농장農場 등지에서 수련회를 하며, 올바르게 살아가는 길에 대한 배움과 의지를 다졌다.

1975년에는 경기도 양평으로 농활을 실시하였고, 1976년에는 교회의 지하실을 이용하여 중부시장 노동자들을 위한 노동야학을 실시하기도 했다. 이 야학은 1977년에 들어서서 대학생부 회원들과 중부 시장 노동자들과 동등同等한 형제로서의 만나자는 뜻을 지닌 '형제의 집'으로 결성·발전하였다.

서울제일교회 대학생회의 소문이 알려지자 새문안교회, 창현교회 등에서 '사회과학 공부하는 교회 대학생회'가 속속들이 나타났으며, 나중에는 보수적인 교회들을 제외하고는 사회과학 공부하는 교회대학생회로 모이지 않는 교회가 드물 정도가 되었다.

이들 교회 대학생·청년들은 1973년 남산 부활절 예배 사건, 1975년 선교자금 횡령사건 등으로 박형규 목사와 권호경 목사의 구속 시 이 분들의 석방을 위한 연합기도회에 함께 참가하며 연대와 협력관계를 넓혀갔다.

1975년 KNCC는 이와 같은 새로운 교회 청년들의 힘을 아울러 내기 위해 청년부(당시 서경석 간사 담당) 산하傘下에 한국기독청년협의회(EYC, 초대회장 송진섭)를 신설하였다.

EYC는 기존既存의 한국기독학생회총연맹(KSCF)와 더불어 1970년대 이후 한국 기독청년·학생 민주화운동의 쌍두마차가 되었다.

1973년부터 대학생회 회원들은 처음에는 기존 기독교인들로서 일요예배 참석, 성가대 봉사, 중고등부 교사로의 봉사 등을 통하여 서울제일교회의 성도가 되었으며, 또한 비기독교인 회원들도 차례로 세례를 받고 서울제일교회의 성도가 되었다.

뿐만 아니라 자신의 가족들과 친지들도 교회로 인도하는 회원들도 생겨났다. 특히 강영원은 자신의 부모님과 동생들을 교회로 인도하는데 앞장섰다. 강영원의 부친 강승택 아버님은 나중에 서울제일교회 장로로

피택되어 시무하셨다. 72학번 강정례는 그의 누이 동생이고, 후일 그의 막내 동생 강상원 부부도 열렬烈烈한 성도가 되었다. 게다가 73학번 이형숙 회원은 그의 과외課外 제자이었다.

다른 교회에 출석하던 제 2대 회장 구창완의 두 여동생 구은희와 구선희도 전입해왔다.

심지어 형제의 집 노동자 회원들도 세례를 받고 성도가 되었다. 김장수, 이주열, 장옥자 등이 대표적인 인물들이었다.

대학생회 회원들 외에도 민주화를 염원하는 많은 인사들이 속속 박형규 목사의 품으로 모여들었다.

두 목사님들의 명예를 실추失墜시켜 서울제일교회를 와해시키고자 했던 독재정권의 의도意圖와는 반대로 두 분의 목회자와 대학생회 회원들의 계속된 구속拘束에도 불구하고 성도 수는 점점 늘어났고, 서울제일교회는 국내는 물론 해외까지 널리 알려진 민주화운동의 메카가 되었다.

대표적인 인사들로는 손학규 씨(전 민주당 국회의원, 당시 수도권 간사) 부부, 이창식 씨(전 YMCA 연맹 부장, 당시 서울대 대학원) 부부, 이직형 씨(전 서울제일교회 장로, 당시 KSCF 총무) 부부, 유일상 씨(전 건국대 교수) 부부, 고민영 목사(전 기장선교원 원장) 부부, 한용상 씨(당시 CBS 국장) 부부, 김재훈 씨(전 유가협 회장) 부부, 임기란 씨(전 유가협 총무) 등등 이루 다 기억할 수가 없다.

그 결과 1972년 말, 대학생회가 설립된 당시 50여명 정도였던 성도 수는 1977년에 이르러 200여명으로 증가增加하였다.

나는 '역사를 움직이시는 하나님의 인도하심'의 현장現場을 목도目睹하였다.

당신들과 함께 하여 나는 행복했다.

6. 나의 영원한 상부上部 만파 나병식
— '전국민주청년학생연맹사건'의 상부, 나병식

1974년 5월경, 서울구치소 1사舍 상上 3방房의 펭끼통(화장실)에서 1
사 상 10방의 지하芝河 형(우리는 한때 그를 형이라고 하며 존경한 적도
있었다)과 통방通房하는 소리를 듣고, 1사舍 하下 10방房의 한 사람이 말
을 걸었다.

"경남이 형! 나 원희여~ 나 어제 들어 왔어여~"

외국어 대학교 학생으로 KSCF 회원인 이원희(목사, 현 민청학년역사
편집위원) 군이었다.

"그런데, 며칠 전 정보부가 발표한 도표를 보니까 형이 나병식羅炳植
형의 하부下部인 한신대 책責으로 나와 있데여~"

캠퍼스가 닫히면 반정부 시위를 책임져야 할 KSCF의 선배가 왜 민청
학련 도표에 서울대생 나병식의 하부로 발표되어 있느냐는 말이었으리
라.

반정부 시위가 일어나면 계엄령이 발포되고 휴교령이 내려 학원의 투
쟁이 중단되는 이제까지의 악순환을 벗어나기 위해, 이번에는 휴교령이
내리면, KSCF를 중심으로 운동을 이어간다는 약속이 되어 있었던 것이

다. 나는 KSCF 선배인 고故 김동완(목사, 전 KNCC 총무) 형의 지시로 학원 측의 연락 임무를 맡고 있다는 나병식을 만나 양측의 정보를 교환하기로 된 것이었다

그리하여 그해 1월부터 나는 나병식을 매주 한 번씩 정기적인 접촉을 하여 왔다. 그런 가운데 2월에 대학을 졸업한 나는 이미 결심한 대로 한국신학대학에 학사 편입을 하여, 3월부터 수유리로 등교하게 되었다.

한신대생이 되어 신학을 공부하기 시작한 지 20여일이 지난 어느 날 예기치 않은 일이 나를 기다리고 있었다. 2학년생 김진열 목사 등 5~6명이 나를 찾아 와 시위 준비를 도와 달라는 것이었다. 1월 도시산업선교회 목회자들이 유신철폐를 주장하여 구속되었는데, 그 중에 한신대 선배들도 구속되어 있어 그들의 석방을 위한 시위를 하겠다는 것이었다. 이들 중 김 군 등은 서울제일교회의 중·고등부 반사班師로서, 남산 부활절 예배 사건으로 구속된 박형규 목사 등 성직자들의 석방을 위한 기도회 등을 개최하는 일들을 보고, 마치 내가 프로 운동권이라도 되는 줄 알고 있었고, 그래서 자기들이 시위를 한다면, 쌍수雙手를 들어 환영하고 도와 줄 것이라고 생각하였던 것이다. 그리고 그들이 하려는 것이 바로 우리가 준비하던 것이 아니었던가? 그들의 용감한 결단에 같이 해야 함이 당연한 것이었지만 학원 측과의 약속이 더 큰 일이었기 때문에 그들과 함께 할 수 없는 것이 안타까웠다. 그러나 그 일을 그들에게 털어 놓을 수도 없었던 나는, "나는 신학자가 되려고 한신대에 왔다. 미안하다. 나는 공부만 하려고 한다"며 완곡히 거절하였다. 수차례 꾸준히 매달려도 소용이 없자 그들은 마침내, 경멸의 눈빛으로 비겁자라고 비

난을 하기에 이르렀다. 그 지경까지 이른 나는 순간적으로 자존심이 상하였다.

그리고 그들의 뒤를 따라 수유리 버스 종점 옆 산 위로 올라가, 성명서, 플래카드의 문구, 구호 등을 작성해 주고, 시위 순서와 방식까지 가르쳐 주고는, 내 이름은 절대 불지 않겠다는 다짐을 받고 산에서 내려왔다.

4월 3일 발표된, '자수하지 않으면 사형, 무기징역 또는 15년의 이상 유기징역에 처한다'는 상상을 초월할 정도의 위협적인 긴급조치 4호에 시위라고는 처음 시도해보려 했던 '나의 공범자들'이 분명히 자수했을 것이라고 확신했던 나는 전전긍긍戰戰兢兢하며 며칠을 보냈다. 드디어 4월 7일쯤 평소처럼 아르바이트를 끝내고 돌아오던, 나는 천호동 소재 나의 집 가까운 골목길 어귀에서, 우리 동네 통장을 앞세운 경찰들에게 연행되어 동부경찰서로 끌려갔다.

그러나 동부경찰서는 영문도 모른 채 단지 상부의 지시로 연행했을 뿐이었는지 나는 매일 형식적인 진술서를 작성하는 일로 나날을 보냈다. 그들은 오히려 나에게, "자네 무슨 일 하고 여기 들어 온 거야?" 하고 물을 정도였다.

그렇게 하기를 1주일 쯤 지난 어느 날, 평소와 똑같이 진술서를 작성을 한다고 책상에 앉아 노닥거리던 나는 오후가 다 되어 나의 행동을 관찰하고 있는 사람을 의식할 수 있었다. 그동안 나와 친해져 농담까지 할 정도로 친해진 동부서 형사들과는 달리 그는 날카로운 인상印象을 지닌 40대 정도의 남자였다. 오후 퇴근 무렵이 다 될 때 쯤 느릿느릿 일어나 나를 정보과 옆의 외사과로 데려 간 그는, "하루 종일 당신을 관찰하고 있었는데, 당신은 거짓말만 하고 있데요! 다 알고 왔으니 솔직히 진술하시요!"라고 말문을 꺼냈다.

예의까지 갖춘 저음低音의 그의 목소리는 오히려 위협적으로 느껴졌다.

나는 '드디어 올 때가 왔구나' 하는 생각에, 나의 공범자들에게 해 준 일을 생각나는 대로, 아니 그럴 듯하게 덧붙여서 진술하였다. 나의 진술서 작성이 끝날 때까지 한 마디 말도 없이 지켜보고만 있던 그는, "나병식이가 체포됐습니다!" 하는 것이었다.

그의 이 말에 나는 갑자기 땅이 꺼져 내리는 것 같은 현기증을 느꼈다. 서쪽 창문으로 뉘엿뉘엿 넘어가고 있는 저녁 해가 눈에 들어왔다.

그때 문득, "해오름 한참 동안은 하염없기가 그지없어라~"라는 어떤 시인의 시가 떠올랐다. 정말 하염없기가 그지없었다.

"어이 김경남이! 우리 10년 후에나 또 볼 수 있을까?" 하고 비아냥거리는 듯한 형사의 말을 뒤로 하고 그날로 나는 남산 정보부로 끌려갔다. 그리고 다음날 아침부터 정보부식 통과의례(갖가지 고문)를 통해 사상思想 세탁을 받은 후 정식 조사에 들어갔다.

그들은 나에게 나병식과 관련된 일은 한 마디도 묻지 않은 채 오로지 수유리 버스 종점 오른쪽 산 중턱에서의 '우리의 거사擧事'에 대해서만 심문審問하였다.

그러고 나서 나는 서울 구치소 1사 상 5방 1.75평의 독방으로 옮겨져 오래간만의 편안한 나날을 보내던 참이었다.

나중에 안 일이지만, 4월 3일에 '긴급조치 4호'의 발령 후 바로 자수한 나의 공범共犯들은 끝까지 내 이름을 불지 않았었다. 나의 자백自白으로 전혀 누구의 사주도 받지 않고 오로지 '구국 정신'으로 시위를 준비한 것으로 했던 그들은, 민청학련 주모자主謀者 나병식의 하부조직인 한신대책 김경남의 조종操縱에 따른, 공모자共謀者들이라는 도표로 완성되었지만, '자수하면 선처善處한다'는 약속에 따라 전원 석방되었다고 한다.

1) 후진국사회연구회에서의 만남

나와 만파가 중학교 동기동창이었지만, 서로 대면對面하게 된 것은 1970년 대학 1학년 때였다. 그렇지만 우리는 대학에 들어와 후진국사회연구회(이하 '후사연')라는 사회과학 서클에 들어가서야 비로소 서로를 알게 되었다.

그 일 년 동안 나는 후사연 선배들뿐만 아니라 나병식으로부터도 많은 것을 배웠다. 그들로부터 나는 나의 무지와 편협한 안목을 넓혔고, 이제까지 전혀 몰랐던 다른 세상에 대한 개안開眼을 할 수 있었다. 난해難解하게만 들리던 나병식의 언설言說은 후사연 세미나서 배운 지식들과 합하여져 현실에 대한 비판적인 눈을 뜨게 해 준 것이었다.

내가 넘어야 할 파도波濤는 사법시험밖에 없다고 생각해 온 내게 그는 우리가 사는 한국이라는 후진국 사회에 넘어야 할 천파만파千波萬波를 알게 해 주었다.

나에게는 나병식이 이 나라의 천파만파千波萬波를 뛰어 넘어 몸부림치는 구도자求道者처럼 보였다. 그래서 나는 그를 만파萬派라고 불렀다. 처음에는 진담眞談 반 농담弄談 반으로……. 그러나 언제부터인가는 진심으로…….

2) '투표참관인단'에의 권유

그러나 2학년에 올라가 동숭동 본과로 옮긴 뒤에 나는 교양과정학부에서의 일들을 모두 잊어버린 것처럼 사법시험 준비를 위해 도서관과, 장남으로서 가족들을 부양하기 위해 시간제 과외교사일로 오가는 나의 원래의 일상日常으로 돌아왔다. 그러나 당시의 정치 현실과 만파가 나를 그만 놔두지 않았다.

당시 40대 김대중 씨를 위협적인 상대로 보고 있는 독재자 박정희 씨가 다가오는 대통령선거에서 대대적인 부정선거를 감행敢行할 것이라는 예상을 하고 부정 선거를 감시하기 위한 투표참관하자는 운동이 일어나고 있었다. 그리고 서울대에서도 법대, 문리대, 상대 등의 '투표참관인단'을 조직하여 전국 각지에 파견하기로 하고 있었다. 그때 만파가 나를 찾아와 이 참관인단에 참여하자고 권유하여 나는 썩 내키지는 않았지만 투표참관인단의 일원으로서 강원도 어느 산골의 투표장을 참관하러 갔다.

그 후 '대통령선거 투표참관'과 '서울대생신민당난입사건' 그리고 '사법파동'으로 이어진 일련의 사건을 겪은 나는, 정의의 천칭天秤인 법이 불의의 칼날로 변질變質되게 된 것을 목도目睹하고 불의의 칼도 칼이니 휘둘러야 하는 법관이 되는 길이 과연 옳은 것인가 하는 회의懷疑를 가지게 되었다.

3) 서울제일교회에로의 권유

그럼에도 불구하고 감옥에서 석방되어 일상日常으로 돌아 간 나에게 또다시 만파가 찾아 왔다. 이번에는 학교에서 활동할 수 없게 되어 서울 제일교회에서 모이고 있는 후사연 세미나에 동참할 것을 권유하기 위해서였다.

1972년 5월경 나는 만파의 사주使嗾에 따라 사회과학 공부를 하고 있는 서울제일교회의 후사연 세미나에 나가게 되었고, 그 후 우리의 소식은 이리저리 알려져 서울제일교회의 후사연은 갈 곳을 잃은 학원 운동권들의 소굴巢窟이 된다.

서울제일교회의 세미나에서 우리가 함께 공부한 서적들은 만파가 후사연 선배들로부터 전해 받은 이기백 교수의 「한국사 신론」, C. 라이트 밀즈의 「양키들아 들어라!」, 조용범 교수의 「후진국 경제론」, 유인호 「민중 경제론」 등이었다.

4) '1973년 10월의 서울문리대 시위 사건

1973년 9월 어느 날 나는 '나병식의 소재를 알 사람은 너 밖에 없다.'는 말에 자부심(?)을 느끼며 영문도 모른 채 종로 경찰서로, 서소문동의 보안사 분실로 개 끌리듯 끌려 다녔다.

일단 그들은 나에게 피묻은 헌 군복으로 갈아입히고, 비명소리가 음향 효과로 들리는 밀폐密閉된 방에 처넣고 공포감을 주었지만, 그의 행방行方을 모르는 나는 두렵지 않았다. 그러나 반복되는 갖가지 고문에 오히려 오기傲氣가 났다. 그리고 속으로 중얼거렸다.

'만파, 잡히지 말고 꼭 해내라! 무엇을 꾸미고 있는지는 모르지만…….'

며칠 후 나는 문리대 시위 사건을 듣게 된다. 그것은 지난 일 년여 동안 온 국민의 입을 막아 온 유신정국의 두꺼운 얼음장을 깨는 쾌거快擧였다. 뿐만 아니라 그것은 다음해로 그리고 독재자의 암살로 끝나게 한 6여 년의 반유신 · 반독재 투쟁의 시발始發이었다. 그리고 그 주역은 만파를 위시한 강영원, 황인성 등 서울제일교회의 후사연 회원會員들이었다.

나는 한편으로는 그들이 자랑스러웠고, 다른 한 편으로는 그때까지도 '출세'에의 꿈자락을 놓지 않고 있었던 나 자신이 몹시도 부끄러웠다. 한참 동안을 밑 모를 자괴감에 빠져있었던 나는 마침내 작정하였다. 그래 신학교를 가자! 그래서 박형규 목사와 같은 목사가 되자!

민청학련사건 후 1년이 채 못 된 1975년 2월에 석방된 우리는 본격적인 반정부 투쟁 전선을 건설하기 위해 '한국민주화청년협의회'(민청협)을 결성한다. 그때도 만파가 주동이었고, 우리는 그의 하부下部였다. 그런데 이번에도 만파는 정문화를 회장으로 세우고 홀연히 민청협을 떠나 '출판 운동'을 시작했다.

5) 민주화운동기념사업회에의 권유

2000년 만파는 대안학교 무주푸른꿈학교 교장직을 그만 둔 나를 자신의 하부下部로 부른다. 문국주 등과 '민주화운동기념사업회'를 결성하여 상임이사직을 맡은 그는 나에게 사료관장직을 맡긴 것이었다.

기쁜 마음으로 그의 하부下部가 된 나는 1980년대 후반 한국민주화기독교민주동지회 동경자료센타의 관장직의 경험을 살려 한국기독교사회문제연구원 등 기독교 단체들에 소장所藏되어 있는 민주화 운동 자료들의 수집에 나름대로 헌신하였다.

만파가 우리 곁을 떠난 지 벌써 2년이 되어간다. 말술도 마다않고 날을 새우며 이 세상의 만파를 붙들어 안고 씨름하던, 우리의 장사壯士 만파가 그렇게 쉽게 떠날 줄을 나는 몰랐다. 내 코가 석자라고, 칭병稱病하고 마지막까지 그의 병상을 찾아 가지 않았다. 그 거한巨漢이 그리 쉽게 부서지지는 않을 것이라고 믿었기 때문이었다. 그런데 그는 그렇게 허무하게 우리의 곁을 떠나고 말았다.

나의 영원한 상부上部였던 만파萬波여!

그대와 함께하여 나는 행복하였어라.

4부
나를 키운 것은 팔할이
당신들의 은혜였습니다

I. 은혜로 받은 '두 번째의 삶'

나는 2013년 2월 25일 오후 2시경, 자전거를 타기 운동을 하다가 돌산읍 해변 길 위에 쓰러졌다. 아니 쓰러졌다기보다는 주저앉았다. 다행히 긴급출동한 119 구급차로 병원으로 옮겨져 심혈관 스텐트 삽입시술施術을 받고 구사일생九死一生하였다.

1개월간의 응급실과 1개월 간의 일반 병실 등 2개월여의 병상病床에서 며칠 동안 발생한 일들을 생각해보니, 내가 살아 있는 것은 그야 말로 여러 우연偶然들이 겹쳐 이루어진 기적奇蹟이었다.

후일 나의 이 이야기를 들은 나상기(농민 운동가, 전 전국기독교농민회총연합회 사무국장)씨는 나와 유사한 경우를 당한 사람들을 위해 잊어버리기 전에 기록으로 남기라고 했다.

그의 권유勸誘에 힘입어 다음과 같이 그때의 일을 기록한다. 조금은 장황張皇하다.

1. 두 번째의 귀농

나는 2008년 1월 기사연 원장을 사임하고 무주에서의 두 번째의 귀농생활을 시작했다.

1998년 국민의 정부는 민주적 시책施策의 일환一環으로 국가인권위원회를 신설한다는 정책을 발표하였다. 그때 나는 이제부터는 더 이상 민간 차원의 인권위원회의 역할이 필요 없게 되었다는 판단을 하게 되었다. 그리고 이런 상황에서는 내가 KNCC 인권위원회의 일을 고집固執하려는 것은 밥그릇 지키는 일일 것이라고 여겨졌다.

그래서 나는 그해 2월 KNCC사회국장(인권위원회, URM 위원회 그리고 신설된 환경위원회를 담당하는)을 사직하고, 오래 전부터 계획해 둔 바에 따라, 전북 무주군 안성면 진도리에 귀농하여 있는 고故 허병섭 목사 곁으로 삶의 터를 옮겼다.

그러나 아직 때가 일렀는지, 농사 대신 같은 지역에서 대안학교를 시작한 교사들을 지원하는 일에 관계하게 되었고 그것이 인연이 되어 본의 아니게 무주 푸른꿈고등학교의 교장직을 맡지 않을 수 없게 되었다.

그러나 법적인 교장 자격이 없는 나로 말미암아 학교가 교육청으로 받을 수 있는 지원支援에 있어서 불이익을 받는다는 사실을 알고, 2년 6개월 만에 교장직을 그만 두고 대신 무주자활후원기관을 설립하여 관장의 일을 하게 되었다.

그러던 차에 민주화운동기념사업회(당시 이사장 박형규 목사)의 사료관장으로 일해 달라는 요청을 받고 귀농歸農한지 3년이 채 못 된 1981

년 11월에 무주를 떠나게 되었다.

그후 민주화운동기념사업회 사료관장, 사업본부장, 한국기독교사회문제연구원 원장 등의 일을 하다가 2008년 1월에 "두 번째의 귀농"을 감행하게 된 것이었다.

나는 첫 번째 귀농 시 구입해 놓은 논 800평과 밭 2,000평의 작지 않은 전답田畓을 무농약·유기농을 고집固執하며 경작을 하는 등 나름대로 열심히 노력을 했다. 제초제除草劑를 대신 우렁이를 사용하는 무농약 농법, 직접 제조한 액체 비료를 사용한 유기농법有機農法 등, 새벽부터 밤늦게까지 내 나름대로 열심히 농사에 전념하였다.

나 대신 무주자활후원기관의 관장을 맡고 있던 농촌 출신 오용식 목사는, "형님, 그렇게 과욕過慾을 부리다가는 쓰러집니다" 하고 염려 했다.

"도시에서 온 놈들이 얼마나 견디어 내나 보자"고 호시탐탐虎視耽耽 노려보고 있던 지역 원주민 농민들도 놀라워하며 나를 농민으로 인정해줄 정도였다.

그러나 귀농 3년째에 들어섰을 즈음 오 목사가 우려憂慮했던 일이 일어나고 말았다. 허리통증으로 농사일은 물론 움직이기도 어려운 지경에 이른 것이었다.

나의 정황을 지켜보던 푸른꿈고등학교 이태룡 교장 선생은 수술手術 없이 시술施術만으로 허리 디스크를 치유하는 것으로 이름이 나 있다는 부산 소재의 김앤정정형외과를 소개하였다. 이 교장의 거듭된 권유에도 불구하고 고집으로 견디어 보려 했던 나는 마침내 견딜 수 없어 허리 디스크 수술을 받기에 이르렀다.

처음에는 이 교장의 말대로 시술을 받았다. 그러나 시술을 거푸 두 차례나 받고도 차도差度가 없는 나에게 김 원장은 나의 병이 너무 고질痼疾이 되어 시술로는 안 되겠다고 했다. 그래서 결국 수술을 받기에 이르렀던 것이다.

수술을 끝낸 후 김 원장은 완전히 회복될 때까지 최소한 1년 동안은 농사일을 그만 두고, 걷기 등 가벼운 운동만 하면서 보내야 한다고 충고를 했다. 그러나 농사일은 그 충고를 받아들일 수 있을 만큼 한가閑暇하게 나를 놓아 주지 않았다.

나는 매일 눈앞에서 진행되고 있는 농사일을 보면서 쉴 수가 없었던 것이다.

2. 투병생활鬪病生活

1) 요양을 위해 여수로

수술한 허리의 통증은 줄지 않고, 급기야는 두 다리를 움직일 수 없을 지경에 이르러, 나는 결국 한 6개월간 쉬면서 요양을 하기 위해 농사일이 눈에 들어오지 않는 곳으로 찾아 해남으로, 강진으로 돌아 다녔다.

그러던 중 문득 나는 '일본-고난의 현장 방문' 시 고통스러워하는 나를 지켜보면서, "여수의 화타華陀라면, 목사님을 고칠 수 있을텐데······." 하던 김정명 목사(전 KNCC 인권위원장, 당시 여수 은혜교회 담임목사)의 말이 생각이 생각났다.

그래서 20012년 6월에 나는 김 목사 교회의 신도이기도 한 '여수의 화타'를 정은영 원장을 만나게 되었다. 그리고 그의 한의원이 가까운 돌산읍 초입初入에 원룸 1칸을 세내어 여수시로 거처를 옮겼다.

정은영 원장은 침술 치료를 해주면서, 허리와 다리의 힘을 보강하기 위해 하루에 두 시간 정도 걷기 운동을 하라는 처방을 내렸다.

일생 처음 갖는 여유餘裕와 호사豪奢를 즐기는 가운데 허리와 통증은 어느 정도 진정기미鎭靜氣味를 보였다.

그런데 호사다마好事多魔일까, 6개월의 치료 기간이 지난 그해 11월경 이번에는 요통보다 더 고통스러운 통풍痛風이 나를 엄습해 왔다.

'화타'의 침술로는 통증을 진정鎭靜시킬 수 없어서 찾아 간 A통증 전문 병원장 K 박사는 통풍은 지나친 걷기운동 때문이라고 하면서, 체중이 발목으로 몰리는 걷기운동 대신에 체중의 부담이 덜 한 자전거 타기 운동으로 바꾸라는 처방을 하였다.

K 박사의 처방에 따라 나는 자전거를 급매急賣하여, 걷기 대신 2시간의 자전거 타기를 실시하기에 이르렀다.

2) 자전거 타기 운동 중 쓰러지다

자전거 타기를 시작한 지 2개월이 지난 2013년 2월 25일, 평소平素보다 쌀쌀한 날씨 때문에 그날은 새벽 운동 대신 오후 2시경 집을 나왔다.

운동 코스인 '여수 엑스포용 주차장 광장'의 둘레를 주행하던 중이었다. 그 광장의 입구에서 시작되는 해변도로의 들어섰을 무렵, 갑자기 눈앞이 캄캄해지고 온몸에서 힘이 쏙 빠져 페달을 밟기가 어려워졌다.

그러나 이런 현상은 자주 일어나는 것이어서 평시에는 나는 이런 증상이 나타나도 별로 심각하게 생각하지 않고 한 20분 정도 더 주행走行한 후 내려서 쉬곤 했다. 그런데 이날은 어쩐지 내려서 길옆 벤치에 앉아서 쉬고 싶다는 생각이 들었다. 평시와는 달리 식은땀이 나고 온몸이 땅속으로 빨려 들어가는 것 같아, 자전거에서 내려 길 옆 벤치에 앉으려고 했다. 그러나 벤치에 앉기마저도 어려워 그냥 땅바닥에 절퍽 앉아 버리고 말았다.

도움을 요청하려고 해도 걷는 사람들로 북적거리던 아침과는 달리 그 시간에는 사람의 그림자도 찾을 수 없었다.

정신은 별로 혼미昏迷하지 않았다. 우선 나는 휴대 전화로 일단 119로 전화를 걸 구급차를 불렀다. 그날따라 다행스럽게 나는 휴대전화를 가지고 있었다.

그리고 후배인 최연석 목사(여수 중부교회 담임목사)에게 전화를 했다. 여천전남병원에 입원하는데 도움을 받기 위해서였다.

최 목사는 내가 허리 때문에 요양하러 왔다는 말을 들은 후부터는 만날 때마다, "형님은 여천전남병원의 김 원장에게 치료를 받아야 하는데……." 하곤 했다.

최 목사의 친지 중 한 사람인 정형외과 전문의 김동명 박사가 여천전남병원의 원장으로 있는데, 그러면 나의 허리통증을 끝내줄 수 있다는 것이었다.

3) 침묵의 병 – 심혈관질환

가는 날이 장날이라고 최 목사는 그날 마침 노회 시찰회 회의로 광주에 출장 중이지만, 김 원장에게 전화를 해 두겠다고 했다.

그 전화를 마치자마자 생각보다 빨리 119 구급차가 도착하였다. 나중에 알고 보니 우연히도 119 구급대 본부가 여수의 주변 신주택가의 하나인 돌산읍으로 옮겨와 내가 쓰러진 곳에서 5분 거리에 있다는 것이었다.

구급차에 오르면서 나는 최 목사에게 들은 대로 여천전남병원으로 가자고 했다. 그랬더니 구급대 대원은, "선생님, 상태로는 여천전남병원에 가기는 너무 멉니다"라고 하면서 15분 거리의 가까운 여수전남병원으로 향하는 것이었다.

여수전남병원에 도착하여 응급조치를 마친 후, 담당 간호원은 "속히 병원에 오도록 연락하게 자녀분들의 연락처를 알려주세요" 했다. 우리 아이들은 지금 올 수 없는 곳에 있다고 하자, "그럼 사모님이라도 오시라고 하세요!"라고 했다.

이 말을 듣고야 나는 비로소 나의 병상病狀이 보통 심각한 것이 아닌 것이라는 것을 알게 되어 긴장이 되었다.

간호원이 구태여 환자의 아내보다 자녀들을 먼저 호출한 것은 유언遺言을 남기게 하기 위한 것이라고 판단했기 때문이다.

위급危急한 수술을 하기 위해서 자녀들의 동의서가 필요로 한다는 것은 나중에 안 사실이다.

그런 후 그들은 나를 여천전남병원으로 이송하였다. 여수전남병원은 여천전남병원의 지병원支病院으로 간단한 수술이나 응급조치 외의 중요한 수술은 여천전남병원에서 한다는 것이었다.

여천전남병원에서 기본 검진을 마친 후, 나는 구급차에 실려 또 어디로인가로 향하고 있었다.

여수전남병원에서의 연락을 받고 무주에서부터 부랴부랴 서둘러 온 아내의 말로는 나의 상태가 너무 엄중하여, 흉곽 절개 수술을 해야 할지도 몰라, 그런 수술이 가능한 심혈관 전문 병원인 순천의 성가롤로병원으로 이송하는 것이라고 했다.

성가롤로병원에서는 마치 나의 도착을 대기하고 있기나 한 것처럼 별도의 검사도 없이 즉시 스텐트 삽입 시술실로 옮겨가 시술에 들어갔다.

6개의 스텐트를 삽입해야 할지도 모른다는 원래의 진단과는 달리 4개만 삽입하고 상태를 살펴 본 후 판단하자고 했다.

아내가 나중에 알아 본 바로는 심혈관 시술이 시각을 다투는 것이어서 여천전남병원의 김준영 박사의 검진 차트에 따라 별도의 검진 없이 즉시 나를 시술한 것이라고 했다. 김준영 박사가 3년 전까지 성가롤로병원 심장 내과 과장 김동완 박사의 시술팀의 팀장으로 있었기 때문에 그것이 가능했던 것이다.

나는 10여 년 전부터 평소에도 식사 후면 가슴이 조금 묵직하고, 다리 힘이 빠지면서 온 몸이 땅 속으로 빨려 들어가는 느낌을 종종 느끼곤 했다. 그러나 그런 증상은 곧 사라졌으며, 그렇게 참을 수 없을 정도로 고통스러운 통증은 아니어서 심상尋常하게 생각해 버리고는 했다. 그리고 늘 상 피곤한 것도 많은 일 때문일 것이라고 대수롭지 않게 넘겨버렸다.

서울이나 무주의 지역 의원들이 나의 부정맥不整脈을 처방했지만, 약을 주었을 뿐 그것이 위험성을 언급하거나 종합병원의 검진을 처방하지도 않아 그것도 그렇게 심각하게 여기지 않았다.

그러나 그런 모든 것이 별다른 고통이나 통증도 없이 갑작스럽게 찾아 와서 죽음으로 몰아가는 소위所謂 '침묵의 병'의 증상들이라는 것을 나는 그때 처음으로 알게 되었다.

4) 새로 부여받은 삶 – 거듭된 은혜들이 낳은 기적奇蹟

한 달여 입원해 있던 응급실에서는 나는 두 번의 곡哭 소리를 들었다. 한 번은 시술을 받고 돌아 왔으나 회복을 못하고 세상을 떠난 환자 가족의 애 간장 녹이는 듯한 흐느낌이고, 또 한 번은 너무 늦게 병원에 오게 되어 시술실에도 못 들어 가보고 세상을 뜨고 만 환자의 가족들의 비통한 오열嗚咽이었다.

멀어져 가는 그들의 숨죽인 통곡 소리를 들으며 나는 나에게 새로운 삶을 허락해 주신 하나님께 감사했다.

그리고 새롭게 받은 나의 삶이 어느 만큼의 확률로 얻어진 기적인지를 헤아려 보았다.

① 김정명 목사로부터 권면을 받아 요양을 받기 위에 여수로 오지 않고 무주에 머물러 있었다면? (종합병원이 없는 무주에서는 1시간 반 이상이 소요되는 전주나 대전으로 가야한다.)

② 평소처럼 몸이 이상해도 계속 자전거로 30분을 더 주행하였다면?

(그날따라 나는 몸이 노곤해짐을 느끼자마자 자전거에서 내리고 싶었다.)

③ 만약 그날 아침 휴대전화를 가지고 가지 않았다면? (그 후 나는 한시도 상비약 스프레이와 휴대폰을 손에서 놓지 않는다.)

④ 만약 여수에 최연석 목사가 없었다면? (여천전남병원 김동명 원장을 소개 받을 수 없었을 것이고, 김 원장의 VIP 환자로서 김준영 과장의 신속한 처리를 받지 못 했을 것이다.)

⑤ 119 본부가 5분 거리에 없었다면?

⑥ 쓰러진 곳에서 20분 거리에 있는 여수전남병원이 여천전남병원과 무관한 병원이었다면? (나는 다른 병원에서였다면 규정에 따라 여수전남병원에서 받은 기본 검사를 다시 받아야 했을 것이다.)

⑦ 김준영 과장이 성가롤로병원의 시술팀의 옛 팀장이 아니었다면? (김 원장의 VIP 환자로서 김준영 과장의 부탁을 받은 김동완 박사 팀은 자체 검사 없이 여천전남병원의 기본 검사표를 신뢰하여 신속한 시술을 해 줌으로써 귀중한 시간을 아꼈다.)

뿐만 아니라 그들은 6개를 스텐트를 삽입해야 하지만, 우선 4개만을 삽입함으로써 흉곽 수술 비용과 의료보험 처리되지 않는 4개 중 2개를 시술 보류 해줌으로써 400만원을 아낄 수 있게 배려도 해 주었다.

이상을 생각해 보니 나의 두 번째의 삶은 0.0078(2분의 1의 7제곱)이라는 극히 바늘구멍만한 확률로 얻어진 것이었다.

그것은 김정명 목사, 최연석 목사, 김동명 원장, 김준영 박사, 김동완 박사 등이 베풀어 준 은혜로 이루어진 기적이 아니면 무엇이겠는가?

5) 나를 키운 것은 팔할이 당신들의 은혜였습니다

병상에서 내 60평생의 삶을 되돌아보니, 나의 삶은 나의 주변의 많은 분들의 은혜가 가져다 준 기적의 연속임을 깨닫게 되었다.

"스물 세 해 동안 나를 키운 건 팔할이 바람이었다."라고 어떤 시인은 노래했지만, 나의 일생의 팔 할이 그분들의 은혜였다. 그럼에도 불구하고 나는 단 한 번도 그분들의 은혜에 보답하지 못하고 살아 온 것을 깨달았다.

보은報恩은 말할 것도 없이 진중한 감사의 말을 전하지 못한 채 허둥거리며 살아 왔음을 깨닫게 되었다.

나는 내 자신이 너무 부끄러웠다. 그래서 나의 남은 삶을 보은을 하며 살자고 결심하였다.

어느 날 화장실의 거울을 보니 나의 얼굴에 수염이 덥수룩하게 자라고 있었다. 문득 유대교인들은 하나님의 은혜가 수염을 타고 내려 온다고 믿는다는 말이 생각났다. 나도 수염타고 내려오는 하나님의 은혜를 항상 잊지 말기 위해 수염을 가르기로 했다. 그리고 이 수염을 볼 때마다 귀중하게 생각 못하고 살았던 나의 목숨을 귀하게 여기며 살자고 다짐했다.

3. 무주를 떠나 여수에 자리를 잡다

2013년 4월, 2개월 동안의 입원생활을 끝내고 퇴원하는 나에게 김동완 과장은 스텐트 4개만으로 우선 두고 보자고 하면서, 언제든지 위급한 상황이 발생할지 모르니 종합 병원에서 30분 내의 거리에서 대기待期하는 것이 좋겠다고 했다. 그리고 그는 심혈관 질병 외에도 고혈압, 당뇨 등이 있는 나는 합병증合併症의 우려가 있어 위급한 상황이 발생하기 쉬우니 농사일은 중단하는 것이 좋겠고 당분간 해외여행 같은 장거리 여행도 삼가하라는 당부當付도 잊지 않았다.

그래서 나는 어차피 농사일을 할 수 없을 바에야 1시간 거리에 종합병원이 없는 무주를 떠나 교통이 편리하고 종합병원이 있고 물가도 싼 여수로 이사하기로 결정했다. 그리고 여천전남병원 부근에 방 2칸의 작은 아파트를 한 채 구입했다. 또한 그 옆에 투 룸 한 칸도 구입했다.

병상病床에서 보은 방법의 하나로 생각해 둔 '보은기행'을 위한 숙박용으로 사용하기 위한 것이었다. 그리고 '나의 게스트 하우스'라는 이름을 붙였다.

그리고 맨 먼저 1980년대 이후에 일본에서 내가 신세진 분들부터 초대하였다.

II. 보은기행報恩紀行

1. 야마다 부부와 구보다 씨, 다께하라 씨

2014년 5월 말경 네 분의 일본 친구들이 나의 보은기행報恩紀行에 응답해 주었다.

일본 교토부京都府 우지시宇治市에 사는 야마다山田 씨 부부는 반핵 평화운동가들로서 젊은 시절 병원노조운동을 하면서 한국의 병원노조와의 교류·협력을 경험한 친한인사親韓人士들이다. 그 후로는 한국인 유학생들에게 방을 빌려주는 등 많은 편의를 제공해주고, 교류·협력 관계를 실천하고 있다. 최근에는 매해 진행되는 무주 푸른꿈고등학교의 '역사/생명/평화 일본기행'을 지원해주고 있다.

다께하라竹原 씨는 '우토로 한국인 주민 지원사업'에 앞장 선 분이며, 특별히 고대 일본/한국 교류사 전문가이기도 하다. 작년 1월 우리가 일본을 방문 했을 때 교토京都, 우지宇治, 나라奈羅에 걸쳐 있는 백제 도래인渡來人 거류지居留地들을 안내해 주었다.

구보다窪田 씨는 이들의 후계자로서 한 · 일 교류에 앞장서고 있는 30 대의 청년 여성 활동가이다.

처음 나의 계획은 여수를 위시하여 아름다운 남도해변 길을 따라가며 그들과 함께 쉼과 친교의 시간을 갖자는 것이었다. 그러나 그분들의 생각은 달랐다. 이미 우리의 남도 지방의 한일 관계사와 관련된 지역의 공부를 하고 얻은 정보에 의해 임진왜란 유적지, 장보고 유적지, 왕인 박사 유적지 등을 돌아 본 후에 광주 5 · 18 민주공원을 참배하는 것으로 일정을 끝냈으면 좋겠다는 자기들의 '남도기행'의 일정을 제시하였다.

그들은 그런 사람이었다. 나는 내심 부끄러웠다. 우리는 순천 낙안읍성—벌교—강진 청자박물관—완도 장보고 유적지—해남 땅끝 마을—영암 왕인 박사 유적지—광주 망월동 5 · 18 민주공원 참배 등의 2박 3일의 강행군强行軍을 했다.

그 기행 내내 그들은 우리의 경관, 음식, 유적지 등에 대한 감탄과 찬사竄死로 일관—貫하여 나의 피곤疲困을 잊게 해주었다.

2. 오사카의 이청일 목사 부부

2014년 7월 중순 오사카에 사시는 이청일 목사님(74세) 부부가 나의 보은기행 초청을 흔쾌히 받아 주셔서, 나의 게스트 하우스의 두 번째 내빈內賓이 되셨다. 두 분은 첫 손녀의 백일을 맞아 서울의 장남 집을 방문하러 오신 차였다.

장남 이상훈 목사는 와세다대 상과대학을 졸업 한 뒤 아버지 이 목사의 뒤를 이어 연세대 신과대학으로 유학하여 박사과정에 있다. 그 동안 같은 박사과정의 본국 여학생과 결혼해 첫딸을 얻은 것이다.

두 분은 모두 동포 교회 사회에서 뿐만 아니라. 일본 사회운동계에서 지도적 역할을 해 온 분들이다.

이 목사님은 한일협정 이후 조국에 유학한 첫 세대의 재일동포 2세이다.

사모님 오수혜 여사도 역시 재일동포 2세로서 재일동포 교회의 어머니 교회인 동경 한국인 교회를 설립하신 고 오윤태 목사님의 장녀이다. 기장 한일교회 오건 장로님이 숙부이시다.

우리는 1979년 영등포산업선교회 회관에서 열린 '제1차 한 · 일URM 협의회'에서 처음 만났다.

이 목사님은 나의 일본 생활 4 년 반 동안 내내 나의 안내자가 되신 형님 같은 분이시다. 이 분은 십년 가까운 연상임에도 "김목사님! 김목사님!" 하시며 존칭을 그만 두시려 하지 않으셨다.

이번 이 목사님 부부에 대한 보은기행은 순천의 낙안읍성, 벌교의 태백산맥기념관, 보성의 녹차기념관, 강진의 청자박물관, 완도의 장보고기념관, 땅끝 전망대, 진도의 명량대첩 기념관, 목포 유달산 노적봉, 이난영 노래비 등으로 2박 3일 동안 이루어졌다.

예약된 기차시간 때문에, 우리는 울돌목의 소용돌이를 보며, 팽목항의 비극을 상상해 보는 것에 만족해야 했다.

이청일 목사님은 모든 기념관에 게시된 그 긴 해설들을 꼼꼼히 읽고 또 읽는 것으로 기행의 많은 시간을 할애割愛하였다. 일본 퀴즈왕 수준 이라는 오수혜 사모님은 이미 머릿속에 집적集積된 '조국에 대한 역사 지 식'으로 이 목사님의 자문역諮問役을 하심으로서, '모르면서 아는 척 하는 나'를 부끄럽게들 만드셨다. 마지막으로 이 목사님이 기행 기념으로 가 지고 싶다는 이난영의 CD를 사기 위해, 이목사님의 만류에도 불구하고, 여기저기 CD 숍을 찾아 헤맸었던 것도 추억의 하나였다.

3. 서울제일교회 대학생회원들의 첫 번째 방문

2014년 10월 31일, 서울제일교회 대학생회 출신 후배 6인이 여수를 방문해 주었다. 서울에서 온 임상택, 정창균, 안동환, 한석희 군 등과 목 포에 박혁순 군, 창원에서 주재석 군이 합류한 것이다.

그에 앞서 10월 15일, 정창균 군이 순천에서 요양 중인 박찬우 군의 연락처를 보내주었다. 반가운 마음에 서둘러 그와 통화를 하게 되었고, 17일 그는 아픈 몸을 이끌고 영업용 택시를 빌어 타고 나를 보러 여수를 찾아 온 일이 있었다.

점심을 하고 내 차로 그를 순천시 주암면 고산리라는 동네 그의 집까 지 바래다 주었는데 가깝다고 한 그의 말과 달리 웬걸 1시간 30분이 넘 는 거리의 심심산골 마을이었다.

10만원이라는 택시 운임을 지불하고 40년의 세월을 뛰어 넘어 내가 보고 싶어 왔다는 그는 두어 시간 남짓의 만남 동안에 그 동안의 신상 등 이것저것 물어 보는 나에게 빙긋하는 미소만 날리고 별 말이 없었다.

그런데 돌아가는 차안에서 드디어 닫아두었던 그의 말문이 열렸다.

"형님 원표 형 아시죠? 박원표, 그 형은 나의 사부師父였습니다. 사부는 한 분밖에 없습니다! 그래서 형님은 단지 나의 대장이었을 뿐입니다"는 말로 시작한 그는, "세미나 준비를 안 해 오면 안 해 왔다고, 해 오면 왜 이렇게 엉성하게 해 왔냐고 하고……. 어느 날에는 여러 사람이 보는 앞에서 희춘이 형의 뺨도 때린 적도 있었습니다"는 등 아직도 맺혀 있는 그때의 나에 대한 감정을 1시간 가까이 폭포수처럼 풀어 놓는 것이었다. 그때서야 나는 그가 말을 아끼다가, 둘이만 있게 된 차안에서 비로소 말문을 열어 놓는 까닭을 짐작할 수 있었다. 부끄러운 나의 과거를 다중多衆 앞에서는 입에 담을 수 없어서였다는, 나에 대한 그의 배려였으리라.

"그런 일들이 있었나? 나는 전혀 기억이 나지 않는데……." 하고 얼버무르면서 40여년이 지난 그 때에 나의 '원칙주의적 엄격함'에 얼마나 많은 후배들이 상처를 입었을까를 생각하면서, 그들에 대한 죄스러움과 함께 그날의 일들이 그리움으로 물밀듯 밀려오기 시작하였다.

우리의 만남의 소식을 전해들은 박찬우의 동기同期인 정창균이 앞장서서 10여일의 시간 조정 끝에 서울제일교회 대학생회 출신 후배일행은 바쁜 일상을 쪼개어 1박 2일 시간을 나의 병문안에 할애하였다.

하루를 '나의 게스트 하우스'에서 40여년의 긴 추억追憶을 나눈 우리는 다음날 아침, 후일을 기약하며 아쉬운 작별을 할 수 밖에 없었다. 한 군은 전교조 대회가 있는 서울로, 박 군은 목포의 대학으로 그리고 주 군은 창원의 직장으로 돌아갔다.

나머지 3인도 벌교의 거시기 꼬막 식당에서 꼬막 정식으로 점심을 대접하겠다는 나의 제의提義를 완곡히 뿌리치고, 순천의 박찬호 군을 방문하기 위해 여수를 떠났다.

4. 무주 · 장수의 귀농 동지들

2015년 2월 6일 금요일, 저녁 늦게 네 분의 벗님들이 여수의 우거를 찾아와 주었다. 오용식 목사, 무주종합복지관 관장 이영재 원불교 교무, 장수의 정은 씨 모녀가 그들이었다.

오용식 목사는 1970년대에 빈민선교 단체인 '수도권'의 후배로서, 무주자활센터의 센터장과 학교법인 푸른꿈학원 이사직을 맡고 있는 일꾼이다. 그는 오래 전 부터 나의 병문안을 위하여 여수를 방문하겠다고 벼려 왔다. 그러던 차에 학교법인 푸른꿈학원 감사監事이기도 한 이 교무와 고故 허병섭 목사가 설립한 서울 달동네 월계동 동월교회에서 청년부 활동을 했던 정은 씨 모녀와 함께 나의 게스트 하우스의 내빈이 된 것이다.

정은 씨는 장수에 귀농하여 된장, 고추장 등 장류醬類를 생산 판매하며 생활하고 있고, 그의 딸 김소정 양은 전주를 오가면서 실내 디자인 직에 종사 하며 어머니와 함께 살고 있단다.

금요일 업무를 끝내고 온 늦은 시간 여수에 도착한 그들을 국동어항단지의 상아식당에서 통장어의 탕과 소금구이로 늦은 저녁식사를 대접

한 후 돌산공원을 안내하였다. 그런데 운運 좋게도 돌산공원은 '불빛축제'로 휘황찬란한 별천지로 변하여 있어, 노래로도 유명한 '여수 밤바다'는 그 빛을 잃고 있었다.

돌산대교—찻집 '언덕에 바람'(바람의 언덕이 아님)—돌산 전망대—향일암—호국사—거북선 대교—종포 해변공원 등 시계 반대방향으로 돌산도 해변도로를 일주一周하였다. 그리고 이순신광장 부근 복춘식당에서 여수 4대 먹거리(내가 선정한) 중 하나인 서대회와 만사위나 오면 내 놓는다는 금풍생이(돔의 일종) 구이를 곁들어 늦은 점심을 먹었다.

늦은 오후에 여자만汝子灣 해변도로를 일주하여 순천만을 거쳐, 김경업 장군이 왜장倭將 고니시 유키나가소서행장小西行長의 북진北進을 저지했던 낙안읍성樂安邑城을 관람觀覽하는 것으로 1박 2일의 여수기행을 마무리하였다.

5. 농민 운동가 강기종 님과 그의 가족

2015년 2월14일 '나의 게스트 하우스'를 찾아 온 다섯 번째 내빈來賓들은 농민 운동가 강기종 님과 그의 가족 등 다섯 분이었다.

강기종 님은 1975년 명동성당 가톨릭 학생 사건으로 구속되어 4년을 옥살이를 하다 석방된 후, 민청학련사건 김윤 님과 결혼한 빵잽이 커플로 우리들 운동권 빵잽이들의 부러움을 한 몸에 받았다.

1974년 5월 말경 검찰조사를 마친 민청학련사건의 피의자들이 서울

구치소 대강당에 모여 1차 공판을 받으러 법원행 버스를 기다리고 있는 중이었다. 석 달 넘게 한 칸 건너 격리된 독방에서 불안과 공포보다는 단절감으로 지쳐 있던 우리들은 조서 속에서나 만났던 공범共犯들과 오래간만에 이야기꽃을 피운 200여명의 목소리는 서울구치소 대강당을 뒤흔들 것 같은 기세氣勢의 굉음轟音으로 변하였다.

그런데 그 굉음이 거짓말처럼 한 순간 마치 물이 끼얹어진 듯 잠잠 해지고 갑자기 고요한 침묵이 흘렀다. 그것은 연단 뒤의 출입문으로 나타난 파란 수복에 하얀 포승으로 묶인 백옥 같은 한 천사의 모습 때문이었다. 그 천사가 우리 모두의 입이 일제히 얼어붙게 만들었다. 그 천사는 바로 민청학련사건 구속자 203명 가운데 홍일점, 서강대생 김윤이었다.

그렇다! 그때 그녀는 우리 모두에게 백옥같이 빛나는 천사였다.

그녀는 '무궁화 통신'으로 널리 알려졌던 재일在日 수필가 김소운 씨와 1970년대 구속자가족협의회의 설립에 앞장 선 정치범들의 어머니 김한림 선생의 둘째 따님이었다.

또한 그녀는 한일국교정상화 이후 첫 일본인 한국 유학생이었던 사와 마사히코澤正彦 목사(77쪽 참조)의 처제妻弟이기도 했다.

그들은 1981년 전북 순창으로 귀농을 감행함으로써 또 한 번 우리를 놀라게 했다. 강기종 님은 귀농이 흔치 않았던 그 시절, 주민들의 신고로 간첩으로 몰려 불리어 다니기도 하고, 그들의 텃세로 500미터 고지高地에 샘을 파고 식수를 구하는 등 고달픈 귀농인 생활을 견디어내고 마침내 가톨릭농민회의 주요 일꾼이 되었다. 그는 또 1991년 '우리밀살리기 운동본부'의 결성에 주도적인 역할을 하여 최근까지 그 대표직을 맡아 왔다.

2003년 부인 김윤 씨와 사별하고, 자신이 대표로 있는 '국경없는 인권'의 사무국장인 20년 연하의 지금의 부인 이남이 님과 무남독녀 한민 양(9세)과 노모 그리고 노모 친구 등 5명이었다.

6. 에큐메니칼 옛 동지, 성공회 박경조 주교과 윤정현 신부

2015년 3월 19일, 개신교 에큐메니컬 어른의 한 분인 성공회 박경조 주교님께서 다섯 번째 보은기행의 초대에 응하여서 여수를 방문해 주셨다. 청주에서의 목회를 접고 얼마 전 희년을 보내기 위해 전북 고창으로 내려 온 윤정현 신부와 함께하셨다.

박 주교님은 평소 성품대로 온화한 어투語套이셨지만 이 여수여행이 하수상한 이런 시국時局에 칭병稱病하고 낙향해 있는 나를 질책하시기 위한 방문임을 굳이 감추시려 하지 않았다.

2008년 두 번째 귀농으로 서울을 떠나 온 이후 모습이 보이지 않는 나에 대해 궁금해 하시던 차에 윤 신부로부터 내 근황을 들으시고 득달得達같이 내려오신 것이었다.

20년 넘게 종로5가 기독교회관 등에서 뵈었지만 너무 점잖으신 분이라 감히 접근하지 못했던 주교님의 질책을 들으면, 한편으로는 내 꼴이 부끄러웠고 한편으로는 이 어른이 평소에 나에 대해 그렇게 깊은 관심을 가지고 계셨다는 사실에 고마움과 감동으로 차고 넘쳤다.

나의 게스트 하우스에서 1박하면서 내 이야기를 더 듣고 싶지만, 심장을 도려내서 냉동한 후에 다시 붙이는 큰 수술을 받으신 후, 수면 중 무호흡을 방지하는 호흡기를 안 가지고 와 아쉽게도 돌아갈 수밖에 없다고 하시는 주교님과 윤 신부를 떠나보내고 나니 밤 8시 반이 넘었다.

1993년 9월 KNCC를 떠나 대전교구 내의 한 작은 성당으로 부임해 간 윤 신부와 나는 9개월 정도 기독교회관의 같은 공간에서 활동한 적이 있었다.

그후 그는 영국에 유학하여 유영모 사상에 관한 논문으로 박사학위를 받고 돌아와 목회와 대학 강의를 겸하다가 최근 5년 가까이는 청주에서 목회에 전념하였다고 한다.

그가 NCC를 떠난 후 몇 년 동안은 풍편으로 가끔 그의 소식을 전해 듣곤 하다가 소식이 끊긴지 20여년 만에 페북 친구로서 다시 해후邂逅하게 된 것이다.

그는 청주에서 성공회 신부로는 드물게 새벽기도를 빠지지 않는 등 신실한 목회자였을 뿐만 아니라, 시인 김창규 목사와 시인이자 화가인 성공회 이우송 신부 등과 청주의 시민·문화운동을 일으킨 중심인물이었음을 페북을 통해서 알게 되었다.

그런 그의 떠남을 못내 아쉬워하는 청주 운동권을 뒤로하고 고창군의 한 농촌으로 터를 옮긴 것은 표면상으로는 희년 휴가였지만, 실은 이제까지 20번 가까이를 옮겨 다닌 사모님의 '성매매 여성 쉼터'의 영구적인 센터를 마련해 주기 위한 것인 모양이다.

윤 신부는 자신도 거기에서 농사를 하며 사모님의 외조를 할 것이며,

박 주교님의 고창 방문도 교단 차원에서의 지원을 위한 현지답사이신 것 같았다.

윤 신부는 영국에서 같이 유학한 동기 목회자들과 인도 달릿선교도 하고 있었다. 고질적인 전투적 한국교회 해외선교와 달리 현지 교회의 자발적인 활동에 대한 연대, 지원하는 윤 신부의 선교 방침에 감동받았다. 그래서 같은 선교를 지향하는 '한국교회 · 달릿 동역 선교회'(상기 2부 Ⅱ 참조)의 이영재 목사와 10여년 '인도사회봉사선교'를 해 온 이옥희 목사 그리고 최근 세계 아동지원 재단을 설립하여 인도 달릿 아동 지원을 시작한 권호경 목사(전 KNCC총무, 전 CBS 사장) 등을 소개하고 그들과 인도 불가촉천민들에게 하나님의 참 사랑을 같이 나누는 선교에 협력하도록 조언도 했다.

7. 일본 '고베 학생 · 청년 센타' 히다 유이치 관장 일행

2005년 4월 15일 일본 고베 학생 · 청년 센타 히다 유이치 관장飛田雄一 (상기 116~117쪽 참조)과 '무궁화회' 회원인 하토 마사유키波戶雅幸 씨와 2박 3일의 여 · 순 보은기행을 가졌다. 이 분들은 일제강점기 하에 김제 평야의 미곡 반출 항구인 군산을 방문하여, 일제강점기 유적과 군산 미군 공군기지를 돌아보는 2015년 정기 한국기행(4월 17-19)에 참가하기 전에 여수를 미리 방문하여 필자의 보은기행 초대에 응해 준 것이다.

4월 15일 오후 7시 58분 KTX로 여수 Expo역에 도착하여 16일 아침 여수 시청 앞에 게시된 플랑카드 앞에서의 세월호 희생자들에 대한 추모로 시작된 이번 기행은 선소(이순신 장군이 거북선을 건조, 수선했던 유적지)방문―진남관(임진란시 우수영 사령부 유적지)―이순신 광장―'언덕에 바람'―향일암―호국사―오동도―돌산공원, 17일 예울마루(자연 친화적 지하 공연장)―여자만―순천만 생태공원~군산항으로 이어진 2박 3일의 기행이었다.

8. 서울제일교회 대학생회 출신 강정례 부부와 한승호

2015년 5월 2~4일, 70년대 춤꾼들이 환갑이 넘은 세월을 안고 여수의 나의 게스트 하우스를 찾아와 주었다. 1980년대 미국으로 이민을 떠난 강정례, 최철훈 부부의 고향 남도 나들이 길의 일정에 한승호 군이 합류한 것이다.

한승호 군과 강정례 양은 1970년대 서울제일교회(당시 박형규 목사 시무) 대학생부의 핵심 멤버로서 선배였던 나를 잊지 않고 찾아와 주었다. 최철훈 군은 나의 광주일고 2년 후배로서 목공의 장인이다. 한 군은 한국 최초의 기독교 문화패와 원풍노조 등 노동자 문화패를 조직하여 이끌었고, 강 양은 대학 탈춤·가면극회 제 1세대의 중심이었다. 마침 여수에는 제 49회 거북선 축제가 개최되어 이 왕년의 문화패들을 환영하여 주었다. 나는 40년만에 만난 후배들과 함께 남도의 풍광을 만끽하는 날들을 가졌다.

9. 농민 운동가 나상기 씨 부부

2015년 5월 23일~25일, 에큐메니칼 운동 40년 동지 나상기 씨(현 광주 평화회의 운영위원장, 전 한국기독교농민회총연합회 이하 '기농' 사무국 장) 부부가 나의 게스트 하우스 여덟 번째 내빈이 되어 주었다. 1970년 대 KSCF 전국회장으로서 기독학생운동을 이끌어 온 그는 나와 한국신 학대학 편입 동기이며, 기장 선교교육원 위탁교육생 동기이며, '민청학 련 사건' 감옥 동지이기도 했다.

1970년 중반 이후 나는 '수도권' 간사 등으로 빈민선교에 참여한 반면, 그는 농촌으로 들어가 농민 운동을 시작하여 1980년 초에 '기농'을 창립 하여 사무국장을 맡았다.

우리는 1983년 '사선'에서 그는 실행위원, 나는 총무로서 다시 만났다.

그 후 내가 동경자료센타 일을 맡아있을 때 어렵게 동경을 찾아와 외 로운 나를 위로해 주었다.

그의 아내 이종옥 씨도 여성농민운동가였다.

10. 고故 만파萬波 나병식 씨 부인 김순진 씨와 3인의 만파 추모문집 발간위원들

2015년 8월 19일~20일, 이재호 씨(리북출판사 대표), 홍석 씨 (풀빛출 판사 대표), 신일철 씨(전 풀빛미디어 편집위원) 등 고故 만파 추모집 발간위원 3인이 만파의 부인 김순진 씨와 함께 여수를 방문하였다. 만파의 생애사를 정리하기 위한 자료 수집차이었다. 우리는 여수 밤바다를 바라보며 1970년대 이후 만파의 작고시인 2013년까지의 파란만장한 우리 시대사에 대한 회고하는 시간을 가졌다(상기 248쪽~256쪽의 '6. 나의 영원한 상부上部 만파 나병식'을 참조).

III. 나가면서

보은기행을 실행하다 보니 이것만으로는 이 은혜들에 다 보은하기에는 너무 충분치 않다는 사실을 곧 깨닫게 되었다.

우선 많은 분들이 세상을 떠나셨고, 어떤 분은 고령으로, 어떤 분은 건강 상 이유로, 또 어떤 분은 사업 상 이유로 보은기행의 초대를 고사하는 분도 많았다.

예컨대 가와사키의 배중도 장로님은 75세의 고령에 심장병으로 해외여행을 할 수 없어 초대를 완곡婉曲히 거절하셨으며, 권정인 씨는 주중에는 사업으로 바쁘고 주말은 요양원에 입원해 계시는 친모親母와 시모媤母를 번갈아 방문하기 때문에 한국 방문이 쉽지가 않다고 망설였다.

또한 오사카의 마에지마前嶋 목사는 대학의 럭비부가 경기에 들어가기 전에 당신의 응원 기도를 원하기 때문에, 경기가 없는 계절인 겨울과 여름 밖에는 여가를 낼 틈이 없는데, 이 계절에는 노령과 건강(암) 문제로 장거리 여행이 힘들다는 것이다. 그러나 그는 가능하면 여가를 내어 나의 보은기행에 꼭 참가하도록 노력하겠다고 약속했다.

그래서 나는 보은기행 외에의 다른 보은 방법을 찾고자 고심한 끝에 기록을 남겨 이분들의 은혜를 기억하는 보은기를 작성하자는 결론에 이르게 되었다.

그래서 나는 2015년 1월 14일부터 보은기를 기록하기 시작했다.

그리고 보은기행을 위해 마련해 둔 나의 게스트 하우스는 보은기행 외에도 이 시대를 살아가면서 피곤에 지친 동지들의 휴식처로 남겨 두기로 했다.

지금은 1960년대와 1970년대~1989년에 이어 제 3의 민주화운동이 필요한 때이다. 1970년대의 엄혹했던 시절부터 함께 투쟁했던 우리들에게는 그 시절을 기억하며 각오를 새롭게 하여, 그 시대를 모르는 젊은 이들이나 현 시국을 우려憂慮하는 모든 분들에게 이 시대를 살아가는 지혜를 얻도록 조력을 해야 한다는 소명召命이 주어져 있다고 생각한다.

그래서 나는 이 기록을 '한국의 운동권의 보은기' 혹은 최소한 '한국교회 에큐메니칼 운동권의 보은기報恩記'라고 이름 붙이면서 이 기록이 이 시대의 한국교회 에큐메니칼 운동의 소명을 찾아가는데 일조一助가 된다면 행복하겠다.

당신들이 계셔서 정말 행복하였습니다.